数字信息资源管理丛书

原生数字期刊馆藏建设模式研究

阮建海 等 著

科 学 出 版 社

北 京

内容简介

原生数字期刊作为一种新型的电子期刊类型，是重要的网络信息资源。本书以原生数字期刊馆藏建设为研究对象，运用定性与定量研究方法，从原生数字期刊基本问题、原生数字期刊馆藏建设构成要素、原生数字期刊馆藏建设工作流程、原生数字期刊馆藏建设模式、原生数字期刊馆藏建设模式选择影响因素、原生数字期刊馆藏建设质量评价指标体系以及原生数字期刊馆藏建设优化策略 7 个方面，较为全面、系统而深入地分析、探讨了原生数字期刊及其馆藏建设模式相关问题，构建了原生数字期刊馆藏建设研究的系统框架。

本书可作为高等院校图书馆学、情报学、信息管理等相关专业的学术研究参考读物与教学参考书，也可作为信息管理与服务机构工作人员的参考用书。

图书在版编目(CIP)数据

原生数字期刊馆藏建设模式研究／阮建海等著. —北京：科学出版社，2020.6

（数字信息资源管理丛书）

ISBN 978-7-03-064197-7

Ⅰ. ①原…　Ⅱ. ①阮…　Ⅲ. ①电子期刊-图书馆工作-研究　Ⅳ. ①G255.2

中国版本图书馆 CIP 数据核字（2020）第 023922 号

责任编辑：李轶冰／责任校对：樊雅琼

责任印制：吴兆东／封面设计：无极书装

科学出版社 出版

北京东黄城根北街 16 号

邮政编码：100717

http://www.sciencep.com

北京中石油彩色印刷有限责任公司 印刷

科学出版社发行　各地新华书店经销

*

2020 年 6 月第　一　版　开本：720×1000　B5

2020 年 6 月第一次印刷　印张：15

字数：300 000

定价：158.00 元

（如有印装质量问题，我社负责调换）

本书撰写委员会

主　笔： 阮建海

成　员： 胡　皓　张慧玲　何官峰　罗　华

熊渠邻　邓小昭　郭贵梅　蒲　雷

郭　刚　杨　燕　柴　欢　胡　蓉

李　燕　谢　佳　柯佳秀

前　言

原生数字期刊（born-digital journal）是一种新型的电子期刊类型，是重要的网络信息资源，也是网络环境下数字资源建设与管理的重要对象。随着原生数字期刊的不断增多，国内外对原生数字期刊的关注日益强烈，针对原生数字期刊的研究也逐步深入和拓展。将原生数字期刊作为信息资源纳入馆藏建设已是大势所趋，因此，原生数字期刊馆藏建设就成为国内外数字资源建设管理领域的关注重点。在此背景下，为深入探讨原生数字期刊馆藏建设的理论与应用问题，受国家社会科学基金项目经费资助，我们完成了“原生数字期刊馆藏建设模式研究”（项目批准号：09BTQ011），并在其最终成果的基础之上完成了本书的撰写。

在项目研究过程中，项目组成员深入、全面地对国内外相关文献进行了检索、梳理与研读；为保证实证研究方案的效度与信度，所有访谈、问卷调查、网络调研方案均经反复讨论与修改，力求客观准确地揭示出原生数字期刊馆藏建设模式的基本特点与规律。

本书结合项目研究的重点内容，共分 9 章呈现了研究成果。分别为：绪论；原生数字期刊概述；原生数字期刊与学术性 OA 期刊；原生数字期刊对馆藏建设的影响；原生数字期刊：复合图书馆可资利用的重要信息资源；国内外原生数字期刊馆藏建设实践与现状分析；原生数字期刊馆藏机制与优化措施；原生数字期刊馆藏建设模式；原生数字期刊馆藏质量评价指标体系。

本书由阮建海拟定大纲并负责撰写工作的组织与协调。各章撰写具体分工如下：第 1 章，阮建海、张慧玲；第 2 章，阮建海、柯佳秀；第 3 章，郭刚、阮建海、邓小昭；第 4 章，胡皓、熊渠邻；第 5 章，阮建海、罗华、邓小昭；第 6 章，胡皓、谢佳、邓小昭；第 7 章，郭刚、胡蓉；第 8 章，蒲雷、柴欢；第 9 章，郭贵梅、杨燕。全书由阮建海修改统稿。胡皓、杨燕、柴欢、阮建海承担了全书校对工作。

在本书出版之际，感谢全国哲学社会科学规划办公室、重庆市社会科学规划办公室、西南大学社会科学处给予的支持、关怀与指导；感谢对本项目成果提出宝贵意见的各位鉴定专家及其他同行专家；感谢参与本项目问卷调查、访谈、网络调研的所有研究对象对项目数据搜集的配合与支持；感谢对本书成稿提供启迪的所有中外文文献资料的作者。

限于能力与水平，书中尚存诸多不足，敬请各位专家、学者和广大读者批评指正。

本书撰写委员会
2020 年 4 月

目 录

第1章 绪 论

[本章摘要] 介绍了原生数字期刊馆藏建设模式研究选题背景、同类研究现状及存在的问题，阐述了本书的研究内容、研究方法及研究成果的预期价值。

1.1 原生数字期刊馆藏建设模式研究的选题背景

Internet 作为大众传播媒介的第四媒体——网络媒体，为信息传播带来了全新的传播方式和途径。作为早已为人们所喜闻乐见的传统纸质期刊（periodical，journal，magazine），凭借刊行快速、内容新颖、参考价值高等特性，成为人们获取信息的重要资源，同时在网络环境下，其借助 Internet 的强大优势也获得了新的生机和活力，并以崭新的面貌和形式展示在人们眼前—— 一种仅借助 Internet 出版、发行，而没有相应印刷版或其他类型电子版的原生数字期刊（born-digital journal 或 E-zine）便应运而生，并成为人们日益关注的热点。

“原生数字期刊”是指借助计算机网络，完全以电子化、数字化形式组稿、审稿、制作、出版、发布，并以计算机网络为传输工具，定期或不定期连续出版且每期均附有编号或日期标识的连续性电子出版物。原生数字期刊是一种新型的期刊种类和一种新型的电子出版物（electronic publication），属于电子期刊（electronic journal）的范畴。原生数字期刊这一名称在得到业界公认之前有许多名称，如纯网络杂志、纯网络期刊（networked journal）、纯网络电子期刊、纯电子期刊、电子杂志、网络杂志等，在本书中，均统称为原生数字期刊。

随着 Internet 的普及和信息技术的发展，基于 Internet 的网络出版方兴未艾，其中，网络期刊因其交互性、多媒体、时效性、低成本、大容量、可精确统计等优势而得到快速发展，现已成为数字出版业中一道靓丽的风景线，倍受大众喜爱和关注。在学术出版界，开放存取（open access，OA）出版模式的出现使得世界各地的用户能够及时地、毫无障碍地、无须付费地查看和下载网上发表的自己所需的学术文章。随着全球 OA 运动的不断发展，基于 OA 出版模式的学术期刊数量快速增长，现已成为重要的网络信息资源。通过将原生数字期刊与 OA 期刊进行比较研究，我们发现，学术性 OA 期刊就是原生数字期刊。

随着原生数字期刊，尤其是学术性 OA 期刊的不断增多，人们对原生数字期刊的关注也日益强烈，对原生数字期刊的研究也逐渐兴起，并逐步深入和拓展。原生数字期刊作为一种新型的电子期刊种类，是一种新的网络信息资源，对图书馆信息资源建设产生了影响。将原生数字期刊作为信息资源纳入馆藏建设现已成为信息资源建设研究的重要课题，并越来越受到广大图书情报机构，尤其是高校图书馆的重视。

数字资源建设与管理是网络环境下图书馆学和情报学研究遇到的新问题。原生数字期刊作为一种新兴的网络数字资源，是数字资源管理的重要对象之一。在信息管理研究领域，信息资源建设包罗甚广。其中，原生数字期刊馆藏建设（collection building）便是其中最为重要的研究内容之一。

馆藏建设是图书馆根据本馆的任务和用户需求，系统地规划、建立和发展馆藏体系的全过程，其目标是经过精心选择与组织而形成具有特定功能的知识体系。原生数字期刊特点突出，与传统期刊和其他电子期刊有着明显的差别，因此，对原生数字期刊馆藏建设进行系统深入的研究，有利于图书馆扩展虚拟馆藏，提高图书馆馆藏质量，优化馆藏结构，实现实体馆藏与虚拟馆藏的协调发展，最大限度地发挥原生数字期刊的作用，建设具有特定功能的馆藏信息资源保障体系，增强图书馆网络信息管理与服务的有效性与针对性，更好地满足用户的信息需求，同时，有利于原生数字期刊作为世界文化遗产长期保存。从实践角度来讲，有助于推进我国图书馆数字信息资源管理和数字图书馆建设的发展。与国外相比，国内原生数字期刊馆藏建设研究起步较晚，认真剖析国外的发展历程，探索其相应的建设机制、建设模式和建设策略，剖析成功案例，总结成功经验，汲取失败教训，结合国内实际，设计适合我国国情的原生数字期刊馆藏建设解决方案，无疑对推进国内图书馆数字资源建设大有裨益。另外，数字资源馆藏建设是数字图书馆建设的前提，也是信息资源共享的核心任务，制定我国原生数字期刊馆藏建设总体规划，将对规范和促进数字图书馆信息资源建设与信息共享发挥积极作用，同时，有助于中文原生数字信息资源的长期保存和管理利用。从理论角度来讲，有助于图书馆学理论体系的创新。馆藏建设是图书馆学研究的重要内容之一，原生数字期刊馆藏建设是传统馆藏文献资源建设在网络环境下的延伸和拓展，无论是其实现方法，还是其研究内容均具有创新性。

正是在上述背景下，经全国哲学社会科学规划办公室批准，国家社会科学基金项目“原生数字期刊馆藏建设模式研究”（09BTQ011）正式立项，本书即为该项目的最终成果。

1.2　原生数字期刊馆藏建设研究的历史与现状

1.2.1　国外研究

原生数字期刊的起源可以追溯到 20 世纪 70 年代末和 80 年代初，世界上最早出现的原生数字期刊是 *Mental Workload* 与 *Computer Human Factors Journal*。原生数字期刊是一种新的网络信息资源。随着原生数字期刊的不断增多，人们对原生数字期刊的关注也日渐强烈，对原生数字期刊的研究也逐渐兴起，并逐步深入和拓展。美国、英国等发达国家网络出现较早，普及速度快，原生数字期刊出现得比较早，因此，国外有关原生数字期刊的研究也比较早，从实践到理论都已取得了一定的建设性成果。概括起来，国外有关原生数字期刊研究的内容主要包括如下几个方面：首先是技术问题，如原生数字期刊的办刊方法、技巧、系统设计和关键技术等；其次是法律问题，如办刊的法律依据和信息自由等；最后是应用性问题，如用户对原生数字期刊的接受程度；对原生数字期刊的经济性、可获得性、合法性、可靠性和即时交互性的研究；原生数字期刊中的文章被权威性检索刊物或数据库收录情况的分析评价；引用原生数字期刊的标准化问题等。据美国研究图书馆协会（Association of Research Libraries，ARL）编辑出版的 *The ARL Directory of Electronic Journals*，*Newsletters and Academic Discussion Lists* 统计（统计时段为 1991 ~ 1997 年），原生数字期刊种数增长迅速。随着原生数字期刊的进一步发展，国外对原生数字期刊的研究正进一步加强和深入，其发展趋势呈如下几个特点：①在技术方面重视原生数字期刊办刊的智能化、安全性和权威性，以及相关技术标准的应用；②在法律方面重视研究各种相关法规的制定和运用；③在应用方面着重探讨各种管理办法的实施和原生数字期刊办刊效果的分析评估等。在理论研究的支持下，国外原生数字期刊的制作、出版与应用已初具规模，原生数字期刊也逐步为用户所认识、接受和利用，论文作者也愿意在原生数字期刊上发表自己的研究成果，况且专业性原生数字期刊的来稿平均录用率要高于相似的印刷型期刊。国外许多学术性原生数字期刊，如学术性 OA 期刊则是 SCI 收录来源期刊。作为重要的网络信息资源，许多发达国家，如美国和欧洲国家的相关机构与高校图书馆通过构建数字仓储（digital repository）对原生数字期刊等原生数字信息进行组织、管理和长期保存以确保原生数字期刊能够长期使用，如 DSpace、Fedora、arXiv. org、EPrints、DAITSS、LOCKSS、DigiTool、ContentDM、Portico、The IDEALS initiative（the University's Institutional Repository）等。除通过开放存取仓储（open access repositories）对原生数字期刊等原生数字信息进行组织、管理和长期保存外，针对原生数字期刊，尤其是学术性 OA 期刊，国外许多相关机构与高校图书馆还通过构建 OA 期刊数据库的方式来组织、管理和长期保存原生数字期刊，如 Directory of Open Aceess Journals（DOAJ）、日本科学技术信息集成系统（Japan Science and Technology Information Aggregator，Electronic，J-STAGE）、HighWire Press、科技电子在线图书馆（Scientific Electronic Library Online，SciELO）、BioMed Central、Euclid、Open J-Gate 和 eScholarship（加利福尼亚大学国际和区域数字馆藏研究项目）等，其中，DOAJ 则是 OA 期刊建设、管理的代表性数据库之一。DOAJ 是由瑞典隆德大学（Lund University）图书馆创建和维护的开放存取期刊列表，该列表旨在覆盖所有学科、所有语种的高质量的 OA 同行评审刊。截至 2019 年 9 月，该列表已经收录 13 759 种 OA 期刊，其中，10 813 种 OA 期刊可以获取论文全文，这13 759种期刊共包含 4 280 764 篇 OA 论文，涵盖农业和食物科学、生物和生命科学、化学、历史和考古学、法律和政治学、语言和文献等 17 个学科主题领域。DOAJ 收录的 OA 期刊以社会科学领域较多，卫生、地球和环境科学、工艺和工程学、生物学和生命科学领域也较多；按主题细分后，DOAJ 收录的 OA 期刊较多的学科依次是药学、教育、生物学、历史、公共卫生、计算机科学和数学等。对原生数字期刊进行建设、管理的代表性网站还有“电子杂志目录”（The Ezine Directory），截至 2019 年 9 月，The Ezine Directory（http:// www. ezine-dir. com/）收录的原生数字期刊达 819 种，内容包括新闻、评论、生活方式、政治、娱乐和艺术等。

在原生数字资源建设实践方面，国外很多图书馆实施了一系列的原生数字资源建设项目。国外主要原生数字资源建设项目简介如表 1-1 所示。

表 1-1　国外主要原生数字资源建设项目简介

国家	项目	项目简介
美国	Internet Archive	人类知识的全球化使用（universal access to human knowledge）Internet Archive 成立于 1996 年，由 Alexa 创始人布鲁斯特 · 卡利（Brewster Kahle）创办，是一个网络信息保存及研究的公益性计划，定期收录并永久保存全球可开放存取的 HTML 网页资源

续表

国家	项目	项目简介
澳大利亚	Pandora	澳大利亚网络文献资源的保存与利用（Preserving and Accessing Networked Documentary Resources of Australia）项目由澳大利亚国家图书馆于 1996 年启动，其目的是在建立一个澳大利亚网络信息资源归档系统的同时，为保护和存取澳大利亚电子资源制定政策和程序
美国	Minerva	网络电子资源虚拟档案镜像（Mapping the Interact Electronic Resources Virtual Archive）项目由美国国会图书馆从 2000 年开始实施，主要目标是为有关网络信息的选择和收集方面的实际问题提供试验，从而为美国国会图书馆运行一个大规模的网络信息保存项目提供指导和经验
荷兰	DNEP	荷兰皇家图书馆（Koninklijke Bibliotheek，KB）实施的一项数字馆藏计划。保存的电子出版物包括在线数据库、光盘数据库、电子期刊、电子图书等类，目前这些种类藏品的入藏量正以每年 12 万件的速度增加。同时馆藏了大量由个人或者机构依托互联网络自行创作并传播的作品，如网络小说、学术论文预印本、教学课件、网络数据库等在线作品，70% 的荷文灰色出版物均已入藏
英国	UK Web Archive	从 2004 年以来，大量的英国国内网络资源被大英图书馆收集存档，目前该项目还在继续。存档的资源大多反映英国的生活变化情况，包括大量的电子期刊，并进行了清晰的分类。资源可以按主题检索，全文或者 URL 链接，还包括一些特殊馆藏
法国	ABSD	塞纳圣德尼图书馆联盟建立图书馆信息资源共享的共享平台，联盟的共享内容包括文献书目、电子期刊、动画视频和系统软硬件等，采取的共享形式有馆际互借、联合编目与文献传递、集团采购、网络门户和技术支持等。法国有独特的筹集信息资源共建共享经费的方式，如国家为塞纳圣德尼图书馆联盟提供贷款服务。这种国家贷款服务为图书馆联盟的正常运转提供了一定程度的物质保障，从而使法国图书馆的信息资源共建共享活动得以持续发展

总之，国外针对原生数字期刊的研究呈现出理论探讨活跃、研究层次深入、与实践结合紧密的特点。国外对原生数字期刊（主要是学术性 OA 期刊）的组织、管理主要是通过构建机构仓储和 OA 期刊数据库实现。OA 期刊数据库和机构仓储解决了大部分网络原生数字资源的选择、采集、组织和存储问题，不仅如此，目前有许多机构、组织正在进行 OA 资源的整合实践，这些实践为我们组织、建设和管理网络原生数字资源积累了丰富的实践经验，同时也为我们归纳、总结原生数字期刊馆藏建设模式提供了建设案例选择，为有效地组织、建设和管

理原生数字期刊提供了借鉴和参考。

1.2.2 国内研究

在我国，原生数字期刊是20世纪90年代中期以来随着Internet的普及和应用不断拓展而产生并逐渐发展起来的。目前，国内原生数字期刊发展迅速，数量不断增多。有关原生数字期刊的研究和应用在我国逐渐引起关注，并取得了一定的研究成果。据普查，武汉大学信息管理学院2003年的博士学位论文《纯网络杂志研究》是国内第一部系统性成果。通过文献检索发现，国内针对原生数字期刊相关问题的研究主要包括：陈雪华（1995）对电子期刊的过去、现在与未来进行了较为全面的论述；陈幼华（2000）对国内网络杂志进行了概述；师曾志和王建杭（2002）探讨了纯电子期刊及大学图书馆读者对原生数字期刊的态度和利用情况；周黎明（2002）对网络学术性期刊的发展进行了研究；阮建海（2002）对我国免费网络杂志的现状和发展情况进行了论述；阮建海（2004a）对纯网络杂志质量控制和影响纯网络杂志发展的因素进行了探讨和分析；詹骞（2006）对我国网络杂志现状进行了阐释；陈丹和张志林（2006）对我国网络杂志内容利用模式进行了探讨；寇晓伟（2007）从国家网络出版管理层面发文呼吁大力发展中国网络杂志出版业；张惠玲等（2007）对非学术电子杂志分类体系构建进行了探讨；李娜（2007）对我国网络杂志的发展阶段进行了划分，探讨了Web2.0环境下我国网络杂志的发展策略；崔国平（2007）对纯网络期刊发展趋势进行了分析；彭丽（2008）对网络杂志的核心竞争力进行了讨论；李爱贞和齐珊（2008）撰文呼吁高校图书馆应重视对互动多媒体网络杂志的利用；刘利明（2009）和杨开（2010）对网络电子杂志存在的问题和发展策略进行了探讨；关家勇（2011）讨论了网络杂志的发展前景和策略；姚志远（2012）针对体育类网络电子杂志的现状和发展趋势进行了分析和探讨；伍海云（2012）阐释了电子杂志在网络教研中的作用；叶继元和陈铭（2013）以“中国科技论文在线优秀期刊”为例，探讨了OA期刊学术质量“全评价”体系；何先刚等（2014）提出并探讨了基于主成分分析的网络电子期刊模糊综合评价方法；王燕平（2014）对纯网络期刊评价研究进展进行了评述；王一华（2018）对国内外纯网络电子期刊评估进行了实证分析。

目前，我国网络杂志（电子杂志）发行平台主要有XPLUS（喜阅）、ZCOM和POCO等，除此之外，电子杂志的管理和发行还可以通过电子杂志联盟的方式进行，如企业杂志联盟等。

同国外同类研究一样，我国学者对原生数字期刊的研究主要侧重于对学术性OA期刊的探讨，在实践中，许多高校图书馆也是将学术性OA期刊作为虚拟馆藏资源纳入馆藏建设和管理的。李武和杨屹东（2006）对OA期刊出版的发展现状及其影响进行了分析；潘琳（2006）针对OA期刊的来源、分布和质量进行了探讨；谭从容（2006）对计算机类OA期刊的搜集方法和特点进行了探讨；郝勇（2006）探讨了我国实行OA模式的影响因素；陈传夫和王云娣（2007）对OA期刊的分布及获取策略进行了研究；张红芹和黄水清（2007a）对OA期刊质量评价指标体系进行了探讨；谭从容（2007）对图书馆学OA期刊的搜集方法和特点进行了探讨；张红芹和黄水清（2007b）探讨了国内OA的应用策略；程维红和任胜利（2007）对我国科技期刊的OA出版现状进行分析；欧阳雪梅等（2007）对OA知识库和OA期刊进行了对比分析；阎雅娜和聂兰渤（2007）利用网络版乌利希期刊指南对OA期刊进行了分析研究；余望（2007）将OA期刊与传统学术期刊进行了比较研究，并探讨了我国发展OA期刊应注意的问题；马爱芳和王宝英（2007）针对我国科技期刊的OA出版状况及发展思路进行了探讨；王应宽和王锦贵（2007）对中国科技学术期刊的OA出版模式进行了研究；黄如花和吴晶晶（2008）提出了促进我国图书情报学期刊开放存取的建议；程维红等（2008）对中国科学技术协会（China Association for Science and Technology, CAST）科技期刊OA出版现状进行了探讨；王云娣（2008）对MEDLINE数据库收录的OA期刊进行了研究；刘畅（2008）对OA期刊的影响力进行了探讨；江秋菊（2008）对OA模式发展的影响因素进行了探讨；马红（2008）对OA期刊与OA知识库的实现途径进行了比较分析；李金庆（2008）对我国OA期刊的发展障碍及对策进行了探讨；徐勇和薛秀珍（2008）对网络OA期刊数据库进行了分析；都蓝和黄如花（2009）针对“211”高校图书馆对OA资源的利用情况进行了调查分析；邵晶等（2009a）对OA期刊共享集成方案及其关键技术进行了探讨；董文鸳和陈清文（2009）针对图书情报学领域OA期刊学术影响力评价进行了探讨；韩欢和胡德华（2009）对OA期刊的质量控制机制进行了研究；邵晶等（2009b）对OA期刊的出版模式及其获取途径进行了探讨；沈鸥和徐云（2009）针对DOAJ医学OA期刊资源建设情况进行了实证研究；沈鸥（2009）对DOAJ中的医学OA期刊进行了统计分析；杜亮等（2009）通过对《中国循证医学杂志》作者群的调查，分析了我国医学工作者对OA的认知态度；于新国（2009）对互联网上的OA文献资源开发利用进行了探讨；Chan（2009）探讨了香港高教机构机构库建设所面临的挑战，提出了香港高教机构库建设的发展战略和方向；程维红等（2010）探讨了中国科学技术协会所属期刊开放存取的出版现状和发展趋势；田质兵（2010）探讨了基于 OA 期刊的信息推送服务；何年琴（2010）对基于 OA 资源的虚拟参考咨询服务进行了探讨；李武和董伟（2010）应用共词分析揭示了国内 OA 的研究热点；张红芹等（2010）对数据库期刊 OA 情况进行了调查分析；苏振华和杨振和（2010）对 OA 期刊资源发展的现状进行了分析；王小红等（2010）对我国开放存取期刊的现状及发展前景进行了讨论；刘锦宏和徐丽芳（2011）对图书情报学 OA 资源的分布情况进行了研究；沈鸥（2011）以桂林医学院图书馆为例探讨了高校图书馆利用 OA 期刊开展信息服务的实践经验；苏小波和张新兴（2011）对 2001 ~ 2009 年国外 OA 研究进行了内容分析；叶新明和陈益君（2011）对我国 OA 中文科技期刊与全文数据库期刊的时效性进行了对比分析；蒋静（2011a）对我国科技期刊 OA 现状进行了调查；邓小川和张妮（2011）探讨了 OA 期刊对高校图书馆期刊工作的作用和影响；程维红等（2011）对中国科技核心期刊网站建设现状进行了研究；陈美家等（2011）对我国 OA 期刊研究进行了可视化分析；李雪娇和周立文（2011）对中文 OA 期刊影响力评价进行了阐释；蒋静（2011b）对 OA 期刊综合评价指标体系进行了研究；于国强（2012）对近年来 OA 期刊主题内容研究进行了综述；贾君枝和李亚芳（2012）对国外图书情报学领域 OA 期刊的发展进行了探讨；李宇（2012）针对 OA 期刊学科服务检索系统的创建与实现进行了探讨；朱连花和孙济庆（2012a）以 DOAJ 为例对 OA 期刊现状进行了研究；高俊芳等（2012）对我国图书情报专业文献的 OA 状况进行了研究；唐秀群（2012）探讨了 OA 期刊的特点，并与订阅期刊进行了比较分析；程维红等（2012）对 2007 ~ 2011 年中国科学技术协会科技期刊 OA 出版的进展情况进行了分析；王应宽等（2012）对国内外 OA 期刊研究进展进行了综述和分析；朱连花和孙济庆（2012b）对 OA 期刊质量评价进行了探讨；路世玲（2012）对 OA 期刊的学术影响力进行了研究；李亚芳（2012）针对学术型 OA 期刊的质量评估进行了研究；张付志和李勇（2014）对 OA 期刊站点信息抽取与自动分类方法进行了研究；张晓林（2012）认为借全球 OA 发展契机，全国高校和教育科研机构都在积极推进中国的 OA 进程，以推动其进入发展的最佳时机；Hu 等（2013）针对中国 OA 期刊现状和发展策略进行了探讨；章岑和黄金霞（2016）对国内外 OA 期刊的研究内容进行了对比分析；张晋朝和梁伊琪（2018）以 DOAJ 为例对我国 OA 期刊的现状及发展趋势进行了分析；范昊和王贺（2019）以“开放获取 S 计划”为例，阐释了欧洲 OA 政策及其对我国 OA 政策制定与实施的启示；于新国（2019）针对我国图书情报类 OA 期刊资源的来源途径和来源渠道进行了探讨；刘军和张军（2019）在分析中国 OA 期刊现状的基础上，提出了图书馆的应对措施；赵蓉英等（2019）基于 Altmetrics 对 OA 期刊的论文影响力评价进行了研究。

在 OA 环境下，OA 资源为图书馆虚拟馆藏建设提供了丰富的信息源。学术性 OA 资源作为重要的数字资源现已成为我国图书情报机构馆藏建设的重点对象。在将原生数字期刊（主要是学术性 OA 期刊）作为信息资源纳入馆藏建设和管理方面，我国既有理论探索，又有具体实践。索传军（2005）对数字馆藏管理政策进行了探讨；索传军和袁静（2007）提出了数字馆藏发展政策的框架与内容；黄如花（2008）对 OA 资源的收集策略进行了讨论并提出了利用 OA 资源提升馆藏质量的方法；刘清和郭玉强（2009）讨论了 OA 期刊对图书馆馆藏建设所产生的影响；马漫江（2009）在分析高校图书馆使用 OA 期刊的有利因素和主要障碍的基础上，结合目前高校图书馆 OA 期刊资源建设的现状，提出了高校图书馆 OA 期刊资源建设的发展策略；黄扶敏等（2009）对基于图书馆联机公共目录检索（online public access catalog，OPAC）系统的 OA 期刊资源整合问题进行了研究；杨莉（2009）针对“211”高校图书馆网站 OA 资源揭示情况进行了调查分析；杨东清（2010）对 OA 期刊资源库共建共享平台的开发进行了研究；魏红菊（2010）分析了 OA 期刊对图书馆资源建设的影响，提出了 OA 环境下图书馆利用 OA 期刊进行信息资源建设的建议；张荣超（2010）在分析高职院校图书馆 OA 期刊资源建设现状的基础上，提出了高职院校图书馆 OA 期刊资源建设方法及注意事项；陈微（2010）探讨了高校图书馆 OA 期刊资源建设措施；胡敏等（2010）对 OA 期刊数据库建设的关键问题进行了探讨；吴昌合等（2010）在介绍电子期刊工作流程特点的基础上，通过研究国外电子期刊管理模式变革的实践案例，结合国内图书馆的实际情况，从重组工作流程、设置专门机构、改革图书馆岗位等方面，探讨了我国图书馆电子期刊管理模式的建立问题；冯晴（2011）分析了高校图书馆组织和揭示 OA 期刊的策略，提出了高校图书馆利用 OA 期刊促进重点学科资源保障建设的建议；何惠霞（2011）讨论了高校图书馆 OA 期刊资源建设策略；张玉祥（2012）在分析高校图书馆 OA 资源整合现状的基础上，对 OA 资源的四种整合模式（即基于知识库的整合、基于 OA 期刊的整合、基于搜索引擎的整合和基于数字资源管理系统的整合）进行了探讨；孙奇（2012）探讨了 OA 期刊站点自动搜索方法；刘晓佳和曹春香（2012）分析了 OA 期刊对高校图书馆期刊工作的影响，提出了利用 OA 期刊资源提升馆藏资源质量与服务水平的措施；毕强和鲍玉来（2012）提出了一个积木式、个性化的 OA 期刊语义门户模型及其实现方式，建立基于本体知识结构的 RSS 源，实现基于语义的 OA 资源获取与推送；王静君（2012）就利用 OA 期刊促进图书馆期刊资源建设进行了探讨；王静君和陈长青（2013）从 OA 期刊资源检索平台、OA 资源搜索引擎、OA 期刊资源机构平台和 OA 仓储等方面分析了农业类 OA 资源的分布特征，并针对目前农业类 OA 资源分布存在的问题，提出了相应的解决对策；翁淳光等（2013）采用网络评价工具 WAVE3.0 对国内外生物医学 OA 期刊网站可用性进行了比较和探讨；严海晏（2013）在分析对比 OA 期刊与 OA 仓储的优势和缺陷的基础上，认为 OA 期刊和 OA 仓储两者的融合是图书馆 OA 建设的发展趋势；完颜邓邓和盛小平（2013）采用共词分析对国内 OA 研究进行了主题分析，发现国内 OA 研究主题集中在 OA 对学术交流的影响、OA 期刊评价与质量控制、OA 资源长期保存、OA 版权与政策、OA 仓储、OA 出版、OA 发展现状与对策、OA 对图书馆的影响八个方面；吴吉玲和曾小红（2013）针对我国高校图书馆 OA 资源组织与揭示情况进行了调查分析；顾立平等（2013）针对 OA 期刊的评价与遴选进行了讨论。

从实践来看，国家图书馆开展了网络信息资源采集与保存（Web Information Resources Collection and Preservation）试验项目和网络数据库导航（Online Database Navigation）项目；“中国科技论文在线精品论文”网络电子期刊属于原生数字期刊，该期刊每期的论文在网站中分学科全文展示，并可在中国科技论文在线网站中进行全文检索。这些有关原生数字资源建设的实践，为原生数字资源馆藏建设提供了参考、借鉴价值。

在馆藏建设模式研究方面，赵顺起等（1992）分析了特定年份的馆藏建设模式；龚旭（2001）和李欣（2001）分别对 21 世纪图书馆的馆藏模式进行了探讨；林风（2002）对海南医学院图书馆的馆藏建设模式进行了研究；张晓梅（2004）对虚拟馆藏建设模式进行了探讨；冯太琴（2010）以北京化工大学为例探讨了基于满足学科建设需求的高校图书馆馆藏建设模式；陈寿（2011）分析了现代图书馆数字化馆藏的构成，阐述了自建式、合建式、独购式、合购式、集团采购式 5 种建设模式的优缺点，从高校的定位与层次、图书馆的基本情况和建设模式优势等方面探讨了高校图书馆数字化馆藏建设模式的选择，并提出了选择数字化馆藏建设模式应注意的问题；范亚芳和曹作华（2012）分析了我国网络原生数字资源的研究现状与存在的问题，并从资源建设、用户服务、科学交流、综合应用四个方面架构了网络原生数字资源的建设模式；王新才和王海宁（2015）以武汉大学为例，采用实证研究方法，探讨了 OA 期刊在高校图书馆文献资源保障中的特征与趋势，以及对馆藏资源建设的影响。

所有上述研究成果都为原生数字期刊的进一步研究奠定了基础。通过文献调研可以发现：

1）国内关于原生数字资源的研究日渐增长，但多为概念探讨或者介绍性质的研究成果。针对国内图书馆实际需求进行馆藏建设模式的研究还不多见。

2）国内针对图书馆馆藏建设模式的研究主要集中在实体馆藏和虚拟馆藏等整体资源馆藏建设模式的研究，在数字馆藏建设模式方面的研究还处在探索阶段，针对特定数字资源馆藏建设模式的研究还很少。

3）专门针对原生数字资源馆藏建设模式的研究较少。

总体来看，国内外对原生数字期刊的专门研究尚处于起步阶段。目前我国针对原生数字期刊的研究还很少，国内将原生数字期刊作为馆藏建设重要资源的系统化研究还有待加强和深入。

鉴于此，本项目拟借鉴相关研究理论和成果，运用案例分析，结合中国国情，系统而深入地探索原生数字期刊馆藏建设模式，为国内图书情报机构有效地组织和管理原生数字期刊提供参考和借鉴，对我国信息管理学科的理论建设与实践应用均具有十分重要的意义。

1.3　本书的研究内容

本书的总体研究目标是：借鉴国外原生数字期刊馆藏建设相应案例，深入分析、总结其建设机制和建设模式，结合我国实际情况和实践经验，构建适合我国国情的原生数字期刊馆藏建设解决方案。在理论上，本书着力于系统构建原生数字期刊馆藏建设研究的理论框架，并力求推进面向原生数字期刊馆藏建设研究范式的应用，从而促进原生数字期刊馆藏建设研究理论与方法在网络环境下的深化与创新。在应用上，本书将对国外典型的原生数字期刊馆藏建设成功案例进行剖析，并探索其相应的建设机制、建设模式和建设策略，结合国内现状，设计适合我国国情的原生数字期刊馆藏建设解决方案，可为图书情报机构加强原生数字期刊馆藏建设提供决策参考，为改进网络信息管理、提高网络信息服务质量提供相关理论和事实依据，从而促进我国原生数字资源建设和管理顺利发展。

本书主要围绕以下内容开展研究：

1）原生数字期刊基本问题研究。主要研究内容包括原生数字期刊的概念界定，原生数字期刊发展历史和现状、特点和类型，原生数字期刊发展的动因与发展趋势，原生数字期刊与纸质期刊、Mailing List、Newsletter、OA 期刊的关系，原生数字期刊对图书馆、图书馆馆藏建设的影响等，重点探索学术性 OA 期刊与原生数字期刊的关系。

2）国内外原生数字期刊馆藏建设现状与建设实践研究。论述国内外学术性 OA 期刊馆藏建设现状和建设实践；分析原生数字期刊是复合图书馆重要的虚拟馆藏信息资源的缘由，论述原生数字期刊的获取方式和组织管理方法，并重点介绍利用联合国教育、科学及文化组织开发的 Winisis 构建原生数字期刊数据库的步骤和方法。

3）高校图书馆原生数字期刊馆藏建设现状与开发模式研究。以国内 112 所“211 工程”高校图书馆为网络调查对象，在调查、分析我国 112 所“211 工程”高校图书馆原生数字期刊（学术性 OA 期刊）馆藏建设现状和开发利用现状的基础上，探讨我国高校图书馆原生数字期刊馆藏建设的开发模式和开发机制。

4）原生数字期刊馆藏建设内容及流程研究。在分析原生数字期刊馆藏的功能和构成要素，以及原生数字期刊馆藏建设要求的基础上，探讨原生数字期刊馆藏建设工作流程。

5）原生数字期刊馆藏建设模式建构研究。在分析国外原生数字资源馆藏建设相应案例的基础上，根据图书馆的参与程度，总结归纳原生数字期刊馆藏建设模式，并对总结归纳出的原生数字期刊馆藏建设模式进行系统化分析探讨。

6）原生数字期刊馆藏建设模式选择研究。在分析影响原生数字期刊馆藏建设模式选择的权变因素的基础上，依据图书馆的分类特点，对图书馆的原生数字期刊馆藏建设模式选择从宏观层面和微观层面进行专指性分析，为图书馆选择适合自身需求的原生数字期刊馆藏建设模式提供借鉴参考。

7）原生数字期刊馆藏建设优化措施研究。在调研图书馆原生数字期刊馆藏建设存在问题的基础上，重点探讨现有原生数字期刊（学术性 OA 期刊）馆藏建设模式优化措施。

8）Web2.0 环境下原生数字期刊导航系统构建研究。在分析现有原生数字期刊（学术性 OA 期刊）导航系统现状的基础上，结合原生数字期刊特点及 Web2.0 的理念，探讨 Web2.0 环境下原生数字期刊导航系统的构建方案。

9）原生数字期刊馆藏质量评价指标体系研究。在梳理、分析现有期刊评价、馆藏评价相关研究成果的基础上，结合原生数字期刊特点及原生数字期刊馆藏建设现状，通过德尔菲法确定评价指标，运用层次分析法设置指标权重，构建原生数字期刊馆藏质量评价指标体系。应用所构建的原生数字期刊馆藏质量评价指标体系对现有的原生数字期刊馆藏质量进行评测，同时对所构建的原生数字期刊馆藏质量评价指标体系进行实证检验和分析，探讨在原生数字期刊馆藏建设不同阶段实现原生数字期刊馆藏质量控制的策略和方法，以期为提高原生数字期刊馆藏建设质量提供借鉴和参考标准。

1.4　本书的研究方法

为达到前述研究目标，本书在文献调研的基础上，借鉴相关学科的研究成果，采用实证研究方法，将定量研究与定性研究相结合，开展了如下研究。

1）文献研究。收集、研读国内外关于原生数字期刊、OA 期刊、馆藏建设模式、馆藏资源评价指标体系研究的文献，并不断跟踪新信息、新动态，在了解与比较同类研究成果的基础上找到本书研究的创新突破点。

2）调查法，包括网络调查、问卷调查与访谈。采用网络调查法对国内 112 所“211 工程”高校图书馆原生数字期刊馆藏建设现状、国内外 OA 期刊馆藏建设情况、国内外期刊导航系统及其他相关导航网站进行实证调研；采用德尔菲法通过 E-mail 针对原生数字期刊馆藏质量评价指标体系向 12 位专家进行问卷调查；通过网络调查、问卷调查，并利用所构建的原生数字期刊馆藏质量评价指标体系对大连理工大学的 OA 资源库和西安交通大学的 OA 期刊集成平台进行了评测；采用结构化访谈方法就 Web2.0 环境下原生数字期刊导航系统建设相关问题咨询专家的意见与看法。

3）比较研究。通过对原生数字期刊与 OA 期刊进行比较研究，揭示原生数字期刊与 OA 期刊的关系，为原生数字期刊馆藏建设奠定信息资源基础；比较分析国内外原生数字期刊馆藏建设现状，为总结归纳原生数字期刊馆藏建设模式及模式选择奠定基础；比较分析国内外现有导航系统，为构建 Web2.0 环境下原生数字期刊导航系统奠定基础。

4）案例分析法。对国外原生数字期刊馆藏建设相应案例进行深入分析，在此基础上，总结归纳原生数字期刊馆藏建设模式，并对总结归纳出的原生数字期刊馆藏建设模式进行系统化分析探讨。

5）定量研究与定性研究相结合。除了对调查数据进行统计分析之外，还拟通过德尔菲法建立原生数字期刊馆藏质量评价指标体系，运用层次分析法确定原生数字期刊馆藏质量评价指标体系中各指标的权重。

6）多学科理论、技术相结合。在课题研究和论文写作中充分运用多学科理论和技术，重视将以上方法进行有机结合，力图取得较为全面、系统和深入的研究成果。

1.5 本书研究成果的预期价值

在理论上，本书着力于系统构建原生数字期刊馆藏建设研究的理论框架，并力求推进面向原生数字资源馆藏建设研究范式的应用，从而促进馆藏建设研究理论与方法在网络环境下的深化与创新。其应用价值在于：所构建的原生数字资源馆藏建设模式和原生数字期刊馆藏质量评价指标体系，可为图书情报机构进行原生数字期刊馆藏建设提供系统的、适合我国国情的馆藏建设解决方案，有助于提高原生数字资源馆藏建设质量和管理水平，促进我国原生数字资源建设和管理顺利发展。

具体而言，本书研究成果中有关理论方面的内容可作为情报学、图书馆学、信息管理等专业学术研究或教学内容的参考资料；实证研究成果可为有关管理部门提供决策参考，为图书情报机构进行原生数字资源建设和管理提供理论与事实依据。

第 2 章　原生数字期刊概述

[本章摘要] 在探讨期刊发展演进历程的基础上，界定了原生数字期刊概念，阐释了原生数字期刊定义，探讨了原生数字期刊发展历史和现状、特点和类型，分析了原生数字期刊发展的动因，以及原生数字期刊的现象透视与发展趋势。

什么是原生数字期刊？目前，虽然有不少文献提及，然而在概念的界定和定义的阐释方面却存在诸多歧异，还没有非常明确的、达成一致认识的定义。且在一般文献中，可看见许多不同的名称，如纯电子期刊、网络期刊、无纸期刊（paperless journal）、免费网络杂志（free electronic periodical）等。为什么会有如此多的名称和定义呢？本书为什么称之为原生数字期刊呢？在解决和回答这些问题之前，我们需要先了解一下原生数字期刊的发展历史和现状，再来进行探讨。

2.1　期刊的发展演进历程

要了解和掌握原生数字期刊的发展历史，我们就必须对期刊的发展历史有所了解，因为原生数字期刊是期刊发展历史链中的一环和重要的历程阶段。期刊是指具有固定名称、采用定期或不定期的方式连续刊行的出版物。每期载有卷期号或年月顺序号，其内容多数是由许多短篇著作编辑而成的。期刊是在 17 世纪伴随着近代科学的产生而出现的一种文献类型。

依据介质形态、交流方式、用户活动空间，期刊范式的演变可界定为以下模式：

1）基于纸介的传统印刷型期刊。

2）基于纸介-光电磁介质的多栖型期刊。

3）基于纸介-网络的多栖型期刊。

4）完全基于网络的电子期刊，即原生数字期刊。

综观期刊的发展历史，期刊的发展经历了三个主要发展历史阶段，如图 2-1 所示。

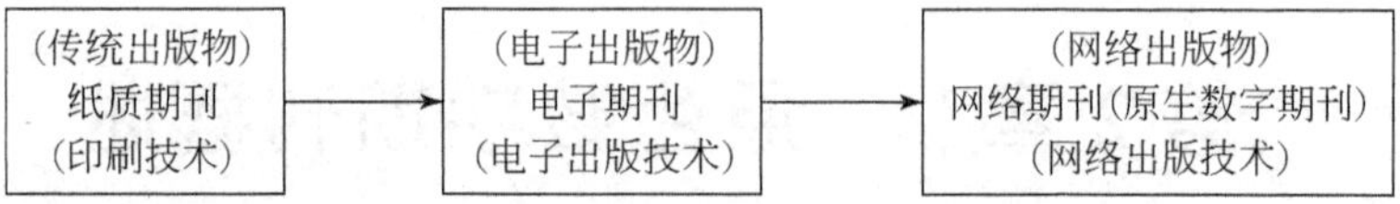

图 2-1　期刊发展的三个阶段示意图

从期刊的发展历史可以看出，期刊的出版经历了纸质、磁光介质（如光盘）、网络出版三个阶段。期刊的发展历史实际上就是信息传播媒介和手段的演进历史，期刊表现形态的变化实质上就是科学技术发展应用结果的展示。

从期刊出现的初期，一直到目前为止，利用印刷技术所产生的基于纸质的印刷型期刊都是期刊出版、发行的主流形式。随着科学技术的发展，用于信息传播的新介质，如 CD-ROM（只读光盘）、胶片等不断出现，同时出现了采用光电磁方法生产出版物的电子出版技术，电子出版物随之产生。在电子出版物这一领域中，电子期刊则是期刊基于光电磁介质的新型表现形态。电子期刊，是以电子形式发行，定期或不定期连续出版且每期均附有编号或日期标识的连续性电子出版物。在网络传输，尤其是 Internet 的应用尚不普及前，电子期刊主要以封装形式，尤其主要以 CD-ROM 光盘为载体来出版、发行。现如今，还有许多杂志社仍然以 CD-ROM 光盘为载体来出版、发行自己所办期刊的电子版。这时，人们就把期刊的电子版称为电子期刊。随着网络技术的出现和发展，尤其是 Internet 的普及和发展，网络出版技术随之出现和应用，许多杂志社纷纷在 Internet 上建立自己的网站，并把自己所办的期刊内容按期挂在网站的主页上或借助 Internet 为传输介质出版、发行自己所办的期刊，这样，传统期刊就有了同期内容的网络版。这时，人们自然就把期刊的网络版称为网络电子期刊。基于印刷型期刊的网络电子版（如 Elsevier Science 中的 1100 多种学术期刊的网络电子版、中国期刊网中每种期刊的网络电子版等）都被人们称为网络电子期刊。网络电子期刊的出现，完全改变了期刊信息的使用习惯与学术交流、信息沟通的方式。网络电子期刊不仅可以缩短出版时间，而且可以借助发达的网络，非常便利地把新信息传递到使用者的手中。随着计算机网络，尤其是 Internet 的飞速发展，其应用不断深入，电子期刊的编辑、出版、发行便有条件步入全面网络化的新阶段，从组稿、审稿、制作、出版到发行完全是借助计算机网络的网络电子期刊便应运而生，如美国密歇根大学出版社（University of Michigan Press）出版的 *The Journal of Electric*

*Publishing*等也被人们称为网络电子期刊。为了与基于印刷型期刊的网络电子版的网络电子期刊相区别，只好在从组稿、审稿、制作、出版到发行完全借助计算机网络的网络电子期刊的前面加一个“纯”字，即纯网络电子期刊，以此表明是“名副其实”的网络电子期刊，简称纯网络期刊，又称原生数字期刊。从原生数字期刊的起源和名称的来由上讲，原生数字期刊是电子期刊的一种新形式和新的表现形态。

兰开斯特（F. W. Lancaster）认为电子出版物的发展可分为下列四个阶段（Lancaster，1995）。

1）以计算机印制纸本出版物：如 20 世纪 60 年代美国国家医学图书馆（The United States National Library of Medicine）以计算机出版 *Index Medicine*，可依个人需求打印。

2）以电子形式传递，但其内容、格式均与纸本相同，且仍有纸本形式存在：如二次文献（索引、摘要等），早在 20 世纪 60 年代即以电子形式传递，而期刊等一次文献则发展较晚，通常仍有纸本形式，而其电子形式则借助联机（on-line）或光盘（CD-ROM）来传递，如 ADONIS 期刊文献全文影像计划、Red Sage、CORE、TULIP 等计划均属此类。另外，许多期刊的全文可经由 DIALOG 检索获得。

3）仅以电子形式出版，且其内容与纸本的格式不完全相同：通常会有附加值的功能，如检索、数据维护等功能，整体而言，仍与纸质出版物类似。

4）全新的电子出版物，充分利用计算机的功能，如超全文、超媒体，可包括声音、图像和视频等多媒体信息。

兰开斯特所述电子出版物发展的阶段，可简单地区分为：用计算机印制纸质出版物、电子版与印刷版形式同时存在、仅以电子形式出版、利用超媒体的方式使电子出版物的功能增强四个阶段。兰开斯特所述的电子出版物发展阶段，反映了从纸质印刷到电子出版再到网络传播的时代性流程。原生数字期刊的出现应当是电子出版物发展到第三、第四阶段的具体表现和标志。

2.2 原生数字期刊概念界定和定义阐释

任何研究都不可避免地会涉及概念的定义问题，概念是研究和立论的基础，一个新的概念可以推动一个新学科或研究领域的诞生，对概念理解上的偏差就会造成研究工作的偏离。同样，对原生数字期刊的研究也是如此，要对原生数字期刊进行研究，首要的任务就是界定原生数字期刊的概念，并给出能明确阐释原生数字期刊的定义。

前面我们对期刊、电子期刊的发展历程及原生数字期刊的发展历史与现状进行了简要介绍和分析，用户可能对原生数字期刊已经有所了解。那么，不断在用户面前出现的原生数字期刊究竟是指什么呢？下面本书对原生数字期刊的概念进行界定并对原生数字期刊的定义进行阐释。

前面已经谈到，原生数字期刊是电子期刊的一种新的表现形态，是电子期刊发展、演进的结果，因此，原生数字期刊概念的界定和定义与电子期刊的演进、发展有着密不可分的联系。在对原生数字期刊的概念和定义进行界定、阐释之前，我们有必要先对一些概念名称进行界定和阐释，以免引起概念的混淆和模糊。这些概念名称包括无纸期刊、联机电子期刊、光盘电子期刊、虚拟期刊、电子期刊、网络电子期刊等。

世界上的每种事物，人们都会赋予其特定的名称以便加以区分和认识。特定的名称都有其特定的或约定俗成的指向。只要一提到某个名称，人们就会心领神会地明白是指什么事物。期刊作为出版物的一种，同样也有自己的名称，而且对不同时期、不同种类、不同形态的期刊，人们都会赋予特定名称和内涵。电子期刊是电子出版物的一种，其定义也会随电子出版物不同的发展时期而有不同的名称，而且许多名称已经是约定俗成地专指某类期刊。

➢无纸期刊：是指以缩微胶卷或缩微平片为载体，通过计算机输出的缩微胶片期刊（computer output microform，COM），这些缩微胶片期刊以电子形式编、写，以缩微胶片方式传递。

➢联机电子期刊（online electronic journal）：是指纸质期刊与联机数据库平行出版，并提供联机检索的期刊，如 BRS 出版的 *IRCS Medical Science Journal* 即属于联机期刊。

➢光盘电子期刊（CD-ROM electronic journal）：是指以光盘为载体，以扫描等方式将期刊全文储存在光盘上，并提供检索的期刊，如 ADONIS 等。

➢虚拟期刊（virtual journal）：是指有主编、编辑群，并有其出版宗旨，以保障文章质量，同时借助计算机网络进行传递的期刊。

从以上期刊的不同名称来看，这些名称则可以看作期刊在不同发展时期采用不同传输介质的客观反映。人们在对不同时期的期刊赋予名称时，往往会倾向于侧重用可见的、易为人们认识和接受的、当时的主流载体属性来命名。

在对以上期刊名称进行界定后，本书将探讨与原生数字期刊概念密切相关的电子期刊的概念和定义。

有关电子期刊的定义在许多文献中都有表述，汇总起来，主要有如下一些阐释：

➢凡是透过网络或 CD-ROM 等电子媒体传输的学术性电子期刊均称为电子期刊。

➢电子期刊是指完全以电子形式出版与储存的连续性出版物。

➢电子期刊是指借计算机网络传递的学术性期刊，包括电子通信刊物，但不包括讨论组、电子会议或电子公告栏。

➢ McMillan（1991）将电子期刊称为 E-journal，并且还认为任何经由计算机网络如 BITNET、Internet 产生、出版与传播到全国或全世界的期刊均可称为电子期刊。

➢ Woodward 和 McKnight（1995）认为电子期刊可分为三种形式，即联机期刊（online journal）、光盘期刊（CD-ROM journal）与网络电子期刊（networked E-journal）。前两种形式即是前面所提到的联机电子期刊和光盘电子期刊，而网络电子期刊则是指经同行评议并在计算机网络上发行的期刊，而该期刊可能已有纸质形式存在，或仅有电子版，但不包括通信、论坛与未经编排、审核的电子公告栏。

➢ Langschied（1991）认为任何经由计算机网络产生、出版并传递到全世界的，仅以电子形式出版而无纸本存在的期刊，均称为电子期刊。

从上述有关对电子期刊所下的定义可知，有关电子期刊的定义可谓众说纷纭。到目前为止，学者对电子期刊的定义与用法尚未达成共识。

那么，究竟什么是电子期刊呢？本书认为，电子期刊是指以连续性方式出版并通过电子媒体发行的期刊，包括各种可通过电子形式获得的期刊，如缩微胶片、光盘、联机数据库、网络资源等不同方式。或者说，电子期刊就是利用电子形式发行，定期或不定期地连续出版且每期均附有编号或日期标识的连续性电子出版物。

为了界定原生数字期刊的概念，还必须对网络电子期刊的定义进行界定。在本书中，网络电子期刊是指借助计算机网络如 CERNET（中国教育科研网）、BITNET、Internet 等传递的连续性电子出版物。这些连续性电子出版物既可以是纸质印刷期刊的电子版，也可以是仅以电子形式出版的连续电子出版物，但都必须主要以计算机网络为传播媒介。

对电子期刊和网络电子期刊的定义的界定，为原生数字期刊概念的界定和定义的阐释奠定了基础。

本书认为原生数字期刊是电子期刊的一种新的表现形态，是网络环境下电子期刊的一种类型，是网络电子期刊的组成部分。在本书中，原生数字期刊，主要是指借助计算机网络，完全以电子化、数字化形式组稿、审稿、制作、出版、发布，并以计算机网络为传输工具，而没有相应纸质印刷版或其他类型电子版的，定期或不定期连续出版且每期均附有编号或日期标识的连续性电子出版物。

根据以上对电子期刊、网络电子期刊、原生数字期刊概念的界定，其关系如图 2-2 所示。

- 电子期刊
  - 封装型电子期刊（如基于光盘的期刊等）
  - 联机期刊
  - 网络电子期刊
    - 印刷型期刊的网络电子版
    - 纯网络电子期刊（又称原生数字期刊）

图 2-2　电子期刊、网络电子期刊、原生数字期刊的关系

在本书中，为何用原生数字期刊，而不用纯网络期刊？这里要说明一下，在英语中 journal、periodical 和 magazine 是不同的，但是在汉语中，根据我国现代汉语的用语习惯，认为期刊、杂志可以互称，即期刊又称杂志，杂志又称期刊。习惯上，期刊和杂志是通用的。原生数字期刊也可称为原生网络期刊、原生电子期刊或原生电子杂志等。考虑到“网络出版的传递方式影响并改变了期刊中关于‘期’的概念，同时也模糊了出版周期的概念”，为了淡化原生网络期刊中对“期”的固有概念，在本书中统用原生数字期刊。

2.3　原生数字期刊发展历史和现状

单就原生数字期刊的发展历史而言，原生数字期刊是现代信息技术发展的产物，是随着网络技术应用和电子出版技术的发展而产生、发展的。原生数字期刊是电子期刊的一种新类型，它改变了传统期刊的概念和表现形态。现代信息技术的发展是产生原生数字期刊的原动力，而科技工作者则是原生数字期刊的创造者。在现代信息技术发展初期，学术界就已开始利用其成果作为学术传播的媒介和渠道。

原生数字期刊的起源可以追溯到 20 世纪 70 年代末和 80 年代初，世界上最早出现的原生数字期刊是 *Mental Workload* 与 *Computer Human Factors Journal*。

20 世纪 70 年代末美国新泽西技术研究所（New Jersey Institute of Technology）建成了电子信息交换系统（the electronic information exchange system，EIES）。美国国家科学基金会（National Science Foundation，NSF）在该系统中开办了一个经同行评议的期刊（refereed journal），名为 *Mental Workload*，并于 1980 年开始在 EIES 中出版、传递。*Mental Workload* 是世界上最早的原生数字期刊。当时，创办 *Mental Workload* 的目的在于提高出版效率与降低费用，仅以电子形式出版而无纸本期刊发行，但是格式与纸本期刊类似，其与纸本期刊的不同之处在于实时传送单篇文章，并提供摘要，可下载并经由打印机打印，且可同时供多人以题名或作者等检索点通过联机检索摘要。*Mental Workload* 创办后，其办刊效果并不理想，除当时的软、硬件条件均不能满足要求外，*Mental Workload* 所遭遇的最大问题是如何取得授权刊登的文章与建立未知的用户群，因为几年中 *Mental Workload* 仅接到三篇投稿。*Mental Workload* 失败的原因主要是：①采用的人机接口不具亲和力，难以使用；②由于以电子形式刊登的文章无法提高作者的声望，研究者不愿向该刊投稿；③该刊仅限于美国出版。

20 世纪 80 年代初期，大英图书馆研究与发展（British Library Research and Development）部门在英国的 Birmingham Loughborough Electronic Network Development（BLEND）项目（1980 ~ 1985 年）也创办了一个经同行评议的期刊——*Computer Human Factors Journal*。*Computer Human Factors Journal* 认真总结并吸取 EIES 创办 *Mental Workload* 的经验和教训，采取了多种措施，如该期刊对其所发表的文章拥有的著作权仅为三个月，之后作者可以另行投稿等，力图避免遭受 *Mental Workload* 那样的失败。然而，*Computer Human Factors Journal* 最终还是难以逃脱如同 *Mental Workload* 的命运：在二年内，*Computer Human Factors Journal* 仅出版了两期共发表了 8 篇论文。*Computer Human Factors Journal* 失败的原因主要是当时科技不够发达，系统不具亲和力，且用户不习惯在计算机屏幕上阅读文章；而该刊成功之处则是较好地掌握了社会的心理，刺激研究者订购该刊，并给每位作者一个期限，促使作者投稿。

早期的这两种原生数字期刊之所以都是昙花一现，其根本原因主要是当时计算机设备稀少，研究者计算机知识有限并且对原生数字期刊缺乏信任，因而无法或不愿向原生数字期刊投稿。而原生数字期刊则因为很少得到投稿而无法继续发展。当然，并非所有的早期原生数字期刊都是昙花一现。1987 年，美国锡拉丘兹大学（Syracuse University）的一名研究生 Michael Ehringhaus 借助该校一个可检索成人教育方面资料并可利用高科技为研究者提供交流方式的项目——Kellogg Project，创办并出版了一种经同行评议的成人教育方面的原生数字期刊——*New Horizons in Adult Education*。该期刊一年出版 2～3 期，该原生数字期刊的发行方式是通过自己创建的 AEDNET（the Adult Education Network）与 BITNET、CSNET、NSFNET、INTERNET 等相连接来进行内容发布。借助 AEDNET 网，*New Horizons in Adult Education* 的用户可以提出他们对发表论文的意见，也可以与作者进行交互式的讨论。这样，即使在 1991 年 Kellogg Project 结束后，该原生数字期刊还在继续出版。创办于早期并能成功发展的原生数字期刊还有许多，*Public-Access and Computer System Review*（简称 *PACS Review*）便是其中之一。*PACS Review* 是美国休斯敦大学图书馆员 Charles W. Bailey 于 1989 年 6 月创建的不经过同行评议的原生数字期刊，第 1 期于 1990 年出版，1992 年才将审稿纳入工作环节。最初 *PACS Review* 是采用美国信息交换标准代码（ASCII）文档格式将刊物内容向与其同时创建的 Public-Access and Computer Systems List（简称 PACS-L，是为寻求图书馆计算机化资源共享的人而建立的人员地址名单）的订户发布。以 ASCII 文档格式制作、出版的 *PACS Review* 是通过 LISTSERV 来传递的。随着万维网（World Wide Web）技术的广泛应用，*PACS Review* 又用超文本标记语言（hyper text markup language，HTML）文档格式制作、发布文章，登录 http://info.lib.uh.edu/pacsrev.html 就可以浏览、阅读、下载和打印 *PACS Review* 中的文章。

尽管早期创办的原生数字期刊表现为“昙花一现”，然而自 20 世纪 70 年代末到 1990 年，就已有 5 种原生数字期刊出版了。据美国研究图书馆协会编辑出版的 *The ARL Directory of Electronic Journals, Newsletters and Academic Discussion Lists* 统计，1991 年 7 月发行第 1 版中 Internet 上原生数字期刊和时事通信的数量有 110 种；1995 年 5 月发行第 5 版中原生数字期刊已增加到 675 种；到 1997 年第 7 版时，原生数字期刊增加到 3414 种。

1991～1997 年原生数字期刊种数增长情况，如表 2-1 所示。

表 2-1　1991～1997 年原生数字期刊种数增长情况

项目	1991 年	1992 年	1993 年	1994 年	1995 年	1996 年	1997 年
E-journal/E-zines	27	36	45	181	306	1093	2459
E-newsletters/other	83	97	175	262	369	596	955

续表

项目	1991 年	1992 年	1993 年	1994 年	1995 年	1996 年	1997 年
其中，同行评价	7	15	29	73	139	417	1049
其中，收费	2	2	6	29	7	168	912
合计	110	133	220	443	675	1689	3414

资料来源：Directory of Electronic Journals, Newsletters, and Academic Discussion Lists, 7th edition. Edited by Dru Mogge. 1997. Washington D. C. : Association of Research Libraries.

从上述数据可以发现，在 1990 年以前，经由网络来出版原生数字期刊的可能性与潜在性并没有引起太多人的关注。1990 年后，随着信息技术的不断发展，在信息技术的推动下，原生数字期刊的数量开始稳步增长。如美国休斯敦大学图书馆于 1990 年创办的 *PACS Review* 曾经是十分有影响力的原生数字期刊。美国密歇根大学出版社出版的 *The Journal of Electronic Publishing*，也成为电子出版领域的重要原生数字期刊。近年来，国内外原生数字期刊的发展尤为迅速。

目前，有关原生数字期刊的研究和应用在美国、英国等一些发达国家已引起了广泛关注，并在理论和实践方面都已取得了一定的成果。在理论研究的支持下，国外原生数字期刊的制作、出版与应用已初具规模，原生数字期刊也逐步为用户所认识、接受和利用。原生数字期刊在信息传播上所起的作用越来越重要。

在我国，原生数字期刊是 20 世纪 90 年代中期以来随着 Internet 的普及和应用不断拓展而产生并逐渐兴盛起来的。我国现有的原生数字期刊主要是通过 LISTSERV 传播的 E-mail 型原生数字期刊（E-zine），其主办者多为综合性网站在网络上设立站点提供原生数字期刊出版服务或网民个人自己在提供创办原生数字期刊的网站平台上申请来出版。目前，国内原生数字期刊发展迅速，数量不断增多，呈现出繁荣景象。有关我国原生数字期刊的现状分析与发展战略将在后面章节中具体探讨。

2.4 原生数字期刊发展的动因

日臻成熟的现代信息技术的支持，尤其是 Internet 的广泛普及和应用，使原生数字期刊有了长足的发展，国内外原生数字期刊之所以盛行主要得益于以下几方面。

(1) 网络发展为之奠定基础

随着信息技术应用的不断推进，网络的普及程度不断提高，并进入越来越多人的日常工作和生活。Internet 的迅速普及和发展为原生数字期刊的发展奠定了良好的设施基础和环境氛围基础。期刊具有较强的连续性和周期性，有很广的发行流通面，因而更适宜在网络环境中出版发行，因此，20 世纪 90 年代以来，原生数字期刊借助 Internet 发展的动力在国内外迅速成长。

（2）网民人数增长迅猛

Internet World Stats 统计显示，截至 2019 年 6 月 30 日全球网民人数已达 45 亿人。中国互联网络信息中心（China Internet Network Information Center，CNNIC）发布的第 44 次《中国互联网络发展状况统计报告》显示，截至 2019 年 6 月，我国网民规模达到 8.54 亿，较 2018 年底增长 2598 万，互联网普及率达 61.2%。当前，我国网民数量已经处于高位，网民增长和普及率进入了相对平稳的时期。全球网民人数的迅速增长，为原生数字期刊的出版发行增添了十分关键的人气和用户群。

（3）数字化信息需求增大

由于数字化信息资源具有易用性、便捷性、可共享性、新颖性、表达生动性，内容丰富，形式多样，以及更新快等特点，用户对数字化信息逐步接受和信任并产生依赖情结，现在用户已经习惯于数字化的生活空间。CNNIC 报告统计显示，差不多半数用户将获取信息作为上网的最主要目的。受用户对数字化信息资源需求驱动，网上信息资源的数量会持续快速地增长。用户对数字化信息的迫切需求切实地推动和促进着原生数字期刊的繁荣和发展，使原生数字期刊的出版空间无限广阔。

（4）原生数字期刊免费发放

在目前情势下，众多原生数字期刊都是免费供用户阅读以吸引眼球。免费订阅是目前原生数字期刊最为显著的重要特征。由于是免费订阅和阅读，不会额外增加订阅者的经济负担，订阅者乐得其所。这样，原生数字期刊便发展迅速，许多网民一个人便订阅数种乃至数百种原生数字期刊。

（5）网民拥有多个免费电子信箱

国内外众多的原生数字期刊主要是通过把杂志“推送”、投放到订阅者的电子信箱中来发行的。前些年，国内外提供免费电子信箱的站点很多，而且具有容量大、速度快、多信箱地址选择的特点，因此，一个网民拥有多个免费电子信箱的现象非常普遍。尽管受网络“泡沫经济”的影响，目前许多免费电子信箱变成了收费电子信箱，而且容量变小，提供免费电子信箱的站点变少，但网民仍可在不同的网站申请并拥有多个免费电子信箱。CNNIC 发布的第 11 次《中国互联网络发展状况统计报告》显示，网民人均拥有 1.5 个 E-mail 账号，其中免费的 E-mail 账号为 1.2 个。事实上，许多网民都开设有数个不同地址的免费电子信箱专门用于接收和存储自己订阅的不同内容的原生数字期刊。

(6) 原生数字期刊自身优势独到

原生数字期刊对创办者、维护者而言，具有出版周期短、内容更新速度快、版面内容不受限制、成本十分低廉、易于维护、宣传具有针对性等优势。原生数字期刊对订阅者而言，具有投稿容易，“发表”速度快，参与性强；内容分类细，订阅者选择性好；“过刊”常以文件形式存放在网络服务器上，用户遇到合适的信息内容可以下载、打印和保存等优势。两者优势互相促进，推动原生数字期刊迅速发展。

(7) 专业网站担当中坚生力军

互联网内容提供商（Internet content provider，ICP）是网上信息资源的主要提供者。目前，许多 ICP 网站，如首都在线、网易、新浪、中华网等，要么单独创办制作，要么与其他网站联手创办制作，基本上都创办有原生数字期刊。ICP 网站凭借其具有的强大优势，在原生数字期刊的出版发行上正发挥着生力军的作用。

(8) 公司企业、网民个人勇当先锋

公司企业和网民个人是创办原生数字期刊大军中不可忽视的力量。许多公司企业和网民个人为了在网络世界建立公司企业或个人品牌就采取发行原生数字期刊的方式。通过网络杂志将企业文化、公司理念或个人的想法、观念传播出去，并借助商标品牌或署名（连同公司企业或个人的网址、E-mail）来更好地扩大传播力和影响。许多公司企业和网民个人为了能在短时间内吸引众多的读者来订阅自己的网络杂志便采取相当可行的策略：在一些有声誉的专业网站开辟专栏，并借助其平台发送原生数字期刊。目前，公司企业和网民个人创办的原生数字期刊越来越多。

(9) 优越环境锦上添花

目前，网民创办原生数字期刊具有优越的技术环境和人文社会环境。当前，个人创办发行网络杂志在技术上已不成问题，许多网站，如博大互联、新时速、齐鲁热线、湖南经视、黄金海岸、上海索易、春光无限、博泰、嘉兴信息超市、流行中国等均提供功能比较强大、速度比较快、使用界面有特色的免费邮件列表服务系统，或提供免费创建电子杂志服务，还有专门编制出版原生数字期刊的编辑软件，如希网网络开发的 Listedit 就是一个用于网络杂志编辑、发行工作的实用免费软件，因此，创办原生数字期刊在技术环境和人文社会环境方面得天独厚。索易还成功地举办过“索易”杯原生数字期刊创业大赛。国外则有众多专门指导用户如何创办和编辑原生数字期刊的网站和邮件列表，也有许多提供创办原生数字期刊服务的专门网站。

基于以上诸多原因，近年来，原生数字期刊有如春日之风，蔚然而来，尤其是近几年来，国内外原生数字期刊发展迅速，大有“独领风骚”的态势。

2.5 原生数字期刊的特点

作为一种新兴的网络出版物，原生数字期刊有着与传统纸质期刊迥然不同的新特性，可归纳为十个方面。

(1) 数字化

数字化是原生数字期刊存在的前提。原生数字期刊的编辑、出版、传播完全数字化，其发行方式主要是借助 Internet 提供的基本功能，如电子邮件（E-mail）、文件传输（FTP）等，直接面对终端用户，传递给订阅者或由用户自己下载完成。数字化的意义不仅是便于复制和传送，更重要的是方便不同形式的信息之间的相互转换（如将文字转换为声音）。

(2) 网络化

网络化是原生数字期刊出版传播的基础。原生数字期刊的出版传播者和用户，都得通过因特网发布、传播和接收信息。原生数字期刊的普及程度，主要取决于因特网的发展程度。

(3) 多元化

原生数字期刊出版传播者多元化。出版、传播原生数字期刊的简易化和普及化导致目前原生数字期刊出版传播主体的多元化。只要有出版方面的想法，在不违反国家法律和相关规定的情况下，几乎人人都可以在网络上找到“出版”自己的“原生数字期刊”的空间。出版传播者的多元化在造就大量个性化原生数字期刊的同时，也导致网上原生数字期刊出版传播的“泛滥”。

(4) 全球化

原生数字期刊用户全球化。传统纸质期刊的传播范围常受限于地理条件，传播地域相对狭小。原生数字期刊的传播则不受地域限制，用户遍及全世界，不论用户身在何处，只要是网络所及之地，用户都可以订阅、浏览原生数字期刊。

(5) 时效性

相对于传统纸质期刊的出版发行而言，原生数字期刊的出版传播省略了许多中间环节和过程，因而原生数字期刊的出版传播时效性很强。

(6) 小众化

原生数字期刊整体传播模式趋向小众化。小众化是相对于传统纸质期刊的大众化而言的。原生数字期刊数目众多，内容丰富且分类精细，网民选择范围极为宽泛。除极少数原生数字期刊订阅者人数众多外，网民更愿意订阅与自己志趣相投的各类个性化、内容细化的原生数字期刊。众多原生数字期刊将用户人群分流化，在整体上形成了小众化传播。

(7) 多媒体化

原生数字期刊表现形式多媒体化。多媒体化是指原生数字期刊能实现文字、图片、声音、图像等手段的有机结合。

(8) 交互性

交互性是指原生数字期刊能实现出版传播者和用户之间的双向互动交流。传统纸质期刊虽然可通过问卷调查和用户来信来电等方式与用户沟通，但本质上杂志社与用户之间是单向传播。原生数字期刊通过开设电子论坛（BBS）、公布作者电子邮件和在每篇文章之后设置评论区等方式，给用户提供一个交换意见和评论的场所，使网民能够直接参与交流。这不仅畅通了出版者、作者与网民之间的沟通渠道，还实现了用户与用户之间的交流。

(9) 广容性

广容性是指原生数字期刊所刊载内容的容量不受限制。就传统纸质期刊而言，由于版面有限，不得不放弃许多材料。原生数字期刊则一改传统纸质期刊线性编排的方式，采用超链接的方式将无限丰富的内容进行立体式发布。用户只需点击感兴趣的链接，就可以看到相关条目的详细内容。

(10) 易检性

易检性是指原生数字期刊具有过刊查询和信息检索功能。通过站内检索或搜索引擎，用户可以很方便地输入关键词进行原生数字期刊内容检索。

原生数字期刊与传统纸质期刊相比具有以上新特性，因而显示出许多新特点。具体而言，原生数字期刊表现出以下特点。

1）传统方式与现代手段相结合。原生数字期刊的传播介质是网络，因此，在形态上是无形的、不可直接阅读的，必须借助计算机等设备才能阅读，而且阅读方式也由纸面阅读转变为屏幕阅读。原生数字期刊在内容编排上具有层次性，由线形顺序变为层次结构。在形式上从用户业已形成的阅读习惯考虑，广泛采取传统与现代相结合的方式，就如同印刷型期刊一样仍然采取顺序、线性的编排方式，开设栏目，列出目录，并采取超文本链接技术使目录与文章全文相链接，用户既可浏览标题，又可阅读全文；形式多样，声、画、像可同步输出，生动直观，可读性强。通过原生数字期刊提供的检索与查询功能，用户还可以有针对性地集中阅读，提高查阅效率。原生数字期刊可以把需要的所有相关内容通过链接汇聚到一起。原生数字期刊大多采用超文本链接技术来实现题名、作者、主题等与文章全文的链接。目前绝大多数原生数字期刊可以看到全文，也就是说，原生数字期刊大多为全文期刊。用户既可按期下载文章，也可按篇下载文章。另外，原生数字期刊的过期期刊全文一般都存储在出版者的专门服务器中，用户可通过网络获取过期期刊全文。

2）原生数字期刊现行的出版传播形式真正体现了“为人民服务”的宗旨。用户在订阅上有着极强的自主性，可根据个人的喜好和需要自己选择刊物，确定订阅的时间周期或期数；如果用户觉得自己订阅的原生数字期刊办得不错，还可向自己的朋友推荐；如果用户改变主意，可以随时退订。原生数字期刊的出版、传播大多借助于专门网站，而且大多都设有电子论坛或文后评论窗口，以向用户宣传并接受用户反馈意见和建议；原生数字期刊主办者会随时接收用户反馈意见，不断采取有效措施提高杂志质量使用户满意。在这里，订阅者既可以是用户，也可以是作者或评论者，交互功能增强了原生数字期刊的亲和力，使编者和读者往来密切、融洽，强化了信息交流的动态性、时效性。原生数字期刊因省去了传统杂志社烦琐的编辑流程和发行过程中的若干中间环节，其出版成本大幅度降低。因此，用户有可能会以极低的价格，甚至免费获取原生数字期刊。事实上，原生数字期刊大多可以免费获取，而且订阅、退订相当自由、方便。

3）原生数字期刊的主要特征是共享性和异地化。原生数字期刊大多无须订阅费用，因此，原生数字期刊被网民广为接受和订阅，从而真正实现了资源共享。同时，原生数字期刊还打破了时空限制，使人们对信息的利用不受时间和地理位置的限制，可实行异地存取和远程阅读。原生数字期刊上刊载的数字化信息内容还便于反复整合利用和远程传输、异地存取，从而提高了信息内容的有效利用和共享。原生数字期刊与传统纸质期刊的优缺点如表 2-2 所示。

表 2-2　原生数字期刊与传统纸质期刊的优缺点

	原生数字期刊	传统纸质期刊
优点	◆出版速度快，新颖性强； ◆检索功能强，查询方便，可在线浏览； ◆无时空限制，实时可得； ◆可多人同时阅读同一 Web 型原生数字期刊； ◆可节省保存空间； ◆多媒体呈现，文章内可包含文字、图形、声音、影像等； ◆读者可直接下载、打印、转寄或复制，使用便利； ◆读者可与作者或出版者实时交流，交互性强	◆读者可拥有实体刊物； ◆拥有永久典藏权； ◆符合读者习惯的阅读方式； ◆不受网络传输速度的限制，读者可随时使用； ◆携带方便； ◆阅读不受阅读设备，如计算机设备的限制； ◆质量一般有保证
缺点	◆必须通过屏幕来阅读，长时间容易疲劳； ◆网络传输速度慢，上网耗时、花费增大； ◆依赖软硬件设备，计算机出现故障或网络断线时则无法使用； ◆著作权问题尚待解决； ◆域名改变或更换服务器，必须上网一一重新注册，不仅费时还影响读者使用； ◆读者需购置计算机等硬件设备，并需上网与支付上网费用； ◆质量良莠不齐，易遭篡改，缺乏权威性； ◆缺乏恒久性	◆出版速度慢，更新周期长； ◆需要包装、邮寄的时间； ◆无法同时提供多人使用； ◆需保存空间，占地方； ◆纸质期刊易于破损或遭撕毁、勾画

通过 SWOT（strength，weakness，opportunity，threat）分析法分析原生数字期刊目前所具有的强弱优劣势，如图 2-3 所示。

优势(strength)	机会(opportunity)
➢ 不受时空限制，可及时提供信息检索； ➢ 资料及时可得，可节省馆际互借的等待时间； ➢ 快速出版，传递研究成果； ➢ 具有交互功能，可经由网络与作者沟通； ➢ 可下载单篇文章，建立个人资料数据库； ➢ 检索方式灵活	➢ 不必受限于制式的版面，可以接受每篇有价值的文章； ➢ 所有的作业程序可在网络上沟通与完成（包括审核制度），可避免出版延误或出版时滞
劣势(weakness)	**威胁(threat)**
➢ 阅读时不够舒适，不利于保护眼睛和脊椎； ➢ 无法随时做笔记、画重点； ➢ 携带不便	➢ 不够熟悉电子操作，不知如何使用； ➢ 权威性与声誉不够； ➢ 缺乏回溯性卷期； ➢ 未列入索引、摘要数据库中； ➢ 内容良莠不齐； ➢ 需有相关的计算机软硬件设备； ➢ 需具备计算机操作技能才能利用

图 2-3　原生数字期刊 SWOT 分析

→表示有可能转移至另一方框内

表2-3是对原生数字期刊与传统纸质期刊进行比较研究后，所得出的原生数字期刊与传统纸质期刊的项目异同表。

表2-3 原生数字期刊与传统纸质期刊的项目异同表

期刊	载体	制作过程	形态	流通过程	销售方式	阅读方式	收费方式
传统纸质期刊	各类纸张	编辑、印刷、装订	有形纸介期刊	发货、运输、销售	批发、零售	纸面阅读	需为整册付费
原生数字期刊	计算机网络	编辑、技术制作	无形数字格式	网络传输	多数免费	屏幕阅读，可打印	可按使用量付费

总之，原生数字期刊具有集成性、非线性、交互性、数字化、出版周期短、检索能力强、图文声并茂、发行传递快等优势。原生数字期刊的日益发展，会挑战传统纸质期刊作为信息传播主流媒介的“霸主”地位。

2.6 原生数字期刊的类型

原生数字期刊按不同的标准，可以分为多种类型。

1）按传播途径，原生数字期刊可分为WWW型和E-mail型。WWW型原生数字期刊一般都是存放在网站上，供读者登录浏览、阅读、下载和打印。E-mail型原生数字期刊主要是通过E-mail方式将原生数字期刊直接邮发“推送”到订阅者的信箱中。

2）按内容范围，原生数字期刊可分为专题型和综合型。专题型原生数字期刊是指原生数字期刊每期所刊载的内容在范围上比较狭窄，往往针对特定的主题或事物。综合型原生数字期刊每期所刊载的内容在范围上比较宽泛，内容涵盖的主题较多，往往涉及诸多方面的内容。

3）按内容特色，原生数字期刊可分为学术型和非学术型。学术型原生数字期刊是指由研究机构、大学或协会、学会等作者编辑出版的，以刊载学术文章、研究论文为主的原生数字期刊。学术型原生数字期刊的名称往往都以刊载内容的主题加以命名。订阅学术型原生数字期刊的用户多为从事相关内容学习、研究的学生、教师和研究者等。非学术型原生数字期刊所刊载的内容大多浅显易懂，生动实用，适合于大众阅读和订阅。

4）按发行周期，原生数字期刊可分为周刊、双周刊、旬刊、月刊、双月刊和不定期刊。目前，原生数字期刊出版发行的周期多为周刊和月刊。

5）按学科性质，原生数字期刊可分为休闲娱乐游戏，电脑网络，体育健身，社会文化，工商经济、金融投资，社会科学，科学技术，文学艺术，环境与自然，政治法律军事，教育，卫生健康、两性问题，史地旅游，流行时尚、购物，管理，新闻，影视音乐，以及其他等类型。

6）按办刊主体，原生数字期刊可分为机构办刊、团体办刊、企业办刊和个人办刊等。商业机构、企业等所办的原生数字期刊多为带有网络营销目和广告宣传的内容；教育机构、非营利组织机构、社会团体，如学会、协会等所办的原生数字期刊多为学术性或带有教育目的的原生数字期刊；政府机构所办的原生数字期刊多为政策、法规宣传的阵地；网络服务机构所办的原生数字期刊多为综合性的；个人所办的原生数字期刊大多是彰显网民个人兴趣、爱好或宣传展示自我的工具。

7）按收费情况，原生数字期刊可分为免费型原生数字期刊和收费型原生数字期刊。免费型原生数字期刊的突出特点是都有类似的声明，如“无任何商业目的，全部免费提供给读者阅读”。读者无须缴费注册，只需将自己的电子邮箱地址填加到原生数字期刊订阅栏就能阅读到原生数字期刊的内容。而要订阅或浏览收费型原生数字期刊则必须首先缴费注册成为会员才能实现。例如，由中国玉米网所出版的原生数字期刊《中国玉米信息》为旬刊，每月三期，每季度订价为 200 元。订阅地址见 master@ mail. maize. com. cn 。

8）从原生数字期刊目标上分，可分为不以直接获利为主要目的的宣传型原生数字期刊、以赢利为目的的商业型原生数字期刊和个人表达型原生数字期刊：①宣传型原生数字期刊，用于宣传组织宗旨或企业产品及服务的原生数字期刊，其特点是不以原生数字期刊本身赢利为主要目的，如 Adobe 公司的原生数字期刊、四川长虹电子控股集团有限公司的原生数字期刊；还有以提供科教信息为目的的教育组织的原生数字期刊，如一些学术组织所创办的原生数字期刊，如新闻传播学评论。②商业型原生数字期刊，是主要以提供信息及网上销售为赢利手段的原生数字期刊，如《网中漫步》电子杂志的电脑网络资讯［收费版］。③个人表达型原生数字期刊，主要是一些网络爱好者表现自我或根据自己的爱好所创办的原生数字期刊。

9）按有无审核制度，可分为同行评议制原生数字期刊和无同行评议制原生数字期刊：①同行评议制原生数字期刊。刊载在同行评议制原生数字期刊上的文章都是经过了严格的同行评议过程后才得以出版传播的，因此，同行评议制原生数字期刊上所刊载的文章质量都比较高，这类原生数字期刊多为学术性原生数字期刊，而且大多具有较高的权威性。②无同行评议制原生数字期刊。刊载在非同行评议制原生数字期刊上的文章没有经过任何审查过程就可以出版传播，因此，非同行评议制原生数字期刊上所刊载的文章质量参差不齐，这类原生数字期刊多为非学术性原生数字期刊。

10）按发行对象，原生数字期刊可分为会员制刊物和非会员制刊物：①会员制刊物。其发行对象是注册会员，即刊物仅向注册会员开放，如《中国玉米信息》就是一种会员制刊物，它仅供中国玉米网会员使用，在订阅和浏览《中国玉米信息》前，必须先进行用户登录，如果用户不是中国玉米网会员，在订阅和浏览《中国玉米信息》之前必须进行用户注册。通常，会员制原生数字期刊都是收费刊物。②非会员制刊物。这是一种与会员制刊物相对而言的面向广大用户免费开放的原生数字期刊，其发行对象是所有用户或订阅者，通常无须注册或缴纳订阅费用。

2.7 原生数字期刊的现象透视与发展趋势

“数字创造未来，信息改变生活”。原生数字期刊的产生和出现绝非偶然，它是科学技术进步与人类文化知识发展的综合结晶，代表着期刊出版未来的发展方向。原生数字期刊的逐渐兴旺代表着网络出版对传统出版技术的挑战和压力，是用户对网络出版的认可和支持，是数字出版、互动出版的曙光。综观国内外原生数字期刊现状和发展，可以预见原生数字期刊将呈现以下发展趋势。

1）受现代信息技术、网络技术和网络出版技术的驱动，未来原生数字期刊将迅速发展，并逐步与传统纸质期刊并驾齐驱，最终成为网络出版的主流产品之一。

2）受用户的信息需求和信息行为变化的影响，原生数字期刊出版、发布的个性化特征将更加显著，用户群的划分将倾向于细化和稳定。

3）受市场规律左右，未来原生数字期刊的市场化取向会越来越鲜明，原生数字期刊的商业化属性将进一步强化，收费型原生数字期刊的比例将增多。

4）受竞争机制的冲击，原生数字期刊的专业化、品牌化将成为发展的主旋律。原生数字期刊的出版将向着高品位、高质量的方向迈进。

第3章 原生数字期刊与学术性OA期刊

[本章摘要] 阐释了原生数字期刊与传统纸质期刊、Mailing List、Newsletter的关系，并对各种类型原生数字期刊进行了对比分析；重点探讨了原生数字期刊与OA期刊的关系，认为现有的学术性OA期刊属于原生数字期刊。

3.1 原生数字期刊与传统纸质期刊、Mailing List、Newsletter的关系

3.1.1 原生数字期刊与传统纸质期刊的关系

原生数字期刊与传统纸质期刊各有其价值、魅力和优势。原生数字期刊的基本特征有：以Internet为唯一的发行和传播渠道，投稿、编辑出版、阅读乃至用户意见反馈的全过程也都在Internet中进行，具有检索、浏览、下载等多项功能。原生数字期刊是传统纸质期刊在网络环境下的一种新形式和新的表现形态。原生数字期刊的出现和发展对传统纸质期刊的存在和发展产生挑战，但并不意味着原生数字期刊就可以取代传统纸质期刊。原生数字期刊和传统纸质期刊将在一个相当长的时期内长期共存，优势互补，呈现互动、互相促进的态势。斯普林格（Springer）出版公司出版的原生数字期刊大多以混合期刊（hybrid journals）的形式出版，作者可以选择是否同时出版印刷版。

3.1.2 原生数字期刊与Mailing List、Newsletter的关系

邮件列表（Mailing List）是网络中的一种重要工具，用于各种群体之间的信息交流和信息发布，是一种通过电子邮件进行专题信息交流的网络服务。它一般是按照专题组织的，目的是为从事同样工作或有共同志趣的人提供信息，促进其开展讨论、相互交流或相互帮助。大家根据自己的兴趣和需要加入不同主题的邮

件列表，每个邮件列表由专人进行管理，所有成员都可以看到发至该列表的所有信件。用户可以向相应的邮件服务器发送一份订阅申请邮件，这样该用户就被加入到该邮件发送的列表中。其过程是：用户填写相关申请订阅信息，系统根据用户提供的邮箱地址发送一封确认邮件，并要求用户打开自己的邮箱，点击邮件相关确认信息，将其确认信息发送给网站的 Webmaster，Webmaster 在得到确认信息后向用户开通相关的服务。每一个邮件系统的用户都可以加入任何一个邮件列表，订阅由别人提供的分类多样、内容齐全的邮件列表，成为信息的接收者，同时，也可以创建邮件列表，成为一个邮件列表的拥有者，管理并发布信息，向其订阅用户提供邮件列表服务，并可授权其他用户一起参与管理和发布。一般的电子邮件的发送都是“一对一”或“一对多”，邮件列表中可以实现“多对多”通信。邮件列表具有使用简单方便、传播速度快、传播范围广的特点，可以向数十万名网络用户迅速传递消息，邮件列表有许多表现形式，如电子刊物、新闻邮件、网站更新通知等。严格来讲，原生数字期刊实际上就是邮件列表的诸多表现形式之一，是人们按传统习惯将邮件列表的诸多表现形式加以区分、命名的结果。

至于原生数字期刊与时事通信（Newsletter）的关系，在国外，Electronic Newsletter（E-zine）或 List 是等效的名称，即原生数字期刊“E-zine”就是定期（如每月、每周或每天）编辑出版并发送给订阅者的 Newsletter。由此可见，人们通常所称的 Newsletter 就是原生数字期刊。

3.2 各种类型原生数字期刊对比分析

3.2.1 学术性与非学术性原生数字期刊对比研究

学术性原生数字期刊用英文可以表示为 born-digital journal，而非学术性原生数字期刊则可表示为 zines，ezines 或 E-zines。

依据不同人的观点，zine 是 fanzine 或 magazine（杂志）二者之一的缩写。zines 通常是由个人或一小组人出于兴趣或个人原因而编辑出版，倾向于刊载不规范、异乎寻常的和/或深奥的内容。E-zine 是完全通过网络（如 Internet）传播和发布的 zine 刊物，是定期（如每月、每周或每天）编辑出版并发送给订阅者的 Newsletter。随着 Internet 商业化应用气息的浓烈，E-zine 现已成为一些人从事电子商务或网络营销（online business）的重要工具。E-zine 不仅可为出版者带来名气，还有助于电子商务者与潜在用户联系并建立彼此互信的关系。出售 E-zine 中的广告位，也是 E-zine 出版者的创收渠道。这样，现在的 E-zine 通常含有大量的广告。而对许多 . com 公司来说，注册用户数几乎成了网站最重要的资产，因此，几乎各大网站都提供免费邮件列表（原生数字期刊）订阅服务，向用户提供网站的更新消息、行业新闻、产品信息等。目前，非学术性原生数字期刊“E-zine”大多由公司、个人等主办。

学术性原生数字期刊主要用于发表学术性论文，传播学术性信息，内容比较专业、深奥。目前，学术性原生数字期刊还不是“主流”网络出版物——它们通常并不包含广告（除了有时为其他原生数字期刊宣传的广告），而且并非针对广大用户，通常是非营利性的网络出版物，如 *Post Modern*、*D-Lib Magazine* 等。学术性原生数字期刊通常由学术团体、大学、研究所、学者或科研人员个人等主办，发表的论文多为其研究成果。

3.2.2 WWW 型与 E-mail 型原生数字期刊对比研究

WWW 型原生数字期刊主要依托网站来进行刊物的编辑、发布，多与电子论坛共存，借助电子论坛来扩展用户群，且多可免费取得。WWW 型原生数字期刊广泛应用超本文链接技术来扩展原生数字期刊的检索功能，并提供题名、作者、主题等检索点、布尔逻辑运算及利用超本文链接文章和其他多媒体信息包括图片与声音等。E-mail 型原生数字期刊主要依托邮件列表来进行刊物的编辑、发布。通常，在提供邮件列表服务的平台上有丰富的原生数字期刊列表供订阅者选择。

WWW 型原生数字期刊和 E-mail 型原生数字期刊的区别主要表现为获取的形式不同。对 WWW 型原生数字期刊来说，用户必须登录提供该 WWW 型原生数字期刊的网站，并从各种信息中挑选自己感兴趣的内容进行浏览。而 E-mail 型原生数字期刊是将订阅者所订刊物直接发送到每个订阅者的电子信箱中。E-mail 型原生数字期刊与 WWW 型原生数字期刊相比更容易受到垃圾邮件的影响。另外，如果订阅者同时利用一个邮箱订阅许多 E-mail 型原生数字期刊，大量的信息会造成电子邮件的阻塞，可能影响正常的通信邮件，因此，用户大多是使用不同的邮件地址，并使用具有较大空间的免费电子邮箱来订阅各种 E-mail 型原生数字期刊。

目前，WWW 型与 E-mail 型原生数字期刊的界限越来越模糊。通常，在原生数字期刊网站主页上都发布有其各期刊物内容，还在主页上设有订阅栏，用户可在原生数字期刊网站上订阅两类刊物：①固定期刊，即刊物名称罗列在主页上，只需在选定的刊物名称旁打钩就可订阅；②自选刊，即需要用户选择栏目名称或选择作者名来订阅自己感兴趣的内容。这样，用户即可通过访问网站来阅读原生数字期刊的内容，也可通过订阅进而在自己的电子信箱中收阅所订原生数字期刊。

3.3 原生数字期刊与 OA 期刊比较研究

随着信息技术的飞速发展和 Internet 的普及，原生数字期刊和 OA 期刊应运而生并迅速发展。原生数字期刊和 OA 期刊载体相同，均借助互联网传播，同时二者出版模式、版权形式等又不尽相同，二者既有区别又有联系，易混淆。为了便于图书馆及用户对原生数字期刊和 OA 期刊的整合利用，现对原生数字期刊和 OA 期刊进行比较探讨，以加深对这两种期刊的全面认识。

3.3.1 原生数字期刊与 OA 期刊概览

3.3.1.1 原生数字期刊

随着互联网的广泛普及，在线阅读已逐渐成为读者的一种阅读行为。多媒体技术的深入发展使在线出版成为可能，在此情况下一种新型期刊——原生数字期刊应运而生。原生数字期刊是借助计算机网络（Internet），完全以电子化、数字化形式组稿、审稿、制作、出版、发布，并以计算机网络为传输工具，定期或不定期连续出版且每期均附有编号或日期标识的连续性电子出版物。纯网络杂志、纯网络期刊、纯网络电子期刊、纯电子期刊、电子杂志等均属于原生数字期刊范畴。

3.3.1.2 OA 期刊

20 世纪 90 年代以来的“学术期刊危机”的蔓延，对人们正常的学术交流造成了十分不利的影响，为此人们提出了一种新的出版模式——OA 模式，目的是让全球读者可以免费获取期刊论文，免费分享最新的科研成果。根据布达佩斯开放存取计划（Budapest Open Access Initiative，BOAI）定义，OA 期刊可理解为一种经过同行评议的、网络化的免费电子期刊，允许任何用户免费阅读、下载、复制、传播、打印、检索、链接或索引其期刊全文。

3.3.2 原生数字期刊与 OA 期刊比较

近年来随着互联网的深入普及，原生数字期刊和 OA 期刊逐渐被广泛地应用。本书从产生背景、发行方式、出版模式、版权形式、质量控制等方面对二者进行比较探讨。

3.3.2.1 产生背景

原生数字期刊和 OA 期刊的产生背景不同，满足人们学术交流过程中的不同需要。原生数字期刊是在互联网广泛普及、多媒体技术深入发展的情况下产生的。传统期刊仅以文字图像形式传播知识，单调、缺乏动态性与灵活性，原生数字期刊以文字、图像、视频等多媒体形式传播知识，提高了传播效率，尤其是传播强调事物变化过程的知识，可以增进读者对知识的深入理解。

20 世纪 90 年代的“学术期刊危机”在一定程度上阻碍了正常的学术交流，OA 期刊是在“学术期刊危机”愈演愈烈的情况下产生的。OA 期刊的出现，使广大科研人员可以借助互联网免费获取学术论文，了解最新的学术动态，促进学术的开放交流。

3.3.2.2 发行方式

原生数字期刊借助计算机网络仅以在线形式出版发行，节省了大量纸张，降低了期刊发行成本，符合低碳经济的发展要求。

根据 BOAI 定义可将 OA 期刊分为无延时 OA 期刊和延时 OA 期刊。无延时 OA 期刊指 OA 论文发表后立即将其公开，此期刊一般仅以网络形式出版发行，可称其为原生 OA 期刊。它同时具备原生数字期刊和 OA 期刊的优点，作为原生数字期刊，仅以网络形式出版，环保高效；作为 OA 期刊，科研人员可通过互联网及时、免费获取最新的科研信息，促进了科研成果的及时有效传播。如英国生物医学中心（BioMed Central，BMC）出版的期刊，可称其为原生 OA 期刊，它没有固定的出版期限，论文一经录用，立即通过网络出版发行且没有相应的纸质版，这种出版方式极大地提高了生物医学信息的传播效率。延时 OA 期刊，指论文发表后并不提供及时免费访问，而是延时一个月或数月再免费开放给广大用户，此类期刊一般为传统纸质期刊，为了扩大期刊的影响力，数月后再将期刊的电子版免费开放。例如，美国斯坦福大学的 HighWire Free Online Full-text Articles 收集了一些延时 OA 期刊，延时 OA 期刊是传统期刊向 OA 期刊过渡的形式之一。

3.3.2.3 出版模式

原生数字期刊和 OA 期刊具有不同的出版模式。原生数字期刊强调以网络形式出版发行，其出版模式大致可分为三种：①用户付费订阅出版，这和传统纸质期刊相似，采取基于用户付费订阅的模式进行出版。例如，泰勒弗朗西斯集团（Tayor & Francis Group）创办的原生数字期刊 *Journal of Turbulence*，从 2000 年创刊至今一直沿用用户付费订阅的出版模式。②作者付费出版，原生数字期刊中存在部分 OA 期刊采取与 OA 期刊相同的作者付费出版模式。③机构资助出版，原生数字期刊作为一种新型的电子期刊并不为广大用户所熟知，出版发行面临一定的风险，在发展过程中应受到相关机构的资助。例如，由美国国家科学基金会资助的 D-Library，采取不向作者用户收费而由其自身资助的出版模式。

OA 期刊一般主要采取作者付费的出版模式，期刊广告、机构赞助、作者付费构成了 OA 期刊出版商的收入来源，其中，作者付费是其收入的主要来源。通过作者付费出版保证了用户的免费获取，促进了学术的广泛交流。当然出版费用的支付能力不是论文是否出版的关键，对发展中国家的作者或没有课题经费的作者来说，出版费用可适当降低甚至免费，质量才是论文是否出版的唯一评判标准。

3.3.2.4 版权形式

版权属于出版发行一个作品的专有权，是著作人身权和著作财产权的结合。著作人身权指作品通过正当方法被应用，版权焦点在著作财产权利方面。

原生数字期刊强调的是期刊的出版发行方式——仅以在线形式出版，其中存在部分 OA 期刊，版权形式与 OA 期刊相同。原生数字期刊可以有效地降低期刊的运营成本，出版商为了降低成本选择以原生数字形式出版期刊，但不一定会选择以 OA 形式出版。原生数字期刊中存在许多非 OA 形式的期刊，其版权形式和传统纸质期刊相似，由出版商占有版权，出版商占有作品著作财产权及商业开发权，用户在支付给出版商一定的货币后才能使用作品。SAGE Journals 出版的原生数字期刊 *Research in Comparative and International Education* 要求用户支付 50 美元即可订阅该刊一年的论文。

与原生数字期刊不同，OA 期刊强调期刊的免费获取，OA 期刊的版权主要由作者占有，它的版权归属主要有四种形式：作者完全保留版权、作者保留版权、作者部分转让版权给 OA 出版者、作者完全转让版权给 OA 出版者。作者主要拥有作品的著作人身权，即保护作品完整不受破坏被正当方法引用的权利；用户可以使用作品，即在全球任何地区用户可通过互联网免费获取、下载、复制 OA 期刊，如俄罗斯声学领域的 OA 期刊 *Electronic Journal Technical Acoustics* 将其 2001 ~ 2010 年出版的所有论文免费提供给用户。

3.3.2.5 质量控制

在质量控制方面，原生数字期刊和 OA 期刊大多采取和传统纸质期刊类似的同行专家评审制度，只是在评审方式上存在一定区别。

原生数字期刊可分为学术性原生数字期刊和非学术性原生数字期刊。非学术性原生数字期刊一般由编辑直接评审，不组织专家评审，作品符合办刊宗旨、具有一定意义即可出版发行。对学术性原生数字期刊来说，它的评审制度目前暂未统一，部分专家主张采取专业的、匿名的、外部人审稿制度。匿名是指被审稿件作者的名字和评议人的名字均不告知对方，以保证评议人“只对文稿不对人”；外部是指评议人与作者关系较远；采取这种制度能有效地克服审稿中非理性因素的作用，从而更具客观性。

OA 期刊强调期刊的免费获取，具有一定的开放性，大多经过同行审议，论文质量有一定的保证，其中有部分期刊执行的是开放的同行评审制度。例如，BMC 出版社要求将论文的初稿、评审人员的意见和签名、作者的修改稿连同论文的最终稿同时在网络上公布，把各自意见公开化，力求评审过程透明化。原生数字期刊的专业的、匿名的、外部人评审制度与 OA 期刊开放的同行评审制度两者看似矛盾，其实不然。匿名是指在审稿过程中不告知对方名字，强调克服审稿过程中非理性因素的作用；开放是指审稿完成后同时公开评审意见、修改稿和最终稿，强调审稿的公开化、透明化。两者从不同侧面促进评审公开化、公正化。综上，原生数字期刊和 OA 期刊的比较分析如表 3-1 所示。

表 3-1 原生数字期刊和 OA 期刊的比较

比较内容	原生数字期刊	OA 期刊
产生背景	信息技术的发展； 强调存在形式是原生数字化	期刊危机阻碍学术交流； 强调用户免费获取

续表

比较内容	原生数字期刊	OA 期刊
发行方式	网络在线形式	网络在线形式、纸质形式
出版模式	读者付费出版、作者付费出版、机构赞助出版	作者付费出版
版权形式	出版商占有、作者占有	主要由作者占有
质量控制	无评审制度或专业的、匿名的、外部人审稿制度	开放的同行评审制度

3.3.3 原生数字期刊与 OA 期刊发展的侧重点

3.3.3.1 原生数字期刊与 OA 期刊的发展趋势

原生数字期刊和 OA 期刊是在不同的背景下产生的，原生数字期刊强调的是期刊仅以网络在线形式出版发行，OA 期刊强调的是期刊的免费获取，二者既有区别又有联系，呈现出彼此包容、相互整合的态势。

(1) 原生数字期刊与 OA 期刊的整合趋势

就学术交流传播而言，原生数字期刊和 OA 期刊会进行整合形成一种新的期刊——原生 OA 期刊，它同时具备原生数字期刊和 OA 期刊的优点，可保证科研信息及时、有效、免费地传送给广大科研工作者，是一种较理想的学术交流期刊。例如，John Wiley 出版的 OA 期刊 *European Transactions on Electrical Power* 在 2011 年仅以网络在线形式出版，变成原生 OA 期刊。

(2) 原生数字期刊多媒体化

就学术传播效果而言，目前原生 OA 期刊大多仅以文字和图像形式传播知识，不排除未来学术型原生 OA 期刊会加入多媒体元素，实现抽象知识的形象化传播。例如，原生 OA 期刊 *Electronic Letters on Computer Vision and Image Analysis* 由于没有纸质的限制，允许作者在文章中加入音频、视频动画等进行动态的演示。国外学者 Cliff McKnight 和 Sheila Price 曾对 1010 名不同专业的科研人员进行问卷调查，结果显示超过 1/3 的科研人员认为有必要在文章中加入多媒体元素（McKnight and Price，1999）。

(3) 传统出版商加入原生数字期刊出版行列

就出版发行经济性而言，目前大多数期刊出版商只发行纸质版或纸质版和电子版同时发行，随着互联网技术发展和显示技术的改进，一些传统出版商开始考虑进入原生数字期刊的出版行列。例如，著名期刊出版商 Elsevier 已在化学领域出版了一份原生数字期刊——*Combinatorial Chemistry - an Online Journal*。有了传统期刊出版商的加入，原生数字期刊的论文质量会得到一定提高。

3.3.3.2 原生数字期刊长期保存和综合利用

（1）原生数字期刊的长期保存

原生数字期刊载体特殊，仅以网络形式出版发行。作为人类重要的知识文化遗产，原生数字期刊如何进行长期保存？在软硬件技术不断升级的情况下，如何保证原生数字期刊的原貌及可持续利用等？这些问题成为目前的关注重点。

理论方面，国内学者毛有桂和苏秋侠（2008）分析了电子期刊 3 种存取形式：联盟存取、开放存取和永久存取。国外学者 Jones（2004）论述了电子期刊保存的重要性，并分析了目前的几种期刊保存模式；Kwon 等（2009）介绍了数字信息保存的项目 NDIIPP。实践方面，许多发达国家的相关机构和高校图书馆通过构建数字仓储（digital repository）对原生数字期刊等原生数字信息进行组织、管理和长期保存以确保原生数字期刊长期使用，如 DSpace、Fedora、EPrints、DAITSS、LOCKSS、aDORe 等。我国于 2002 年 10 月启动了数字图书馆标准规范建设项目，直接指导和规范各个数字图书馆项目的资源加工、描述、组织、服务和长期保存工作。

国内外众多学者不仅从理论方面论述了原生数字资源长期保存的必要性与可行性，而且进行了众多的原生数字资源长期保存的项目实践。笔者认为目前国内外原生数字资源长期保存平台较多，如 Legal Deposit、e-Depot、Digital Archive 等。国内外 OA 期刊应用平台也较多，如 J-Stage、Open J-Gate、DOAJ、SciELO 和我国的 Socolar，而缺乏学术性原生数字期刊出版平台或学术性原生数字期刊出版代理平台。目前只有少数国家和地区拥有学术性原生数字期刊出版平台或学术性原生数字期刊出版代理平台，如英国的 BMC、俄罗斯的 EJTA。学术性原生数字期刊出版平台或出版代理平台至少具有两点重大作用：①可凝聚和吸引一部分学术原生数字期刊加入这一平台，形成集群效应，宣传原生数字期刊，扩大学术原生数字期刊的影响力；②提供一个原生数字期刊出版平台，方便传统期刊出版商由纸质出版向纯网络出版转变，符合低碳经济的总体要求，我国目前也急需建立一个学术性原生数字期刊出版平台或者学术性原生数字期刊出版代理平台。

(2) 原生数字期刊综合利用

原生数字期刊作为一种新型的纯虚拟数字资源，目前的用户认可度较低，如何提高原生数字期刊的认可度，如何充分利用这一重要信息资源成为当前研究的重点。

对原生数字期刊本身而言，提高自身的论文质量显得尤为重要；对出版商、图书馆、用户而言，三者对原生数字期刊的宣传与认可也显得至关重要。原生数字期刊仅以网络形式出版发行，传统出版商加入到原生数字期刊的出版行列，无疑会提高原生数字期刊的质量和知名度。对图书馆而言，将原生数字期刊作为信息资源纳入馆藏建设已是大势所趋，而如何对原生数字期刊进行馆藏、长期保存及如何利用原生数字期刊开展读者服务也是值得研究的问题。图书馆对原生数字期刊资源的日益重视将直接引导读者对原生数字期刊的使用。对习惯于纸质阅读的用户而言，其对原生数字期刊的在线阅读的适应程度和相关部门对原生数字期刊的认可态度等都会影响原生数字期刊的社会认可度。我们应该从综合层面为原生数字期刊这一新型事物创造良好的发展环境，促进其健康发展。

3.4 学术性 OA 期刊属于原生数字期刊

3.4.1 学术性 OA 期刊的概念

OA 期刊产生于新的出版模式——开放存取（OA）。《布达佩斯开放存取计划》（BOAI）认为，开放存取是指通过公共网络可以免费获取所需要的文献，同时允许任何用户阅读、下载、复制、传递、打印、检索及获取在线全文信息。开放存取允许对论文全文进行链接、建立索引，以及将其用作软件的输入数据或其他合法用途，而不受经济、法律和技术方面的限制。唯一的限制是应使作者有权控制其作品的完整性，以及作品被正确接受和引用。它的产生与开放存取运动（open access movements，原为 free online scholarship movements）有着最直接的联系。其最根本的两大背景是：①基于订阅的传统学术期刊的出版模式已带来严重的学术交流障碍；②网络的运用使学术期刊出版和传播的成本大大降低。OA 通常被译作开放存取、开放共享、开放访问、开放阅览等。在图书馆学及情报科学领域，将 access 一词译成“存取”已约定俗成，在计算机科学领域，access 也被译为“存取”。因此，本书中 OA 均译为“开放存取”。为了方便，直接写作 OA。

OA 期刊，即基于 OA 出版模式的期刊。根据 BOAI 对 OA 的定义，OA 期刊是一种经过同行评议的、网络化的免费电子期刊，允许任何用户免费阅读、下载、复制、传播、打印、检索、链接或索引其期刊全文。OA 期刊大多采用作者付费，读者免费获取的方式。OA 期刊既可能是新创办的在线数字期刊，也可能是由已有的传统期刊完全数字化转变而来。

OA 期刊是为方便学术交流和传播而产生的新型数字化期刊。学术性 OA 期刊，是基于 OA 出版模式的以刊载学术论文为主的 OA 期刊。现有的 OA 期刊绝大多数都是学术性 OA 期刊。

3.4.2 学术性 OA 期刊与传统期刊的区别和联系

学术性 OA 期刊相对于传统期刊而言，是一种全新的学术期刊出版方式，与传统期刊的主要区别在于出版模式、访问方式和访问权限方面。通过 Internet，作者为其出版的 OA 期刊文献付费，用户无须支付任何费用即可访问和获得学术性 OA 期刊的全文。与网络上其他的免费资源区别，学术性 OA 期刊经过了严格的同行评议，有质量保证。学术性 OA 期刊与传统期刊的区别和联系如表 3-2 所示。

表 3-2 学术性 OA 期刊与传统期刊的区别和联系

项目	学术性 OA 期刊	传统期刊
获取方式	作者付费	用户付费
学术理念	体现人身价值	获取利润
传播方式	数字形式	纸质出版形式
出版方式	科研机构、大学、图书馆	商业出版机构
版权保护方式	保护作者署名权	出版社出售版权的使用权
用户权利	比较自由	诸多限制

相比于传统期刊，学术性 OA 期刊具有以下几个特点。

1）学术性 OA 期刊主要依托网络为媒介，以数字的形式在网络上存储，作者投稿方便，人们可以通过搜索引擎及相关的站点来获取这些信息，也大大地降低了出版费用。

2）在尊重版权的前提下，用户不需要支付任何费用就可以免费获取、使用、复制、传播所需要的学术信息，这样也降低了读者阅读期刊的门槛。

3）出版快捷、成本较低、运行模式多样化，同时也便于传送或刊载大量的学术信息。

传统期刊是指基于传统的用户订阅模式出版的学术期刊，它包括印刷型期刊和电子期刊。有学者认为“OA 期刊与传统期刊的区别不在于期刊的载体是纸本还是电子，而在于对期刊的访问方式和访问权限”。可见 OA 期刊与传统期刊出版既有相同之处，也有不同之处。相同之处是都涉及投稿、审稿、编辑诸多环节，都遵循严格的同行评审。不同之处不仅在于出版理念、出版方式、版权等方面都具有自身的特殊性。

1）获取方式的不同。传统期刊的学术信息内容单一、出版周期长、流通渠道不畅，而且主要采用用户付费的方式，可获得性差，影响了信息的正常交流。OA 期刊采用作者付费的方式，创新了人们的交流方式，丰富了用户获取信息的途径。

2）学术理念的改变。传统期刊的出版商通过控制学术期刊的版权将科学信息加以垄断，其目的是获取最大化利润，而大多数科研人员发表研究成果的根本目的并不是从研究成果中获得直接的经济利益，而是希望个人的研究成果在尽可能短的时间内，最大限度地被人们所了解并传播，得到同行的认同，这才是其人身价值的体现。学术性 OA 期刊的免费获取正好可以实现这一想法。

3）传播方式的不同。传统期刊出版具有一定的实质性，一篇文章从投稿到最后出版需要一定的时间，这种出版方式减缓了学术信息的传播速度，影响了学术研究的进程。学术性 OA 期刊则在网络上以数字形式进行传播，使作者、编辑、评审专家之间的沟通既方便又不不会产生额外的成本，通过邮件或者论坛的形式提供即时的学术信息，而且 OA 期刊常常被多个数据库收录或者被多个网站链接，读者可以通过多种途径在互联网上检索和免费使用所需要的期刊。

4）出版方式的不同。传统期刊的出版主要是由商业出版机构、学术团体和大学出版社来完成，它们之间不断地联合和合并，造成对学术市场的垄断，并且随着商业出版机构垄断的加强，学术团体和大学出版社的市场份额越来越小，竞争也越来越激烈。而 OA 期刊的出版主要由大学、科研机构和学术图书馆来完成，它们拥有学术性 OA 期刊出版与交流的一切条件，各种网络期刊和电子预印本管理软件也不断地被开发出来，为期刊的免费或低成本传播提供了条件。

5）版权保护的方式不同。传统期刊的版权被出版商当成了重要的竞争武器，要求作者在其论文发表以前签署转让版权协议，然后再向作者和其他用户出售。出版商通过控制学术期刊的版权，保护了著作财产权和著作人身权。一方面提高了期刊的价格，另一方面通过技术和法律手段对电子期刊的用户访问权加以限制，其版权具有比较完备的法律保护机制。实现开放存取的实质是实现学术交流领域的利益平衡。对于 OA 期刊来说，其出版处于现代版权框架之下，而版权法还没有针对 OA 期刊出版的具体条款。目前更多地是依靠各方遵守相关协议或者各自地道德及自律水平，面对立法尚不完善的现状，立法的进程还需进一步加快。

6）用户权力的不同。传统期刊用户需要付费才能获得期刊使用权，同时对用户的使用权还有诸多限制，如对用户打印、下载、复制作品的限制，以及对作品进行引用、分析与编目等权力的限制。学术性 OA 期刊通过许可协议使用户对期刊的使用，如用户获取、复制、检索、引用等有较多自由的权力。学术性 OA 期刊的核心是“开放、自由”地获取和利用。

3.4.3 原生数字期刊与学术性 OA 期刊的关系

随着 OA 运动在全球兴起和发展，学术性 OA 期刊规模也在不断壮大，数量不断增多，其影响力也与日俱增。根据前面的探讨，原生数字期刊与 OA 期刊既有区别又有联系，就学术交流传播而言，原生数字期刊与 OA 期刊呈交叉、叠合趋势，形成一种新的期刊——原生 OA 期刊。从现有的学术性 OA 期刊发行、传播形式等要素考量，依据原生数字期刊的概念界定，大部分学术性 OA 期刊具备原生数字期刊的特质，因此，笔者认为现有的学术性 OA 期刊属于原生数字期刊。

考虑到现有的学术性 OA 期刊绝大多数都是原生学术性 OA 期刊，而我国图书馆界对 OA 资源的开发利用大多是针对学术性 OA 期刊的现实，本书的研究对象——原生数字期刊，主要指原生学术性 OA 期刊。本书中所提到的学术性 OA 期刊主要是指原生学术性 OA 期刊，即原生数字期刊。

因此，本书对原生学术性 OA 期刊的馆藏建设模式的研究就是原生数字期刊馆藏建设模式研究。

第 4 章 原生数字期刊对馆藏建设的影响

[本章摘要] 介绍了馆藏的概念、馆藏的特点，馆藏建设、馆藏建设模式的相关理论，阐述了原生数字期刊对图书馆、图书馆馆藏建设的影响。

4.1 馆藏的相关理论

4.1.1 馆藏的概念

馆藏，又称图书馆藏书，即图书馆收集、整理、保存并为读者利用的所有文献。馆藏是一个集合概念，它并不是某一本书或者某一种书，而是许多成分、类型、数量的文献资料的综合。

馆藏的概念，包含着两方面的含义。

1）馆藏是文献。文献，就是记录知识信息的一切载体。馆藏这个概念，只是沿用图书馆界的习惯称谓，实际上，这个概念无论是内涵还是外延，与传统的“藏书”有很大区别，它不仅包括实体馆藏，如传统的纸质图书、纸质期刊、纸质报纸、纸质图片、科技报告、专利文献、会议文献、标准文献、学位论文、产品样本等纸质文献资料，还包括虚拟馆藏，如资料、视听资料、机读资料、数据库等新兴文献载体的数字馆藏。

2）馆藏是整个社会文献资源的一部分，即经过图书馆选择、收集、整理、保存并为读者利用的那部分文献。馆藏有其形成发展的过程。首先，馆藏具有选择性，它是图书馆按照一定的原则和标准，从庞大的文献群中选择收集起来的。现代文献数量浩繁，类型复杂，任何图书馆都不可能也没有必要将文献收罗无遗，而只能依据本馆的性质、任务和读者对象的需求，选择和收集其中的一小部分。其次，馆藏具有有序性，不论是纸本的实体馆藏还是数字馆藏都要图书馆按照一定的科学方法和技术规则进行加工整理，只有有序的馆藏才能被读者使用。最后，馆藏具有体系性，馆藏要按一定的体系布局排列，合理的布局才能使读者方便快捷地使用。只有具备了上述特征的文献，才能称为馆藏。

4.1.2 馆藏的特点

馆藏是整个社会文献资源的重要组成部分。它是高度组织化的文献资源体系，同分散在个人家中及社会其他机构中的藏书，既有共同之处，又有不同之处。馆藏文献与非馆藏文献的共同之处，表现在相同的构成要素、相同的性质与功能。馆藏文献与非馆藏文献的不同之处，表现在以下五个方面。

（1）馆藏的加工特点

馆藏文献是图书馆的财富，为了便于组织、保管、检索、利用，必须进行一系列的加工处理。馆藏的每一份文献，都要按一定的科学方法与技术规则进行加工，根据文献组织方式对文献进行组织，读者也根据此组织方法对文献进行检索，形成一个完整的藏书体系。对馆藏加工既是文献揭示的需要也是读者利用的需要，又与其他馆藏文献及非馆藏文献相互区别。而社会上的非馆藏文献，则没有这样严格复杂的加工标记。

馆藏文献的加工性特点还表明，并不是图书馆内所有的文献都是图书馆藏书。图书馆刚收到而未经分类、编目、登记、加工的文献，收集到的用来交换和赠送而暂时储备的文献，通过馆际互借为读者借阅或调阅而临时存放在馆内的文献，以及失去使用价值而决定剔除的文献，都不算馆藏文献。

（2）馆藏的系统性特点

图书馆藏书是一批系列化的藏书体系，而不是杂乱无章、彼此孤立的混合体。藏书的系统性是由藏书的整体性、序列性决定的。每一个图书馆，都依照一定的范围、重点，收藏一定数量和质量的各类文献，形成一个相对独立的藏书体系；每个图书馆的藏书体系，又是整个系统、整个地区图书馆范围更大体系的分支体系。每一个图书馆都要按照一定的组织系统，如分类的、主题的、字顺的等，将各类文献进一步划分为相互联系、相互区别的序列，以保证不同的读者能够准确有效地检索利用。同时，通过书目检索系统，将各部分藏书加以联系协调，形成全馆藏书及馆际间藏书整体化系统。

馆藏的系统性特点，贯穿在藏书的收集、登记、分类编目、组织排列、检索利用等各个工作环节之中；表现在藏书本身的内容范围的纵向发展和横向联系之中，反映了藏书的实用性和相关性需要。非馆藏文献扩散在社会各处，缺乏图书馆这样的环境条件，不可能做到如馆藏文献一般，在时间和空间上能够高度地集中、严格地组织，并具有科学的序列、高效的检索手段及整体性的结构功能。

(3) 馆藏的目录检索特点

庞大的藏书体系，必须配置完善的目录检索工具。图书馆藏书与图书馆目录密切联系，相互结合，有机统一在图书馆各个部门、各项工作环节之中。

目录是揭示、宣传藏书的手段，也是读者检索、利用藏书的工具；藏书是目录反映的对象，是目录揭示的依据。藏书的内容、体系通过目录组织全面系统地展现在读者面前，便于读者了解、检索和利用。没有目录，揭示、组织、检索和利用藏书是不可想象的，各种藏书就如石沉大海，读者如在大海捞针。目录的功能，主要在于多组织、多角度、多途径地揭示、报道藏书，起宣传图书、指导阅读、检索文献、咨询参考的作用。它是帮助读者打开知识大门的钥匙。图书馆目录不是机械地反映藏书，而是创造性地反映藏书。藏书只能单线排列，目录却可以多头组织，可以通过书名、责任者、出版社、关键词等多途径揭示文献。藏书处于相对流动状态，目录处于相对静止状态，目录可以反映图书的流通状态，因而目录反映的藏书比书架上陈列的藏书更加全面系统，更加广泛深入。完善的图书馆目录体系、健全的目录制度、规范化的目录著录标准，是读者有效地检索藏书和利用藏书不可缺少的工具。非馆藏文献，由于没有深入细致的目录著录，无法形成庞大而完备的目录组织体系。

(4) 馆藏的公共使用特点

图书馆藏书是供给广大读者公共使用的资源。公共使用，就是供读者群免费使用、反复使用和长期使用。藏书的公共使用特点是由藏书的开放性决定的。

藏书的形成和发展，依赖于社会物质生产和精神生产的发展水平。藏书的收集、组织、宣传、流通，要适应社会的需要。藏书的社会价值体现在读者使用藏书的广度、深度及所产生的实际作用。为此，图书馆藏书的使用面应尽可能地扩大，吸引更多更广的读者；图书馆藏书应尽可能允许读者免费阅读，并提供良好的使用条件；图书馆藏书要允许读者反复使用和长期使用，尽可能提高其使用频次，延长使用时间，充分挖掘藏书的使用价值。

相比较而言，图书馆馆藏文献作为一种社会文献资源，要被社会最广大的读者充分有效地开发利用，以实现资源共享的目标；非馆藏文献，主要受收藏者支配，为拥有者或少数人所使用。它的使用范围、使用程度、使用效率有限，不具备馆藏文献公共使用的特点。书店等书刊发行系统，虽然拥有广泛大量的读者群，但它们的书刊是以商品销售为主要流通形式，不以免费借阅、咨询参考为宗旨，与馆藏文献的公共使用有质的区别。

(5) 馆藏的保存性特点

图书馆藏书作为一种文献资源体系，最集中、最大量、最稳定、最持久地保存着古今中外人类社会所创造的知识情报成果，为读者长期广泛地参考使用，提供了可靠的保证。藏书的保存性特点，是由藏书的集中性和稳定性所决定的。图书馆藏书体系凝聚了各种有价值的知识情报资料，经过长期积累和使用检验，形成了稳定的核心部分和相关部分，被完整地保存在良好的储存空间，作为备查参考之用。各种文献保存期限的长短，取决于它们的内容价值和有效使用寿命。价值高的长效文献将永久地保存在储存中心，其他文献分别保存不同的年限，直至完成它们的使用寿命。

馆藏保存的目的是利用。保存和利用相互依存，相互结合，互为条件。专门保存藏书的版本图书馆、寄存图书馆，以及国家和地区的文献中心，也是供当代人及后代人参考利用。如果藏书完全不被利用，就失去了保存的意义。大部分图书馆抽出一部分有价值的藏书，作为保存本单独存放，供读者在馆阅览或者短期外借，限制性流通，也是为了较长时期备查参考使用。非馆藏文献，则不具备馆藏系统的保存条件与保护设施，没有大量、集中、稳定而持久的保存特点，也没有国家、社会所赋予的保存任务。

图书馆馆藏文献的上述特点表明，和社会其他机构与个人拥有的文献资源相比，图书馆馆藏文献以其独特的方式，集聚了人类优秀的精神文化成果。通过图书馆员的追加劳动，藏书源源不断地提供给整个社会使用，直接或间接地转化为新的物质财富和精神财富，从而产生巨大的社会效益和经济效益。

4.2 馆藏建设的相关理论

4.2.1 馆藏建设的概念

刘祯臣等（1992）编著的《图书馆文献资源建设》一书对馆藏建设的概念进行了总结：随着文献资源的日趋复杂，20 世纪 60 年代后期，欧美国家开始使用馆藏建设（藏书建设）和藏书发展（藏书建设）等术语。70 年代后期，藏书建设一词被广泛使用，开始形成一个完整的系统概念。1977 年美国的鲍曼（J. C. Baughman）提出藏书建设包含三个基本概念，即藏书计划、藏书实现、藏书评价。美国图书馆协会（American Library Association，ALA）的《图书馆术语集》中将藏书建设解释为“是一个包括有图书馆馆藏发展的多项活动的术语，包括选书方针的决定及调整、读者与潜在读者需求评价、藏书利用调查、藏书评价、馆藏需求确认，资料的选择，资源共享的计划、藏书保存等。”苏联学者则提出了“图书馆馆藏学”的概念，斯多利亚洛夫把藏书建设定义为：“一切图书馆藏书补充组织和管理过程与措施的总和。”捷廖申进一步提出了图书馆馆藏建设四相结构，如图 4-1 所示。苏联有关馆藏建设的概念，高度概括了馆藏形成的全过程，又系统地反映了各构成部分之间的逻辑关系。

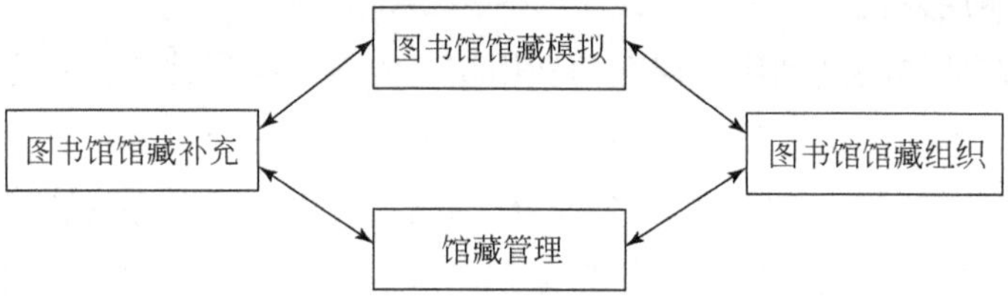

图 4-1　图书馆馆藏建设四相结构

根据百度百科对馆藏建设的定义：馆藏建设（collection building）又称图书馆藏书建设，是图书馆根据本馆的任务和读者需求，系统地规划、建立和发展馆藏体系的全过程。它的目标是经过精心选择与组织而形成具有特定功能的知识体系。图书馆藏书建设本身就是一项学术性创作，从事这项工作的人被称为“智力建筑”的建筑师。

4.2.2　馆藏建设的主要内容

1）馆藏规划，是要确定馆藏发展的长期目标，即建成具有何种规模、何种功能的知识体系，具体体现于馆藏体系与馆藏结构之中，如馆藏建设的重点，纸质文献、电子文献的比例，以及实体馆藏的布局等。在馆藏规划中还要明确实现目标的步骤和具体计划。

2）文献选择和文献收集，是根据发展规划的要求精心选择收集，不断充实馆藏，增加其必要的完备程度和支持研究决策的能力。

3）馆藏评价，是对积累的文献进行检查评估，其结果可作为改进馆藏计划与选择工作、增加或减少（文献）经费投资的依据。实践证明，馆藏评价是馆藏建设的必要组成部分。

4）馆藏的复选，指图书馆根据文献老化和新陈代谢的规律，对馆藏的文献进行多次选择，剔除或提存那些过时无用或由长期流通而造成残损的文献，使馆藏文献更为精悍实用。

5）馆藏组织和管理，是馆藏建设的重要方面，合理的馆藏组织和科学的管理可以使用户更方便快捷地获取和利用馆藏资源。

6）在文献收集和收藏方面的馆际协调分工，是馆藏规划中必须要考虑的问题，它使各馆的馆藏变成一个地区或一个国家的文献资源，又能以国家和地区所藏丰富和支持各图书馆，扩大了资源的利用范围。

4.3 馆藏建设模式相关理论

模式其实就是解决某一类问题的方法论。把解决某一类问题的方法总结归纳到理论高度，那就是模式。模式是一种指导，一种良好的指导，不仅有助于完成任务，也有助于制定一个优良的设计方案，达到事半功倍的效果，同时得到解决问题的最佳办法。

因此，馆藏建设模式就是解决图书馆馆藏建设问题的方法论，是一种参照性的指导方针，用于描述馆藏建设的核心问题，并且可以无数次地使用这些解决方法，无须重复相同的工作，有助于高效完成任务，也有助于按照既定思路找到一个解决馆藏建设问题的最佳方法，达到事半功倍的效果。

4.3.1 馆藏结构模式

馆藏结构主要有网络化信息、电子出版物、书刊信息。网络化信息是馆藏结构的核心，图书馆根据读者需求和图书馆的职责对网络资源进行搜集，并建立自己的资源组织体系，构建门户网站，整合图书馆的馆藏资源，将各类资源汇总至一个检索入口，读者通过一个检索入口便可获悉各类资源。电子出版物是馆藏结构的重点，电子出版物主要包括磁盘、光盘、网络出版物等，主要是各类数据库的镜像光盘、随书光盘、在线数据库等。纸本书刊信息是馆藏结构的重要补充，电子出版物的快速发展及网络的普及并未使纸本书刊消失。由于用户的阅读习惯，纸本书刊信息依然是图书馆馆藏结构中非常重要的补充。

4.3.2 馆藏建设模式

馆藏建设模式主要有自建模式、合建模式、区域共建模式三种。

1）自建模式，是指图书馆仅利用本馆的人力、物力、财力，依据图书馆的任务和馆藏任务进行馆藏建设的一种模式。这种模式需要图书馆投入更多的人力、物力、财力，目前这种模式已无法适应现代图书馆的要求。

2）合建模式，是由图书馆与其他部门或单位合作共同建设馆藏的一种模式，主要有馆院（系）合作共建式、业务外包式两种方式。馆院（系）合作共建式是指图书馆与院系合作，图书馆与院系共建馆藏。合作共建数据库或虚拟馆藏可充分调动校内资源、设备及技术力量，使馆藏更加适合教学科研的需要。业务外包式是指图书馆以合约的方式把馆藏建设的一部分工作承包给公司，如对图书馆纸质文献进行加工、上架、整架等工作。这种模式可以降低加工成本。

3）区域共建模式，是指一个区域内几个图书馆合建并共享文献资源。随着书刊资源及数据库价格的大幅上涨，图书馆仅以一己之力很难购齐所有的文献资源，集中一个区域图书馆的财力共建馆藏，所有读者可以共享其文献资源，这种模式大大节约了图书馆的财力，对馆藏量有很大的保障。

4.4 原生数字期刊对馆藏建设的影响

随着原生数字期刊（学术性 OA 期刊）的数量不断增多，其影响力与日俱增。学术性 OA 期刊的发展对图书馆的馆藏建设也产生了一定影响，其影响主要表现在以下几个方面。

4.4.1 改变馆藏观念

原生数字期刊（学术性 OA 期刊）以严格的同行评审制度保证其质量，并以作者付费的运作方式保证其经费来源。用户可以免费无限制地在线获取原生数字期刊，消除了价格和许可障碍，有利于在全球范围内实现科研成果即时共享，减少了传统媒介的传播限制和图书馆经费不足等障碍导致的无谓重复和收藏不足。原生数字期刊的出现极大地丰富了图书馆馆藏。因此，我们应该转变观念，调整馆藏发展策略，不再只是把“拥有”文献作为图书馆的资源，原生数字期刊也作为图书馆馆藏资源的一部分，即“拥有”与“存取”都是图书馆馆藏建设的重要模式，只要通过图书馆可以获取到的各类资源都将是图书馆的馆藏。在某种程度上讲，对信息资源的开放存取甚至更为重要，纸本图书由于使用的唯一性，一旦被其他用户借阅将不能再被利用，一些数据库由于并发用户数的限制，多余的用户也无法使用，而学术性 OA 期刊则可以同时被多名用户同时使用。信息发达国家的许多图书馆馆藏发展政策已体现了对学术性 OA 期刊的重视。2008 年，澳大利亚新南威尔士大学图书馆制定的藏书发展政策规定，高度重视 OA 信息资源。努力做好实体馆藏，发展虚拟馆藏，为用户提供“存取”服务，成为复合图书馆馆藏发展的一个重要方向。

4.4.2 丰富图书馆的馆藏资源

图书馆可对学术性 OA 期刊进行整理、分类、介绍、推荐，在图书馆主页上按学科或者主题对学术性 OA 期刊进行有序化组织，并根据其被引频次由高到低或者时间等方式进行序化，介绍每种学术性 OA 期刊的种类、内容、提供者等详细内容，提供给用户可直接登录的相关链接，并常常进行维护，去除死链接。这将更有利于研究人员对这部分资源的利用，也有利于提高用户对图书馆电子资源的利用率。相信随着学术性 OA 期刊的发展，图书馆的馆藏资源将进一步得到丰富，并更有效地为学校科研机构和学者提供网络资源的推荐和评估服务。

4.4.3 缓解图书馆的经费压力

目前，图书馆已逐渐减少单纯的纸本期刊收藏。为节省经费，图书馆除了采取纸本与电子期刊捆绑的采购方式外，还采取多趋向电子期刊的采购与典藏方式。这样既可方便读者远程连线使用，又可节省储存空间。尤其是外文期刊大幅涨价，很多图书馆已经大量减少纸本期刊的采购，而大量采购外文数据库，外文数据库和纸本期刊相比费用要低很多，学术性 OA 期刊免费使用更缓解了图书馆的经费压力，也满足了读者的文献需求。

4.4.4 扩大图书馆的可检资源

图书馆目前所订购的收费电子图书及一些学术期刊库，应数据库商家的要求，都存在着用户数量和用户访问权限限制，大多数限制并发用户数，即使在并发用户数范围内用户上网计算机的 IP 地址范围也被控制在一定范围内，这使得图书馆无法向其所有读者随时随地提供电子图书及期刊的访问服务，数字图书馆的功能受到很大制约。而学术性 OA 期刊从根本上解决了这一问题，无论何时何地多少用户都可以无限制地使用学术性 OA 期刊。学术性 OA 期刊扩充了图书馆资源，在图书馆信息资源保障方面起到了重要作用，满足了各类读者的需求，使读者可以更广泛地共享科研成果。

4.4.5 提高电子期刊资源利用率

目前，国内所购买的电子期刊资源特别是外文期刊资源有很大一部分是文摘和索引类的二次文献库，而随着 OA 运动的发展，学术性 OA 期刊尤其是外文期刊已经出现了越来越多的全文文献。对科研人员而言，全文文献资源比文摘等二次文献具有更大的参考使用价值。因此，如果图书馆想要发挥学术性 OA 期刊的作用，必将提高图书馆电子期刊利用率，有效地促进学术和科研活动。

总之，学术性 OA 期刊的快速发展，在给图书馆带来发展机遇的同时，也带来了危机与挑战。我国图书馆界应该主动与其他具有共同目标的机构一起，认真研究 OA 这一全新的学术交流模式的各种运行机制，同时积极参与这一活动，为创建一个真正服务于学术的信息交流系统做出贡献。

4.5 原生数字期刊对图书馆的影响

期刊是用户喜闻乐见，也是科研工作最常用的重要文献资料，是每个图书馆必定收藏的重要信息资源之一。原生数字期刊的出版对图书馆的影响主要表现在以下几个方面。

4.5.1 影响图书馆采访工作策略和馆藏文献结构

图书馆采访工作是图书馆业务工作的龙头，也是馆藏建设方针的直接体现。原生数字期刊的出版为图书馆馆藏文献提供了一种新类型。随着原生数字期刊数量的增多和权威性的提高，图书馆采访人员必定要考虑原生数字期刊的订购和收藏，为用户提供新的文献类型，丰富图书馆馆藏。学术性 OA 期刊的迅速发展要求图书馆馆藏建设的方针、策略和资源收集途径进行相应的调整和转化，也就是说，图书馆采访工作策略要发生相应的变化。图书馆应及时调整期刊采访策略，根据用户信息需求统筹安排采访计划和采访准则，重新调整各种期刊的馆藏结构，明确期刊的馆藏建设方向。依据馆藏建设方针对网上学术性 OA 期刊进行收集、筛选及整序，并和传统的文献资源融合提供统一的检索入口，使读者在一个检索入口便可获取各类型的文献资源，开展网络信息导航服务，不断拓展馆藏信息资源。

图书馆采访工作策略发生了变化，在操作策略上，采访人员应根据本馆的读者需求和馆藏特点，有计划地分批订购（阅）具有馆藏特色的原生数字期刊，确保专藏，着重体现专业化和特色化的建设，逐步加大原生数字期刊的订购（阅）量，使纸质出版物、电子出版物相互补充，形成满足用户不同需求的、新型的文献资源保障体系，并定期对现有馆藏原生数字期刊进行效益评估，使原生数字期刊的收藏步入去劣存优、层层递进、稳步发展的轨道。这样，图书馆馆藏建设的内涵、结构和成分也就随之发生变化。图书馆对原生数字期刊的订购（阅）和收藏使馆藏期刊的内容和载体形式呈现多样化特征，馆藏期刊从单一的纸型实体期刊变为纸型实体期刊和数字型虚拟期刊共存，即印刷型、电子型期刊等多种形式并存。

4.5.2 期刊工作方式和服务方法发生改变

（1）OA 期刊改变了传统期刊的工作流程

一般而言，传统期刊工作的程序是填写订单订购期刊、登到、分类、阅览、整理装订、过刊阅览等。传统图书馆期刊服务方式是为读者提供现刊、过刊在馆阅览，过刊短期外借，以及定题服务等。与纸质期刊相比，原生数字期刊以网络为媒介，是无形的、不可见的和虚拟存在的，需要借助电脑屏幕和应用软件才能阅读；原生数字期刊的保存条件和环境要求与纸质期刊不同，对保存场地的面积要求不高，但对环境的温湿度、防磁性等条件要求很高。鉴于原生数字期刊的以上特点，传统期刊工作的方式和服务方法已经无法适用于原生数字期刊，必须根据原生数字期刊的特点，确立新的工作方式和服务方法。

（2）OA 期刊突破了传统期刊的一些限制因素

原生数字期刊数字化的特点使图书馆“无墙化”“虚拟化”成为现实。传统期刊阅览方式要受到时间、空间、复本等诸多因素的限制。原生数字期刊改变了传统期刊阅览因受期刊工作时间的限制，或期刊下架整理装订这段时间无法为读者提供服务，给读者带来不便等的现状，读者随时可以查阅自己所需的期刊信息；另外，原生数字期刊还免去了印刷、发行、投寄及图书馆加工上架的许多环节，缩短了原始文献传递的时差，使科研成果在第一时间得以传播，避免了重复研究。原生数字期刊使期刊阅览不再受空间限制。读者想要阅览期刊可不必非到期刊阅览室，在自己的办公室或家里通过校园网或 Internet 即可进行阅览。原生数字期刊不像纸质期刊那样具有唯一性、利用排他性，它可以通过计算机网络进行远距离传输，不受时间和空间的限制，能够被多用户同时使用，使图书馆“无墙化”“虚拟化”成为现实。

原生数字期刊需要借助电子计算机及相关设备来进行检索、显示和打印。传统的期刊阅览室已无法满足原生数字期刊阅览的需求。为适应电子期刊的发展，图书馆必须设立专门的电子期刊阅览室，专门负责电子期刊包括原生数字期刊的阅览服务工作，并安排相应部门对设备进行管理和维护，对读者进行检索培训和引导。

(3) OA 改变了期刊服务方式

对传统期刊的揭示只能对整本期刊进行揭示，无法揭示期刊中的论文，更无法揭示论文的章节。OA 期刊则可揭示具体的论文，也可揭示论文的章节，有些还可进行全文检索。

针对原生数字期刊的管理和服务，图书馆工作人员在确认订阅或订购原生数字期刊后，就可以获得登录网站的账号和密码口令，或通过电子邮件或文件传输的方式定期获得所订原生数字期刊。如果原生数字期刊是基于网站型的，可在图书馆主页上设置原生数字期刊网站的链接，读者通过点击该链接即可登录原生数字期刊网站，阅读或下载原生数字期刊各期的内容，读者在任何地点、任何时间都可以使用原生数字期刊；如果原生数字期刊是基于 E-mail 型的，那么，只要读者向图书馆期刊工作人员及时表达出自己的需求和阅读意愿，将自己的 E-mail 地址告诉期刊管理人员，读者以后只需打开自己的电子邮箱就可以阅读到自己所需的原生数字期刊。在原生数字期刊众多时，图书馆应该将所有订阅或订购的原生数字期刊进行整合，按一定方式组织原生数字期刊，读者可通过网络自己选择原生数字期刊，然后登录其网站进行阅读或下载。工作人员的任务还包括：对原生数字期刊进行整序；长期保存服务器节点里的“过刊”；因地制宜地确定原生数字期刊为读者服务的内容和方式。原生数字期刊服务对读者而言更显个性化，服务更便捷、周到、具体。

4.5.3 对期刊管理人员的业务能力要求提高

图书馆对原生数字期刊的订购（阅）和收藏使馆藏期刊结构及管理方式、服务方式等都发生了改变。由于馆藏期刊结构改变，相应的管理方式和服务方式等都要随之发生改变。这样，图书馆期刊管理人员不仅要管理好传统纸质期刊，还要管理和组织好原生数字期刊，对 OA 期刊进行有序组织，并提供统一友好的检索界面，使读者可以快捷地获取所需资源；不仅能为读者提供纸质期刊服务，而且能充分发挥原生数字期刊的作用，为读者提供网络化信息服务。为了适应图书馆工作发展的需要，图书馆工作人员必须具有较高的文化素养和合理的知识结构，因此，期刊管理人员必须不断提高自身的业务素质和业务能力。期刊管理人员除了掌握本专业的知识，具有图书馆学情报学专业知识外，还必须学习并掌握外语、计算机、网络等知识及网上实际操作技巧，掌握计算机、打印机等的一般性维护与保养技能，期刊管理人员还应担当网上信息导航员，向读者提供更多的原生数字期刊。为此，图书馆期刊工作人员必须掌握网络信息资源的组织、管理方法和技术，并对原生数字期刊进行有效的组织、管理和控制。

总之，OA 期刊作为虚拟信息资源是复合图书馆信息资源的重要组成部分，它的产生与发展对图书馆期刊工作带来了巨大的影响，虽然目前为止尚未形成与印刷型期刊相对应的规模，但其发展前景广阔，因此，图书馆应加强对原生数字期刊的收藏研究，对 OA 期刊进行有效的书目控制，为读者提供原生数字期刊检索工具和上网入口，以期更好地满足广大读者的不同需求。

第5章 原生数字期刊：复合图书馆可资利用的重要信息资源

[**本章摘要**] 原生数字期刊是复合图书馆重要的信息资源，本章论述了原生数字期刊的获取方式和组织管理方法，重点介绍了利用联合国教育、科学及文化组织（United Nations Educational, Scientific and Cultural Organization, UNESCO）开发的Winisis构建“原生数字期刊数据库”的步骤和方法。

5.1 原生数字期刊是图书馆重要的虚拟馆藏信息资源

原生数字期刊是图书馆重要的虚拟馆藏信息资源，主要是基于以下原因。

(1) 原生数字期刊发展的必然结果

原生数字期刊是一种新型的网络连续出版物。随着原生数字期刊数量的迅速增多和质量的不断提高，其在信息传播中的地位越来越重要，并逐渐成为读者获取信息的重要来源。原生数字期刊自身的优化发展决定了它在网络传播中的作用越来越重要，应该在图书馆中占有一席之地。

(2) 原生数字期刊是复合图书馆虚拟馆藏信息资源的重要组成部分

当今的图书馆基本上都是复合图书馆。复合图书馆是在一个机构框架下，以传统图书馆为基础，实现传统图书馆与数字图书馆共存互补并有机结合于一体的、实体加虚拟的、围绕信息存储的物理场所和信息空间；它应用信息技术、数字技术、网络技术与传统技术，根据版权法的规定，对印刷型、电子型和网络信息资源进行收集、组织、转化、管理，实现一体存取，为信息用户提供馆内服务和不受时空限制的网络服务。总之，复合图书馆既不是纯传统的，又不是纯数字化的；既不是完全的实体，也不是完全的虚拟，而是介于二者之间的中性体。复合图书馆是在印刷文献与电子文献或虚拟文献共存互补的复合环境下，传统图书馆与数字图书馆共存互补并有机结合于一体，也就是物理实体的图书馆与虚拟的信息空间结合于一体。它的各个组成部分也是复合式的：①从信息资源来说，是手写型、印刷型、缩微型、视听型与电子型、网络型文献的复合，实体文献与虚拟文献的复合，传统书库与数据库的复合；②从服务范围来说，是本地、本单位服务与远程服务的复合，馆内服务与馆外服务的复合；③从服务对象来说，是固定用户与不固定用户的复合；④从服务手段来说，是传统的馆内借阅服务与网络服务、在线服务的复合，实地服务与网络服务的复合，受时空、数量限制与不受时空、数量限制的复合；⑤从技术方法来说，是传统技术与信息技术、数字技术、网络技术的复合；⑥从建筑设备来说，是图书馆建筑实体与虚拟信息空间或环境的复合，图书馆传统的书架、目录柜、阅览桌椅、卡片与计算机、通信网络的复合。

近年来，由于印刷型期刊价格猛涨，图书馆购买印刷型期刊的能力下降，读者获取印刷型期刊的有效程度也受到一定制约。为了弥补印刷型期刊数量下降所造成的缺口，图书馆应该把原生数字期刊作为重要的、可资利用的虚拟信息资源加以收藏并进行有效的开发，以便于读者利用。特别是研究型图书馆，其读者对原生数字期刊的需求更大，更应该重视对原生数字期刊的收藏和开发利用。

（3）读者对原生数字期刊的需求和依赖

长期以来，读者十分重视对印刷型期刊的利用。在读者习惯于“屏幕阅读”后，图书馆中现有的馆藏期刊资源就已经无法满足其需求。在上网十分便捷的今天，读者对网上信息资源的依赖越来越明显，许多用户对原生数字期刊已经有所认识和利用，部分读者则早已成为原生数字期刊的稳定用户。原生数字期刊所刊载的文章全文可以即时获得，使读者对原生数字期刊更加青睐。调查表明，93.77% 的用户认为图书馆应当提供原生数字期刊。

（4）原生数字期刊自身优势所决定

大多数原生数字期刊目前都可以免费获取，可以为图书馆和读者节省许多经费。通过下载或超级链接，读者可以很方便地获得所需文献的全文。读者可以有选择地从原生数字期刊中按需要单篇下载、保存自己所需的文献全文，无需将整期原生数字期刊的内容全部保存。对原生数字期刊的组织和管理不仅能丰富图书馆的虚拟馆藏数字信息资源，也有助于图书馆加快现代化进程。

5.2 原生数字期刊的获取

目前，原生数字期刊的品种、数量不断增多，其质量也在不断提高，并成为读者获取信息的重要来源。那么，如何获取原生数字期刊呢？

一般而言，原生数字期刊的获取包括两部分内容：其一是原生数字期刊网址或订阅地址的获取，其二是原生数字期刊内容的获取或订阅。下面对原生数字期刊获取方法进行详细分析。

5.2.1 原生数字期刊网址或订阅地址的获取

获取原生数字期刊内容的关键是知晓其网址或订阅地址。鉴于目前原生数字期刊大多以 Website 与 E-mail 复合模式出版，而且绝大多数原生数字期刊都是基于网站的 E-mail 型原生数字期刊，在原生数字期刊网站主页上有订阅窗口，因此，获取原生数字期刊网址就成为获取原生数字期刊的第一步。通常，获知原生数字期刊网址或订阅地址可以通过以下途径：①平时积累收藏；②借助于分类索引和专门性检索工具——搜索引擎；③通过“友情链接”顺“链”而行；④借助搜索引擎的“相关目录”和“相关网站”功能；⑤通过“网址集萃”，其列有每个站点的信息，包括站点名、URL（网址）和站点的简短描述等；⑥通过专业导航系统和虚拟图书馆集中获取原生数字期刊的相关网址和订阅地址。

要获取原生数字期刊，必须首先以找到原生数字期刊网址（URL）为目标，然后通过原生数字期刊网址去访问原生数字期刊的内容或订阅原生数字期刊。原生数字期刊获取的一般方法和过程如图 5-1 所示。

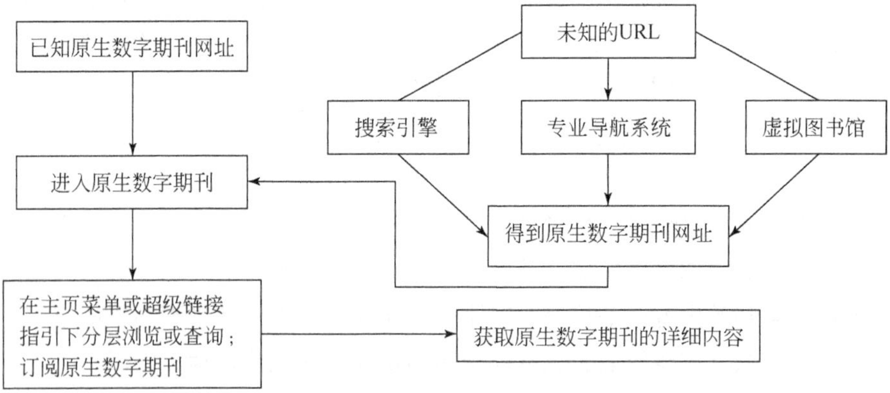

图 5-1　原生数字期刊获取的一般方法和过程示意图

目前，在因特网上获取原生数字期刊网址及内容的方法和途径主要有两种：访问浏览和查询检索。一般说来，访问浏览的方法比较适用于读者已知原生数字期刊的网址或无网络查询经验的情况，而查询检索则是获取原生数字期刊网址及其内容非常有效的方法。

通过访问浏览的方法获取原生数字期刊，其途径有两种。

（1）直接访问原生数字期刊网站，浏览、下载原生数字期刊内容

这种途径主要是通过访问、浏览原生数字期刊网站的网页来获取和下载原生数字期刊内容。一般而言，直接访问原生数字期刊网站这一途径可分为以下几个步骤：①确定所需信息内容；②确定原生数字期刊的网址；③进入网站访问；④浏览、下载相关内容；⑤通过“链接”继续浏览其他网页。读者也可以在原生数字期刊网站主页上选取自己感兴趣的原生数字期刊，然后在主页上的订阅窗口中填入用于接收原生数字期刊的电子信箱，读者就可以在信箱中获取最新的原生数字期刊。

（2）访问综合性网站，浏览其分类索引

这种途径是一种主题层次列表的访问方式，主要是通过访问、浏览综合网站的分类目录，如 Yahoo!、搜狐、新浪、263 首都在线等的分类索引以获取原生数字期刊。综合网站的分类索引是把网络上的信息人为地按主题分成特定的类别目录，然后再在这些类别下面细分为树型结构的子类别。使用“分类索引”主题目录获取原生数字期刊的方法：先选定相关的较宽泛的域，再去留心更为特定的主题。一般而言，访问综合性网站，浏览其分类索引这一途径可分为以下几个步骤：①确定综合网站的网址；②按选定网址访问综合网站首页；③浏览顶级主页的内容，再按其“分类索引”主题链接指示一层层地浏览下去，直到找到电子期刊或电子杂志；④选取相应原生数字期刊，点击刊名进入该原生数字期刊主页进行浏览和下载。

“访问浏览”的方法同样适用于专业导航系统和虚拟图书馆。

“访问浏览”是在因特网上获取原生数字期刊及内容的常用方法，实际上也是最终获取网络信息必须进行的一个步骤。但“访问浏览”也有其局限性，网站分类目录管理、维护很难与因特网信息的增长速度保持同步，会导致综合性网站或专业导航系统和虚拟图书馆等收录范围不够全面，新颖性、及时性可能不够强；用户只能被动地接受和适应信息资源组织者的分类思想和方案；而且面对网上巨量的原生数字期刊，目前“访问浏览”的方法费时费力，效率不高。

通过“查询检索”的方法在因特网上获取原生数字期刊，其途径主要是通过专门性的网络查询检索工具——搜索引擎。一般而言，利用搜索引擎进行“查询检索”这一方法可分为以下几个步骤：①明确查询检索的目的；②分析所需信息内容主题，确定检索用词；③确定检索途径和策略；④选择搜索引擎；⑤输入关键词进行查询检索；⑥在检索结果中进行二次检索；⑦浏览检索结果，直到满意为止。

因特网信息检索模型如图 5-2 所示。

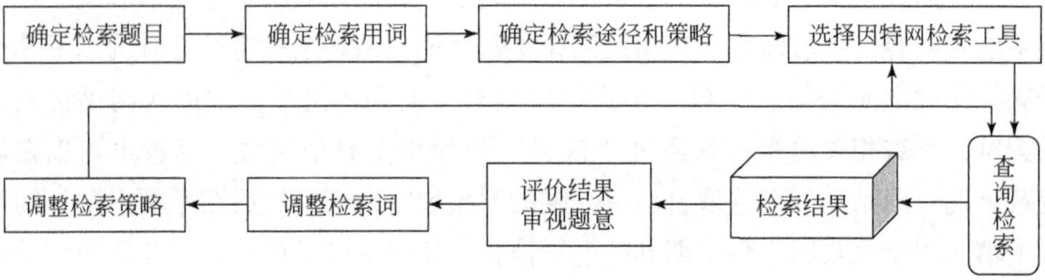

图 5-2　因特网信息检索模型

“查询检索”的关键就是选择搜索引擎。不同的选择，检索效果亦不相同。目前网络上的搜索引擎众多，达数百个，常用的也有几十个。这些搜索引擎的数据库覆盖的范围，标引的深度、广度，提供的检索方式，以及检索语法均不相同。通常，用于网络信息查询检索的搜索引擎可分为：①综合型搜索引擎，如 Yahoo！、Google、搜狐等；②元搜索引擎，如飓风搜索通、中华搜索宝、网际穿梭以及万纬搜索等；③专用搜索引擎，如专用于邮递列表、IRC 的 Liszt 和原生数字期刊搜索引擎，如 Ezine Investigator Search Engine 等。

利用搜索引擎进行原生数字期刊检索的具体检索过程包括：①用户在 IE 或 Netscape 中输入搜索引擎的 URL、IE 或 Netscape 和相应的搜索引擎链接。②搜索引擎将客户程序部分（HTML 文件）传回，由 IE 或 Netscape 翻译后交与用户填写检索词和检索选项（所用检索词一般有电子杂志、网络杂志、纯电子期刊、原生数字期刊、纯网络期刊、纯电子杂志、electronic- only journal、ezine、E- zine 等）。③IE 或 Netscape 将用户填写好的内容或选项（如检索词、逻辑关系、检索结果集大小、每页输出量、检索类别及输出格式等）按照一定的格式传给搜索引擎。④搜索引擎在自己的数据库中进行检索，并将检索结果（HTML 文件）按照用户选定的格式传给 IE 或 Netscape。⑤IE 或 Netscape 将检索结果翻译后，显示给用户，用户按 Next page 按钮，则搜索引擎传回下一页的内容。⑥如果用户想用其他搜索引擎检索，重复过程①～⑤即可。

通过“查询检索”的方法获取原生数字期刊具有省时省力、简单方便、检索速度快、范围广、能及时获取新增信息等优点，但也存在许多不足。检索工具存在一定缺陷，致使检索的准确性不够理想，误检率高，与读者的检索要求和对检索效率的期望有相当大的差距。

另外，在原生数字期刊检索过程中，笔者发现这样一种现象：通过搜索引擎 Google 进行检索，如选用“电子杂志”作为检索词，则所得检索结果基本上都是原生数字期刊；而选用“电子期刊”作为检索词，则所得检索结果中以纸质期刊的电子版居多。

5.2.2 原生数字期刊的订阅方法

原生数字期刊的订阅主要有通过 WWW 方式在线订阅和通过 E-mail 方式订阅两种方法。

5.2.2.1 通过 WWW 方式在线订阅

具体步骤：登录原生数字期刊主页→根据分类选择喜爱的杂志→填入自己的 E-mail 地址按“订阅”按钮或按“确定”按钮即可。

以 WWW 方式订阅比较简便直观，方便快捷，所定即所得，读者只需登录网站进入导航条中的“网络杂志”或“电子期刊”页面，便可在订阅前通过杂志列表的介绍和连接的杂志样刊更多地了解自己需要订阅的杂志，在阅读原生数字期刊介绍和样刊后，即可从订阅页面中打钩选择自己想要订阅的刊物，再填入自己接收原生数字期刊的电子信箱地址，按下“订阅”按钮，即可完成订阅。之后，读者还可以根据情况进行增订/退订杂志、查询所订刊物、暂停接收刊物、更换信箱等操作。

5.2.2.2 通过 E-mail 方式订阅

具体步骤：进入自己的电子信箱→在“收件人”“主题”“内容”等处填写邮件群、邮件列表订阅所要求的项目内容→发送订阅邮件→确认订阅→接收原生数字期刊。

以 E-mail 方式在邮件群、邮件列表中订阅原生数字期刊，有以下两种格式。

(1) 格式一

收件人：填写订阅地址，即 Listserv、Mailing List 的详细地址；

标题（subject）：（空白）；

内容（contents）：SUBSCRIBE 所订阅的邮件列表的名称缩写您的大名（英文）。

(2) 格式二

收件人：填写订阅地址，即 Listserv、Mailing List 的详细地址；

标题（subject）：SUBSCRIBE 所订阅的邮件列表的名称缩写；

内容（contents）：（空白）。

5.3 原生数字期刊的有效管理——书目控制

5.3.1 原生数字期刊书目控制的特殊意义

原生数字期刊是一种与时代同步发展的新兴网络出版物类型，是反映网络时代社会、政治、经济、文化和科技发展的重要信息源。

随着 Internet 的普及和广泛应用，原生数字期刊的数量急剧增长。加上原生数字期刊本身的不断变化（包括新刊产生、旧刊改名、停刊及刊物网址变动等）使读者对原生数字期刊难以把握。原生数字期刊之间内容重复转载、过期原生数字期刊保全率低、超链接“断失”、网络“迷航”等又增加了查找和获取原生数字期刊的困难。为了解决原生数字期刊获取难、难以把握的问题，有必要对原生数字期刊实行有效的书目控制。这里所指的书目是广义的，它是一种中介物，包括原生数字期刊品种的目录、原生数字期刊文章的摘要、索引（主题索引、著者索引、引文索引、期刊目次页、篇名题录、数据库等）。

书目控制通过对原生数字期刊进行重新组织和管理，不仅可以促进原生数字期刊的有序化，而且可以把原生数字期刊作为虚拟馆藏，进而产生明显的社会效益和经济效益。

原生数字期刊的书目控制就是通过原生数字期刊的书目监控原生数字期刊及其文献的存在，记录原生数字期刊及其文献的特征并进行储存，同时有效地检索出特定原生数字期刊及其文献的过程。在控制过程中，用原生数字期刊目录代替原生数字期刊品种的集合，用某一原生数字期刊条目代替某一种原生数字期刊；用原生数字期刊上论文的文摘或索引代替原生数字期刊文献流，用某一条文摘或索引代替某一篇原生数字期刊文献。原生数字期刊书目控制的目的有两个：一是监控原生数字期刊品种的存在，二是监控原生数字期刊原文的存在。

从以上的分析得知，原生数字期刊书目控制的主要内容包括对原生数字期刊品种的控制和对原生数字期刊文献内容的控制两部分。前者通过原生数字期刊品种的目录来实现，后者通过原生数字期刊文摘、索引来实现。而这两者的具体控制方法都包括描述性控制和检索性控制。描述性控制必须通过原生数字期刊文献著录的标准化来实现；检索性控制则要通过规范化的主题标引，以及规范化的篇名、刊名、著者来实现。只有这样，才能正确表现原生数字期刊文献的特征，准确揭示原生数字期刊文献的内容，以实现准确储存和有效检索的目的。

5.3.2 原生数字期刊的书目控制方法

要对原生数字期刊进行有效的书目控制，不仅需要采用先进的技术和方法，如计算机技术、网络技术、远程通信技术，还必须保证原生数字期刊文献著录的标准化，分类、主题标引的规范与准确等；此外，还需要有掌握新技术的人才（图书馆工作人员）、政府的政策支持和保证，以及图书馆之间有效的书目协调工作等。

综观国际国内有关网络电子期刊书目控制的实践和相关规定，可用于原生数字期刊书目控制的方法主要有以下几种。

（1）刊号控制法

国际标准连续出版物编号（international standard serial number，ISSN）对控制和识别各国连续出版物（包括原生数字期刊）具有一定作用，我国已有大量质量好的纸质报刊获得了 ISSN。同样，国内统一刊号（即 CN 号）和邮局发行代号也是控制和识别国内纸质期刊的具体措施。前者控制的是经各级新闻出版管理部门批准的正式纸质报刊，后者控制的是经邮局发行的正式纸质报刊。国外的原生数字期刊基本上都有自己的 ISSN，但国内的原生数字期刊目前还没有 ISSN 或 CN 号。这需要得到主管部门的政策支持和保证。相信在不久的将来，原生数字期刊会得到众多读者的认可，也会得到有关主管部门的认可并拥有自己的、可控制和识别的刊号。原生数字期刊拥有自己的刊号后，图书馆工作人员就可以通过刊号对其进行有效的书目控制。

（2）构建原生数字期刊虚拟图书馆

虚拟图书馆是根据特定的目标，选定信息资源的学科领域，对有关的网站网页进行搜索和收集，加以鉴定核实，并对核实后的网址进行合理组织，为有关网址进行特征描述（赋予标引词和摘要简介），开发或采用一定的软件以供信息存储与检索，并实现对网站网页的链接；对数据的不断维护与更新，包括对原有网址的定期核实和对新网址的纳入，使之能够提供检索、浏览和链接的信息集合功能。

构建原生数字期刊虚拟图书馆是对原生数字期刊进行有深度、系统化的书目控制。原生数字期刊虚拟图书馆的构建主要包括两方面：信息搜集和信息组织。构建虚拟图书馆搜集信息有人工搜集和自动化搜集两种方式：①人工搜集 URL。人工搜集方式的优点在于链接站点经人工筛选，相关度较高。其缺点在于，人工搜集效率较低，难以较完整地搜集到相关的 URLs，因而原生数字期刊虚拟图书馆的功能在很大程度上依赖于其策划者所投入的精力。但人的精力毕竟有限，很难彻底搜集到相关信息，从而影响原生数字期刊虚拟图书馆搜集资料的全面性。另外，还需周期性地核实原有链接，及时排除“死链”。②自动化搜集就是像搜索引擎一样利用“机器人”“爬行者”等软件在网络中不断搜索满足条件的 URL。这种搜索方式与人工搜集方式相比，节省了大量时间，面向整个网络进行搜索，因而具有较强的全面性。但这种搜集方式含有很高的人工智能成分，对搜索软件的编写质量要求甚高。实际上，在搜索选定学科或领域的相关信息的过程中，往往将这两种方式结合使用：首先进行自动化搜集，然后再进行人工搜集，通过人工甄别搜索结果，去掉不需要或不想要的 URL。

虚拟图书馆的信息组织通常采用主题树和数据库两种方式。

1）主题树方式：即将虚拟图书馆所选定学科领域的所有已获得的信息资源按照某种事先确定的概念体系结构（专业性的分类表），分门别类地逐层地加以组织，用户通过浏览的方式逐层加以选择，直到找到所需要的信息线索（即相关站点链接），进而通过信息线索直接找到相应的网络信息资源。这种组织方式的优点在于：简单易用，为用户提供了一种基于树形结构的浏览方式，降低了网络信息资源系统的复杂性；信息检索按照一定的体系结构，逐次查看，因而对用户而言，目的性强。其缺点在于：体系的结构不能过于复杂，每一类目录下细分的主题不宜过多。因而，这种组织方式对小型的虚拟图书馆而言，由于体系结构简单，类目的专指度较高，检准率也高。

2）数据库方式：即将虚拟图书馆所包含的这一学科或领域的所有已获得的信息资源以固定的记录格式存储，并提供一些检索入口，用户通过检索入口，就可以找到所需要的信息线索（即相关站点链接），进而通过信息线索直接链接到相应的网站。这种组织方式的前提是关键词标引，从而形成关键词倒排档。这种组织方式通过对信息进行规范化和优化处理，大大提高了数据操作的灵活性，因而成为广泛应用的网络信息资源组织方式。它对用户也提出了较高的要求，要求用户掌握一定的检索技巧，包括关键词及其组配方法的选择等。

通过构建原生数字期刊虚拟图书馆对原生数字期刊进行书目控制是对原生数

字期刊进行了再次加工和组织，因而更具系统性和易用性，能较好地满足读者对原生数字期刊的需求。

(3) 原生数字期刊的著录与标引

原生数字期刊的著录可采用机读编目格式进行。美国机读编目格式（United States machine-readable cataloging，USMARC）中新增 856 字段为“电子位置和存取”。该字段被指定提供 URL 或其他因特网网址。856 字段的内容有存取方式（如电子邮件、FTP、远程登录、Gopher 或 http）、主机名称、路径、文档名称或其他可以协助用户通过网络获取电子信息的方法等。856 字段是电子地址及检索方式字段。对原生数字期刊的著录，856 字段是不可缺少的字段，它包括网络资源的获取方式及其获取的必要信息等，通过它可实现书目纪录与网络电子资源的链接。可将原生数字期刊在 Internet 上的网址、检索方式等信息在此著录，通过 856 字段第 1 指示符说明其检索方式。依据《英美编目条例第二版》（*Anglo-American Cataloguing Rules*，*Second Edition*，AACR2）著录规则和 USMARC 著录格式的相关规定，结合原生数字期刊的特征，运用机读编目格式组织和整理原生数字期刊，建立一个可供检索而且与 AACR2 和 USMARC 保持一致的目录。

原生数字期刊文献著录的标准化，除采用 MARC 格式外，还可采用 Dublin Core TEI（text encoding initiative）模式、SGML（standard generalized markup language）等。

原生数字期刊的标引所采用的语言有两种：一种是自然语言，另一种是人工语言。自然语言是从文章的刊名、题目、内容中抽取的，是表达文献主题概念具有实质意义的词。关键词就是自然语言。人工语言是经有关专家收集并按一定的要求和方式加以人工控制，是反映文献内外特征的规范化的词汇或短语。鉴于自然语言和人工语言都有着各自的优势与不足，为了扬长避短，达到优势互补的目的，在进行原生数字期刊标引时应采取两种语言同时标引，即在标引实践中，对原生数字期刊的标引应尽量使用人工语言标引，以保证原生数字期刊分类、主题标引的规范与准确。但由于原生数字期刊更新快，所刊载的内容有许多是最新的内容，为适应网络信息不断增长的特点，也可对原生数字期刊中的新内容采用自然语言标引。

5.4 利用 Winisis 构建“原生数字期刊数据库”

建立“原生数字期刊数据库”是原生数字期刊书目控制最直接、最有效的方法，其针对性强，控制数量大。在此，本书课题组选用国际免费软件 Winisis 构建“原生数字期刊数据库”。

Winisis 是联合国教育、科学及文化组织开发维护并免费推广的信息存储与检索软件，是 CDS/ISIS 的 Windows 版，2001 年 1 月发布了 Winisis1. 4 版。在世界各国，尤其是发展中国家应用甚广。

从使用性角度来讲，Winisis 1. 4 版可管理的数据库个数不受限制，每个数据库的记录可达 3000 万条，每条记录的字段最多可达 1000 个，记录的长度可长达 30K。该软件允许用户随意定义各种书目数据库和多媒体数据库，并提供了 9 种数据库索引方式和完善的检索功能。这个软件还可用来实现多种类型文件的统一建库。例如，文献全文可以是 TXT 文件、Word 文件、ZIP 文件、MHT 文件、JPG 文件、GIF 文件、HTML 文件、CAJ 文件、PDF 文件、PS 文件、EPS 文件、EPI 文件、PRN 文件乃至动画和声像文件等。联合国教育、科学及文化组织成立了一个专门的专家组负责 Winisis 软件的维护和更新，保障其可持续发展。

与同类情报检索软件相比，Winisis 软件的主要特点有：①具有处理变长记录、字段和子字段的能力，节省存储空间；②具有处理重复字段的能力；③数据库定义功能允许用户定义为特殊应用而加工的数据；④可通过用户自定义的数据录入工作单来录入和修改数据；⑤强大的信息检索功能不仅为用户提供了字段级和相邻度检索的操作符，而且除了传统布尔逻辑（与、或、非）检索外，还提供了自由文本检索；⑥功能强大的排序和输出格式功能使用户能够很方便地打印出所需的印刷型产品，如目录、索引、指南等；⑦数据交换功能基于 ISO 2709 国际标准，该标准是当前绝大多数领导潮流的国际数据库生产商所采用的标准格式；⑧集成的面向应用的编程语言（CDS/ISIS PASCAL 和 ISIS-DLL）允许用户修改软件以满足特殊需求；⑨虽基于非关系型模式，但允许用户建立关系型数据库；⑩系统提供的超文本函数允许用户设计复杂的界面。

武汉大学信息资源研究中心陈光祚教授和他指导的两位博士生臧国全、阮建海已成功地对 Winisis 软件进行汉化，其汉化版命名为 C_Winisis。汉化后的该软件在各级菜单和用户与系统交互时，系统给出的信息均以中文形式出现，更适合于国内用户的应用。

下面以建立“原生数字期刊数据库”为例，具体介绍利用 C_Winisis 构建专题数据库的方法、步骤。

采用 C_Winisis 构建“原生数字期刊数据库”的一般过程如下：

1）安装 C_Winisis 系统，学习 Winisis 的操作与使用。启动 C_Winisis。

2）数据库的建立，数据库内容的生成，包括：①数据库字段表定义，即定义字段和子字段；②工作单定义，录入格式确定，即将所有字段设定为数据录入字段；③字段选择表定义，索引方式的确定，即从主文档记录中抽取一个或多个项目用于建立索引、倒排档和重新格式化；启用词典辅助，选择想包括在数据库词典中的字段；④打印格式的确定，即启用打印格式辅助，定义打印格式等。

本书所建原生数字期刊数据库的名称为 EZINE。在原生数字期刊数据库中，我们定义了 31 个字段，包括刊名、英文刊名、主办者 R（R 表示可重复字段）、主编姓名、编辑姓名 R、所属学科、CN 号、eISSN 号、创刊日期、停刊日期、出版日期、出版周期 R、数据格式 R、分类号 R、关键词 R、英文关键词 R、所用语言、每期载文量、正文能否下载、有无检索功能、有无在线评论、是否被权威性检索刊物收录 R、刊物网址 R、订阅地址、退订地址、投稿地址 R、联系地址 R、OICQ 号或 ICQ 号 R、免费/付费、过刊是否可得、备注。图 5-3 为原生数字期刊数据库字段定义表。

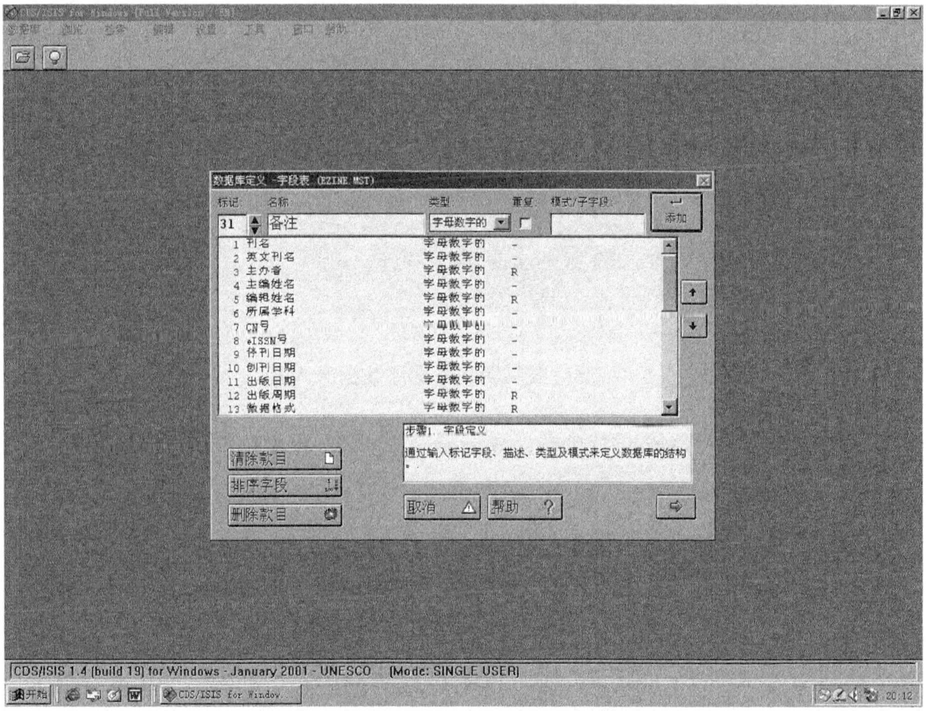

图 5-3　原生数字期刊数据库字段定义表

3）数据录入，或以 ISO 2709 格式从外部文件导入数据。

数据录入的具体步骤：①启动 Winisis；②点击“数据库”下拉菜单中的“打开”项，选择并打开数据库“EZINE. mst”；③点击“编辑”下拉菜单中的“数据录入”项，打开“数据录入”窗口；④进行数据录入。图 5-4 为原生数字期刊数据库数据录入窗口。

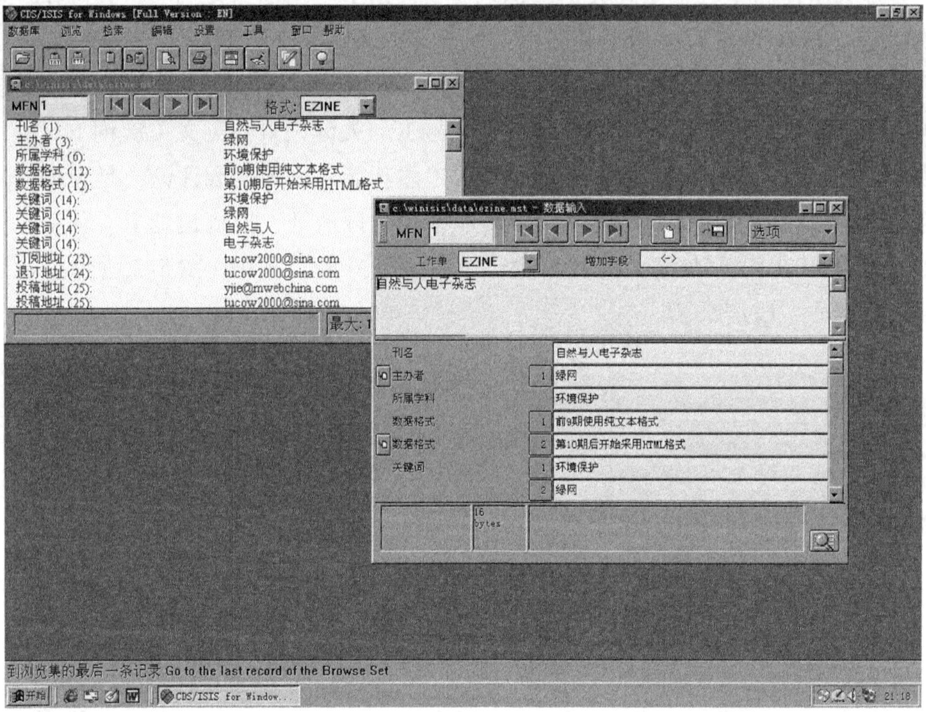

图 5-4　原生数字期刊数据库数据录入窗口

4）对数据进行各种项目的抽取及描述，包括关键词标引、题名描述、文摘描述、链接地址的抽取等。

5）利用 Winisis 建立顺排档数据库，并将上述项目的内容录入到数据库中。

6）利用 Winisis 建立字段选择表和抽词规则，并自动生成可供检索用的关键词倒排档，图 5-5 为生成的原生数字期刊数据库索引词典。

7）利用 Winisis 所提供的专家式检索窗口或导引式检索窗口进行原生数字期刊信息检索。其检索功能包括布尔逻辑检索、字段级相邻检索、字段限定检索、自由文本检索和后控词表（ANY）检索等，并可召回检索式。图 5-6 为利用专家式检索进行检索的结果及命中结果显示界面。

图 5-5　生成的原生数字期刊数据库索引词典

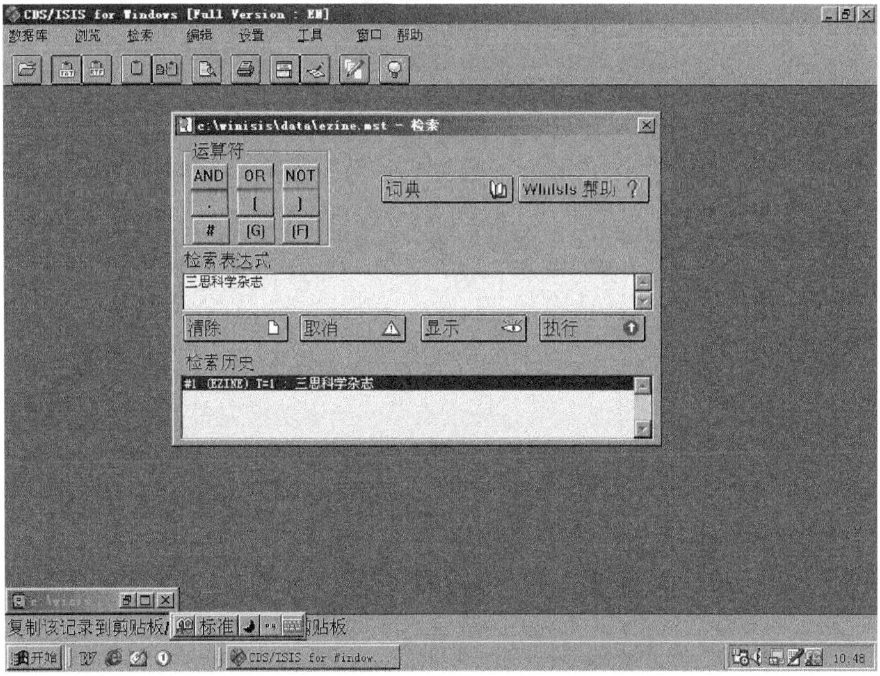

图 5-6　利用专家式检索进行检索的结果及命中结果显示界面

8）通过描述项调出原生数字期刊。Winisis 的格式化语言提供了超链接命令，利用其超链接功能可直接点击检索结果中的描述项以显示文献全文。图 5-7 为通过“link”“openfile”命令调用显示被命中的原生数字期刊主页。

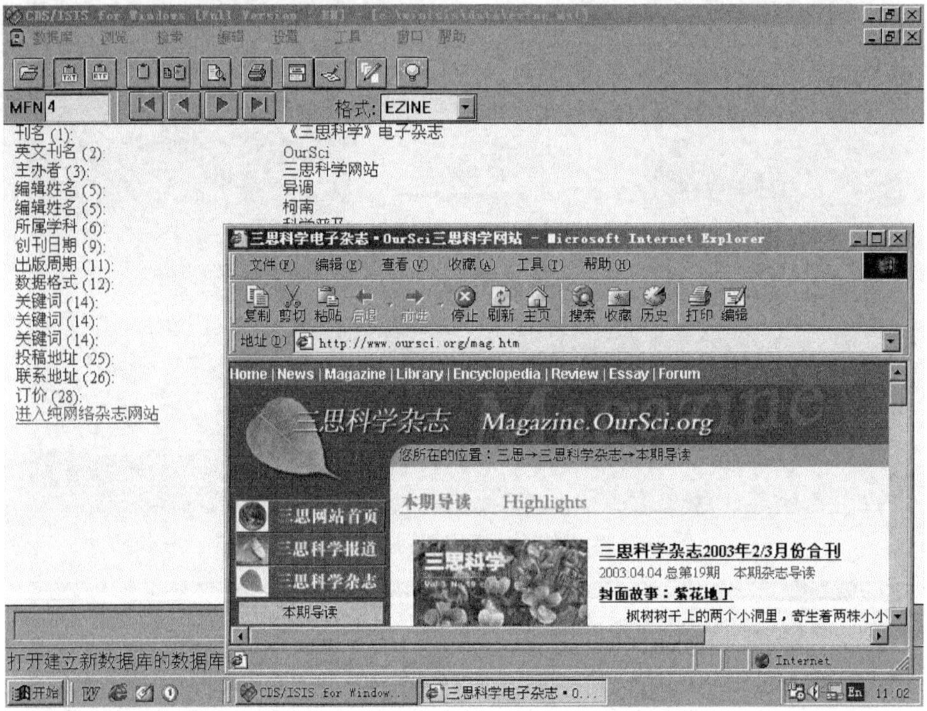

图 5-7　通过“link”“openfile”命令调用显示被命中的原生数字期刊主页

9）数据库的日常维护工作。包括增加新记录、修改记录的内容、重新生成倒排档及删除数据库中“断失”链接的记录等。这些均可通过 Winisis 提供的相应操作来实现。

根据我们的建库经验，Winisis 技术成熟、性能稳定、开发成本低廉（软件可以免费使用）、倒排档生成灵活且检索点多、检索功能完备，完全能够满足原生数字期刊数据库的建设需要，并且各种性能指标都不逊色于目前已经商业化的管理软件。选用国际免费软件 Winisis 来构建原生数字期刊数据库不仅可行、有效，而且简便、实用。

第6章 国内外原生数字期刊馆藏建设实践与现状分析

[本章摘要] 本章探讨国内外原生数字期刊（学术性OA期刊）馆藏建设现状和建设实践，并对我国112所“211工程”高校图书馆原生数字期刊（学术性OA期刊）馆藏建设现状进行了调查、分析。研究发现，国外OA期刊馆藏建设主要采用了与出版商合作、机构库建设、基金项目支持、机构联盟共享等形式。本章主要从国家策略、机构建设、出版商与知识库开发等方面分析了美国和欧洲等发达国家的较为成熟的实践经验。

6.1 国外原生数字期刊馆藏建设实践

6.1.1 美国开放存取实践进展

美国主要由国家政策以及各机构自己战略规划来进行开放存取的馆藏建设实践。

6.1.1.1 纳税人开放存取联盟

纳税人开放存取联盟（Alliance for Taxpayer Access，ATA）（http://www.taxpayeraccess.org/）是由病人权益保护组织、医生、研究人员、教育机构、出版商和健康促进机构组成的一个联盟，它支持无障碍存取纳税人资助的研究，由学术出版和学术资源联盟（Scholarly Publishing and Academic Resources Coalition，SPARC）直接领导。遵循以下原则：

1）纳税人有权在网上对审核过的学术期刊等科学文献进行开放存取，这些研究是由美国政府投资的。

2）广泛地获取这些文章所包含的信息是必不可少的，这是国家在科学投资中不可分割的一部分。

3）这些和其他科学信息应该用一种成本效益的方式来分享，利用互联网的优势，刺激进行更多的发现和改革，把这些知识转化到公众的利益中。

4）增强信息的获取和共享会推动数以百万计的用户使用，为纳税人的投资带来快速的回报。

ATA 提出这些原则，并通过互联网和纳税人的投资使美国政府的广泛的公共存取和其他政策来支持科学的分享成为可能。

6.1.1.2 美国国立卫生研究院的学术性 OA 期刊馆藏建设实践

美国《2008 财年综合拨款法案》提出，通过美国国立卫生研究院（National Institutes of Health，NIH）在国家图书馆生命科学期刊的公共医学中心（PubMed Central，PMC）提交或者已经提交的所有的调查者期终考试的电子版本，以及通过同行评审的被录用的稿件，将会在出版物公开发表的 12 个月内正式公布，如图 6-1 所示。

PMC 是一个典藏在 NIH 内的关于生物医学和生命科学期刊文献的免费数字存档，由 NIH 的国家生物技术信息中心（National Center for Biotechnology Information，NCBI）开发和管理。国家医学图书馆（National Library of Medicine，NLM），凭借 PMC，已经在保存和维护电子文献的存取方面取得了领先地位，完成了十年的印刷本生物医学文献。PMC 的目标是充当数字时代的世界级图书馆而不是一个期刊出版商。NLM 认为，让所有的用户在 PMC 中免费地获取资料是随着科技的进步，保持存档的耐久性和时效性最好的方式。

PMC 也紧跟 NCBI 的脚步，为全球的科学界开发了非常成功和有价值的服务：遗传学序列数据库 GenBank 和生物医学与其他生命科学期刊文献的文摘数据库 PubMed。GenBank 是由 NCBI 提供的为了方便分子生物学家在其领域的发展搜索和操作其内容的工具。PubMed 是由 NLM 提供的免费搜索引擎，数据来源于 Medline，为研究者和临床医生提供论文搜索服务，在许多情况下，会直接链接到出版者的主页来获取全文。

尽管发表学术期刊需要满足一定的标准，但是出版者参与 PMC 是无偿的。而且 PMC 鼓励作者发表所有的文章，而不仅仅是研究论文或者其他选定材料。这样存档才能变成真正的类似于 NLM 所馆藏的大量的纸质期刊的数字版本。并且，NLM 已经将早期的很多纸质期刊数字化并保存在 PMC 里。虽然立刻免费获取全文是最可取的，但是一本期刊可能要在其出版之后的一段时间才能在 PMC 上发表全文。

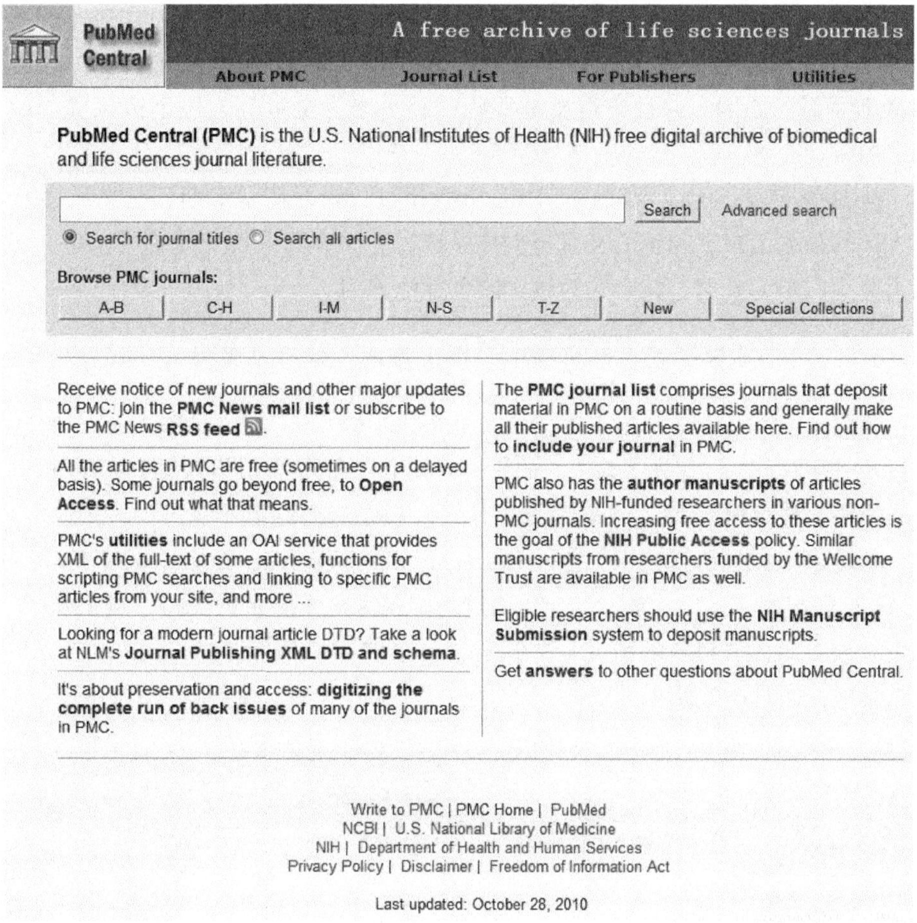

图 6-1　PubMed Central

一本期刊要保证能够免费获取它的复制品，PMC 没有任何存档资料的版权，版权仍然属于期刊出版商或者个人作者。

PMC 的价值，除了存档之外，还在于当不同来源的数据以共同的格式储存在一个单独的仓库时能够做什么。GenBank 已经被证明了在一个中央仓库中以共同的格式收集 DNA 序列的优势。所有的好处源自于人们可以更快地搜索，处理和交叉连接完整的馆藏。同样，在 PMC 中，人们可以快速地搜索文章全文和各种相关资料。这也使文献中融入各种其他信息资源成为可能，如序列数据库和科学家，临床医生和在生命科学领域所需要的数据库。这些相互交错的链接，使人们在检索过程中，增加了信息偶遇的概率，从而获取创造的灵感并激发其创新能力，最终投入到知识的生产与再生产环节。

现在大多数学术期刊已经开展在线出版业务，在线出版而没有印刷品的出版物表现出增长的趋势，这些文献必须确保能够长期没有限制地获取，这就是NLM着手做的原因，并且邀请所有那些已经承诺为全世界人民创造该资源的期刊来加入。

从2008年4月颁布到现在，PMC上有超过200万篇学术期刊全文，每天42万人次的独立用户，99%的文章至少被下载过一次，其中25%为高校师生，40%为市民，17%为公司，其余的为政府或者其他部门。

6.1.1.3 美国国家大气研究中心图书馆的开放存取策略

美国国家大气研究中心（The National Center for Atmospheric Research，NCAR）通过开放存取政策，保证了该中心的科学家和工作人员可以通过其机构库获取公开发表的科学类期刊。

新政策由大气研究公司大学（University Corporation for Atmospheric Research，UCAR）和国家实验室实施。NCAR通过美国国家科学基金的支持，从1960年以来便开展了对大气科学的研究，并开发了一个储存机构库OpenSky，由NCAR图书馆管理，如图6-2所示。

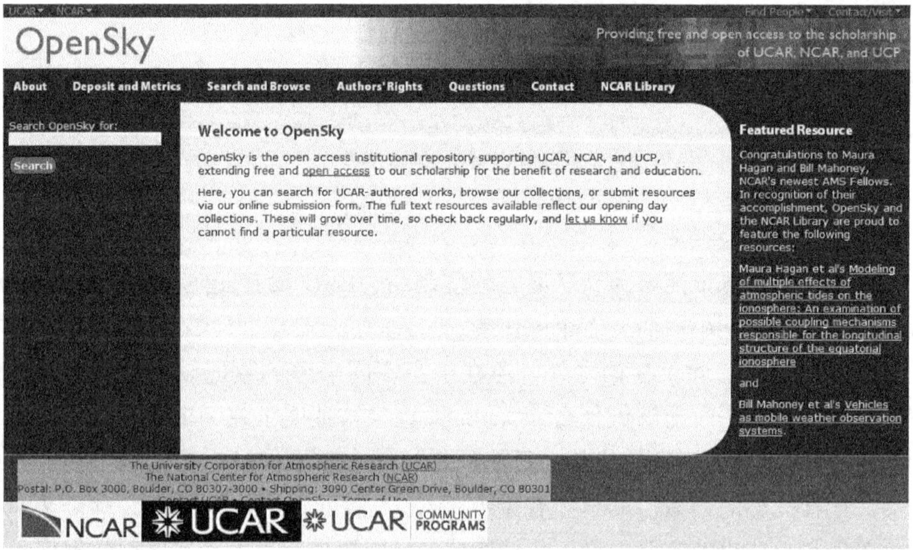

图6-2 美国国家大气研究中心储存机构库OpenSky

OpenSky包含了所有的NCAR和UCAR在科学期刊上出版的研究成果。该数据库将免费提供给公众，但获取这些研究成果的条件是必须要遵守相关出版协议。

UCAR 是一个非营利组织，成立于 1959 年，由研究机构在大气和相关科学方面开设博士课程。UCAR 的成立是为了提高大学的计算和观测能力，并致力于解决出现在大学之外的科学问题。NCAR 通过提供大学科技和执教团队、工具和设备支持 UCAR，并且来支持需要执行的创新研究。

6.1.1.4 哈佛大学图书馆的开放存取政策

依靠哈佛大学的 OA 政策，教师作者不仅可以在学校发布其任何非营利目的的学术文章，而且可以从哈佛大学图书馆的 OA 仓库——DASH（Digital Access to Scholarship at Harvard）里面，以数字形式免费存取。哈佛大学设有专门机构来确保 DASH 的可用性、长久性和功能性，如图 6-3 所示。由学术交流办公室（Office for Scholarly Communication，OSC）运行 DASH，以期尽可能广泛地存取哈佛大学的学术成果。

DASH 是哈佛大学共享和保护文献的核心服务中心。DASH 除了可以对哈佛大学的一系列开放存取决议所针对的学术期刊文献进行存档外，还可以对用户的手稿和资料进行自我存档。DASH 支持多种文件格式，鼓励存入手稿资料（包括数据、图像、音频和视频文件等），增加研究成果的可发现性和影响力。

当在 DASH 中存放研究成果时，元数据收获的优势，如 Google 学术搜索、OAIster 及其他的索引服务，可以使得这些研究成果对全世界的同行可见，这样可以提高研究成果的引用率和影响力。在正式出版之前发布的早期版本就已经确定了成果的知识产权。

哈佛大学要求教师发表的 OA 期刊有一个开放的许可，或者通过在他们的出版协议中附加一个条款，来要求 OA 期刊必须存放在 DASH 的出版物中，并提供其他增值服务，前提是不涉及以盈利为目的的推销自己的文章。

哈佛大学还可以授权 DASH 中的文章在商业服务中使用，提供文章的信息摘要（无全文）、书目数据或引用列表。

在 OSC 支持下，哈佛大学艺术与科学学院、哈佛大学教育研究生院、哈佛商学院、哈佛大学法学院、哈佛大学肯尼迪政府学院、哈佛大学神学院都已经支持学校的 OA 政策。

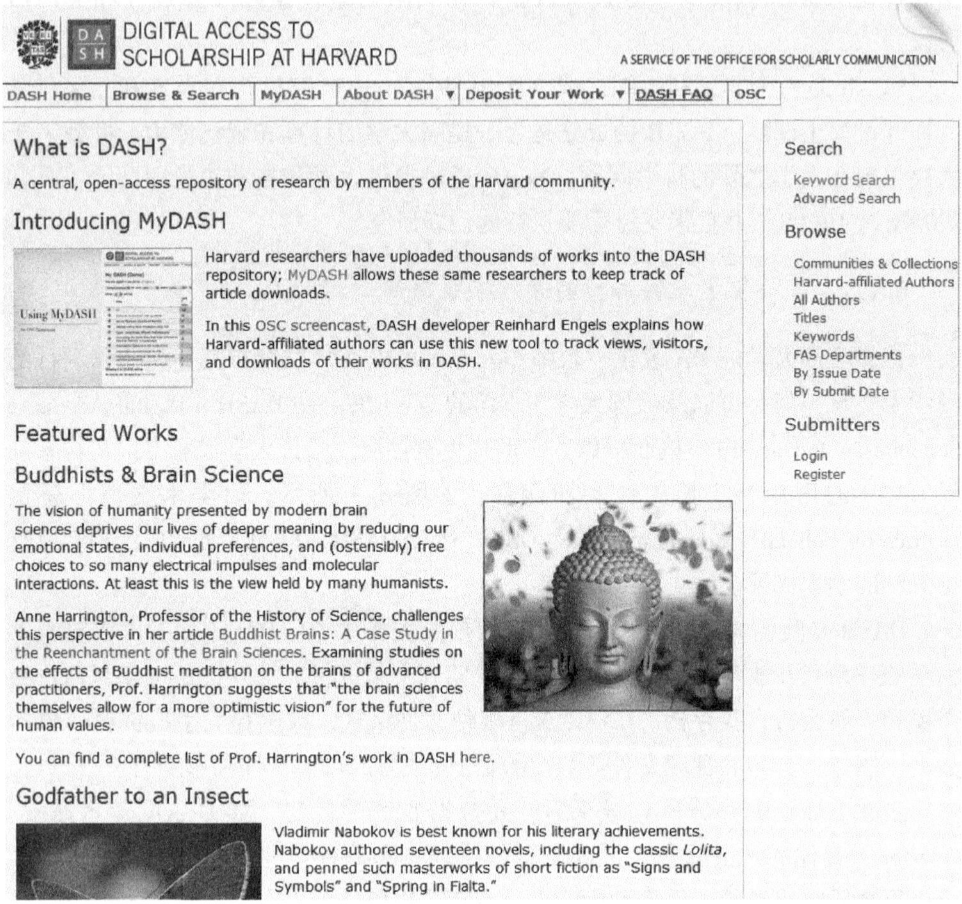

图 6-3　哈佛大学图书馆 OA 仓库——DASH

6.1.1.5　麻省理工学院图书馆开放存取政策

麻省理工学院（Massachusetts Institute of Technology，MIT）图书馆建立了专门的在线仓储机构——DSpace@ MIT（http://dspace. mit. edu/），用来保存、分享和搜索 MIT 的数字研究材料，并有以下特点：①成员广泛，MIT 的教师、研究人员、院系、实验室和中心都已经加入了 DSpace@ MIT。②通过有组织的、可靠的和可搜索到的存档来保存研究成果。③可以快速地发布研究成果，并可以在全球范围内清晰、永久地享用。④可以在谷歌热门搜索中获得结果，并提高研究成果的访问率，同时可以浏览其他人的研究成果。

MIT 的 OA 文章馆藏主要由 MIT 下属的作者所写的学术文章组成，通过 MIT 的 OA 政策或者出版者的许可在 DSpace@ MIT 中进行存取。馆藏中提供了每篇论文的版本细节：①初稿，即同行评审之前的稿件。②终稿，即作者终稿通过出版商格式化和复制，编辑提交给同行评审。③最终发表版本，即最终发表的文章，会出现在期刊、会议记录或者其他正式的符合出版这一政策的出版环境中。

有些同行评审的学术文章位于其他的 DSpace@ MIT 的馆藏中，如院系、实验室和中心，如图 6-4 所示。

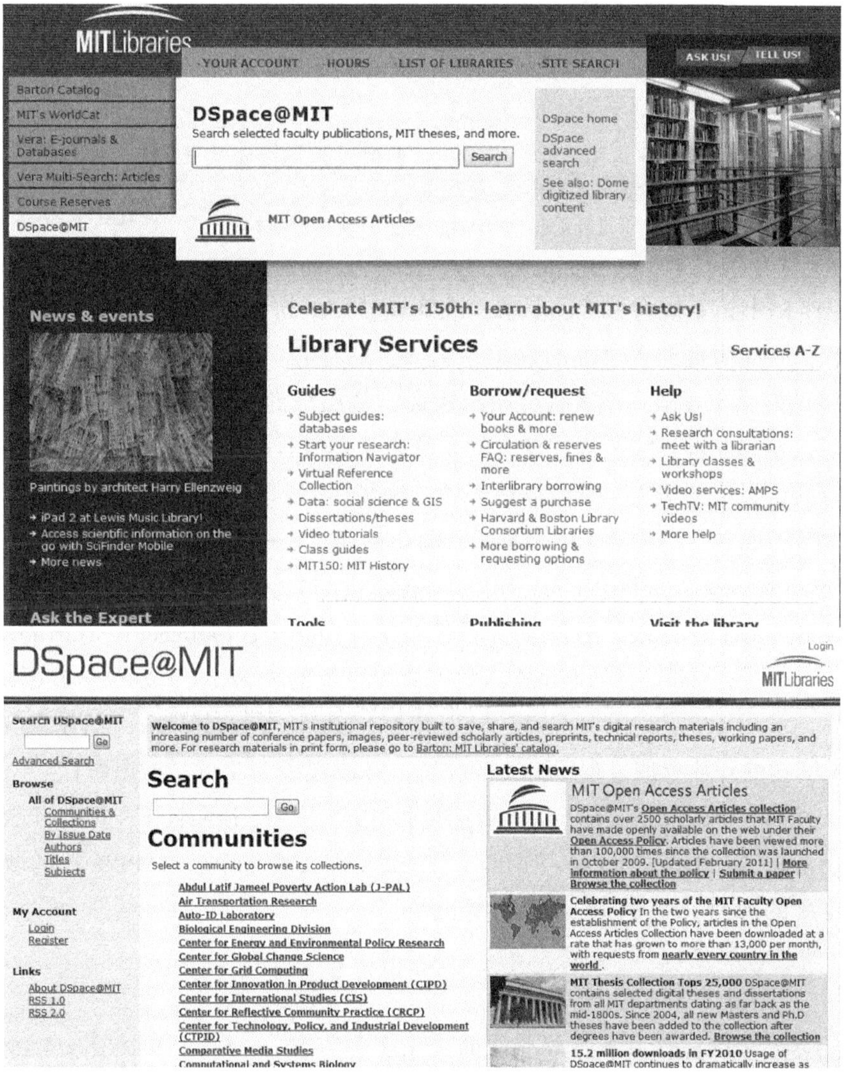

图 6-4　DSpace@ MIT

MIT的图书馆系统职工委员会（Faculty Committee of the Library System，FCLS）提出了专门的OA方案，并由MIT的图书馆提供支持。其通过与出版商谈判、扩展教师作者发表在MIT网站上的论文来收集OA期刊，并安排了专门的图书馆学科馆员在第一个实施阶段帮助延伸和补充论文，这一行动目前已初步延伸到10个学科部门，后期计划扩大到所有的学科部门。

MIT图书馆系统初步建立了一个临时的基础设施，可以把期刊文章编成目录，维护作者的联系信息，追踪和获取工作流程和进度，如图6-5所示。

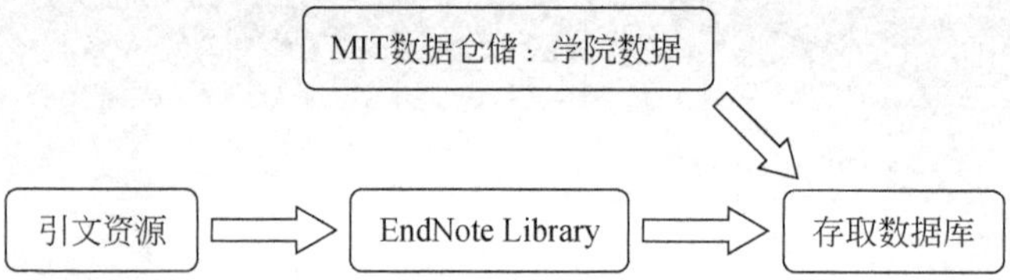

图6-5 MIT OA基础设施建设流程

MIT图书馆系统对系统的要求：准确和可升级的；考虑如何改变现有作者工作流程，来减少他们在学院的负担，例如，储存在类似arXiv这样的学科数据，在MIT的网页上发表，或者提交给出版商；从出版商直接自动存储，如SWORD条款等。希望能够迁移到更加健全的系统来管理流程；扩大更多的学术机构；继续所有获得渠道的努力；继续评估三种方法和结果。

MIT还成立了专项学术性OA期刊的出版基金——开放存取文章出版奖励基金（Open Access Article Publication Subvention Fund，OAAPSF）。

此外，MIT还加入了另外4所著名大学（Cornell，Dartmouth，Harvard，and the University of California at Berkeley）成立的新的“开放存取公平出版协议”（Compact for Open-Access Publishing Equity，COPE），同意建立一个机制来支持一些OA期刊的开放存取过程所需要的经费，并成立了MIT的学术出版社。

上述OA期刊包括：同行审查的期刊、DOAJ列表中的期刊、符合开放存取学术出版协会（Open Access Scholarly Publishers Association，OASPA）的政策和行为准则的期刊、收费标准公开的期刊等。

6.1.1.6 杜克大学图书馆的开放存取发展战略与实施路径

杜克大学一直致力于开放存取的探索工作（Mangiafico，2010）。自1997年以来，杜克大学图书馆便设置了特殊馆藏，同时设置了数字写字间的知识共享

（creative commons，CC）的原型许可，同时，法学院开始出版学术性 OA 期刊，成立公共获取研究中心，建立杜克大学法学院学术仓库，成立杜克大学图书馆学术交流办公室，并于 2006 年成立杜克空间（DukeSpace）仓库，用于存放专题论文和学位论文。杜克大学图书馆网页获得 CC 授权 CC BY-NC-SA（署名-非商业用途-相同方式共享）并提供 OA 检索入口。

2010 年杜克大学学术委员会讨论并采纳了相关政策：①每个作者允许杜克大学自由免费地复制和传播其学术文章，并批准其他人也可以这样做；②作者也可以选择放弃或者退出 OA；③作者仍然是版权所有者，可以行使其版权或者按意愿卖给其他人；④这不是要求作者的附加任务，而是设置一个默认许可允许 OA 与服务模式一起连接到其他现有的报告程序和责任来收集出版物；⑤要求图书馆创建一个服务模式，尽可能地方便大家参与；⑥在杜克大学数据库的副本中加入原文地址，鼓励读者引用原文而不是引用杜克大学数据库的副本。

基于开放期刊系统（open journal systems，OJS）（https://pkp. sfu. ca/ojs/）开发 OA 期刊出版服务，开放期刊系统是用于管理和发布学术期刊的开源软件应用程序。它最初由公共知识项目（Public Knowledge Project，PKP）（图 6-6）（http://pkp. sfu. ca/）于 2001 年开发和发布，它是现有的使用最广泛的开源期刊出版平台之一。全球有 10 000 多种期刊在使用它。

OJS 旨在通过经审阅的研究来提高学术和公共质量，它是一个开源软件，用于在全球范围免费获取学术期刊，集收稿、初审、专家外审、排版、校对、出版为一体，可以在线发布编委会成员名单，并支持对注册用户分角色、分内容地进行邮件群发，是一套完全与编辑部日常工作相结合的多功能网络办公平台。通过使用 OJS，可以实现期刊编审流程办公自动化，期刊建站和期刊全文网络出版。OJS 支持单机安装，OJS 的用户适应性和可操作性非常强，无须专业技术人员，期刊编辑自己就可以调整编审流程，实现网站管理和网络出版。

OJS 的编审流程设计完全遵循国际学术期刊通用标准，支持同行评议。OJS 能简化传统编审流程的很多事务性、记录性、重复性工作，能大幅提升编辑效率，提升期刊的被引用率、学术水平和出版质量。

OJS 可通过系统插件管理扩展新的功能；不必更新核心程序，就可以加进期刊网站；由期刊管理员决定是否使用或删除；实现了期刊社个性化功能开发。目前已开发的系统插件包括新闻发布、过刊全文出版、广告功能、友情链接、在线视频播放等。

图 6-6　公共知识项目

同时 OJS 也为开放存取出版更多的学术期刊提供了一个可行的选择，因为 OA 可以提高期刊的读者数量，也为全球公众做了贡献。开放存取实现了杜克大学的“知识在社会服务中”的战略目标。

OJS 编辑与出版的流程如图 6-7 所示。

6.1.2　欧洲研究领域的开放存取

欧洲也在开放存取的研究领域有一定的进展（Dechamp，2011）。

6.1.2.1　欧盟委员会和欧盟成员国的 OA 战略

2007 年欧盟成员国召开理事会，并提出：在科学信息数字化时代，邀请各欧盟成员国加强国家战略结构，加强各成员国之间的协调，确保长期保存和专心于国家保存战略。

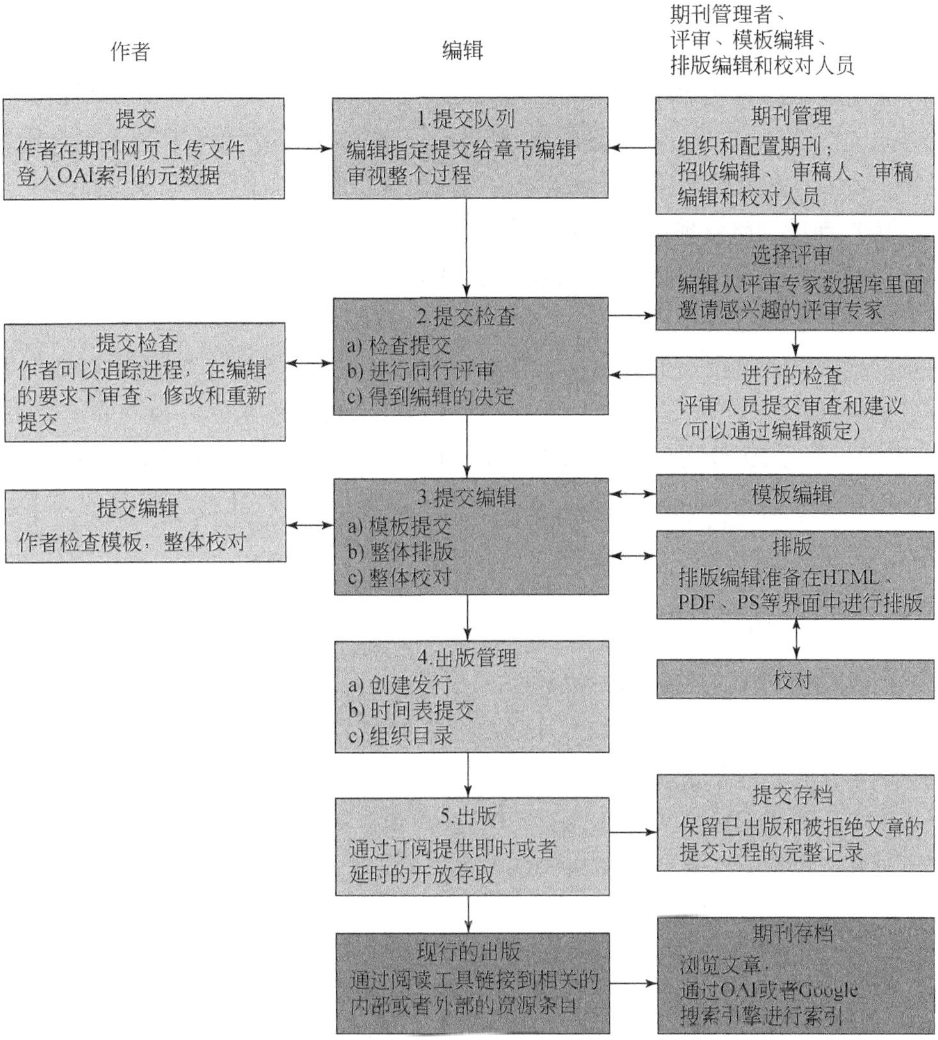

图 6-7 OJS 编辑与出版的流程

2009 年欧洲研究共同体（European Research Area，ERA）会议指出，要共同致力于加强欧洲的研究，专题为“开放存取和保存：ERA 中怎样提高知识分享”。同时进一步创新思想观念，在最好的实践中交换网络，确保储存库的互操作性和可持续性并设立地方鼓励制度，支持和奖励参与知识共享的投资者，得到了各成员国的积极响应。

6.1.2.2 科研框架计划中的开放存取计划

第七框架计划（7th Framework Programme，FP7），即2007~2013年科研和技术开发的7年计划，总预算超过500亿欧元。其中主要包含四个领域：整合所有类型的研究；基础设施建设和政策；前沿的研究；流动性团体和职业发展。

2007年欧洲研究理事会要求对欧盟委员会计划投资的科研项目所产出的科学出版物实行开放获取策略，并制定了这些科研成果的获取规则。

在FP7中试点OA。根据相关规定，特别是第39条（FP7资助协议）：同行评审的出版物必须在一个机构（大学）或者学科数据库存档，如果没有数据库存在的话，必须为OA提供最大的努力，可以用临时仓库来储存孤立的出版物。在2008年8月20日之后签署FP7中所有的协议，主要学科为健康、能源、环境、信息与通信技术、研究基础设施（电子基础设施）、社会经济学和人文科学、社会科学等，并且在6个月或12个月之内禁止转移。

6.1.2.3 OpenAIRE项目

OpenAIRE（Open Access Infrastructure for Research in Europe）(http://www.openaire.eu/）项目于2010年12月启动，负责技术支持和试点的监督工作。在成员国建立服务台和联系点并建立和运行数字资源库的技术基础设施，来存放和获取FP7下产生的科学文章（包括ERC）。在现有基础设施基础上，通过链接不同数据库来实现资源共享。OpenAIRE项目如图6-8所示。

OpenAIRE项目的目标是：

1）支持研究者的基础设施建设。建立覆盖全欧洲的平台，与27个国家级OA平台（national OA desks，NOADs）合作，在欧盟成员国中建立了超过400家机构库，并建立了一个专门的OpenAIRE资源库，于2010年建立孤立资源库（Orphan Repository），该资源库既不存储在机构知识库中，也不存储在主题存储库中，2013年孤立资源库升级为一个新的在线资源库Zenodo（Zenodo源自亚历山大古代图书馆的第一任馆长的名字Zenodotus，他也是首次记录使用元数据的人）。

2）基于OA网络数据库项目（DRIVE项目）建立欧盟范围内的基础设施库。其主要内容为学术研究型刊物，并建立一个所有等级用户都可以登录的门户网站，同时基于DRIVE项目的方案，为各地机构库制定一套管理指南，并向EC/ERC和欧盟成员国提交OA使用情况的统计数据。

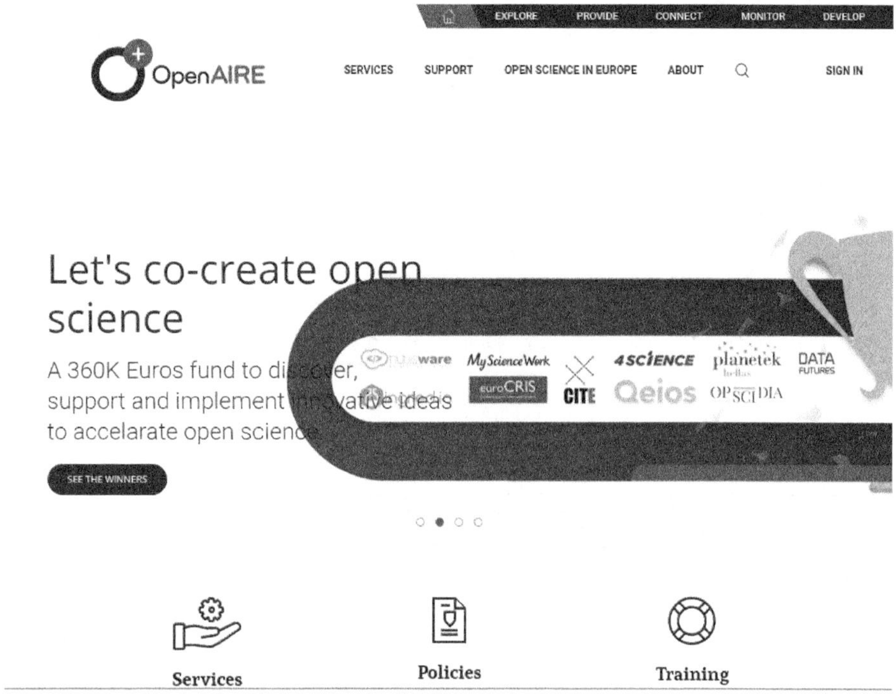

图 6-8　OpenAIRE 项目

3）通过数据集来审查出版物之间的联系。通过与 6 个团体（生命科学、环境科学、信息传播学、社会经济学和人文科学以及电子基础设施）合作，来探索科研数据的存取及其他操作的需求、实践、激励措施、流程、数据模型和技术，并对这种存档形式进行可行性研究以方便科研人员使用。

OpenAIRE 项目的运作流程如图 6-9 所示。

6.1.2.4　PEER 项目

PEER（Publishing and the Ecology of European Research）（http://www.peer-project.eu/）项目是由欧盟、国际科学联盟和科技、医学出版社（STM）哥廷根大学图书馆、马克斯·普朗克学会等机构资助，并与出版机构合作的项目，主要研究 OA 自我存档的绿色发展道路，目前参加的机构库有 MPG、HAL、UGOE、ULD、SSOAR、KB 等。通过大规模的调查，将这些成果数据系统地存放在数据库中，最终实现绿色 OA。PEER 项目的运作方式，如图 6-10 所示。

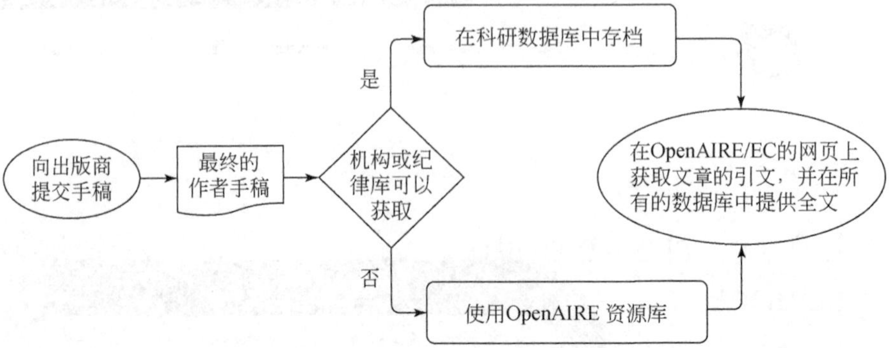

图 6-9　OpenAIRE 项目的运作流程

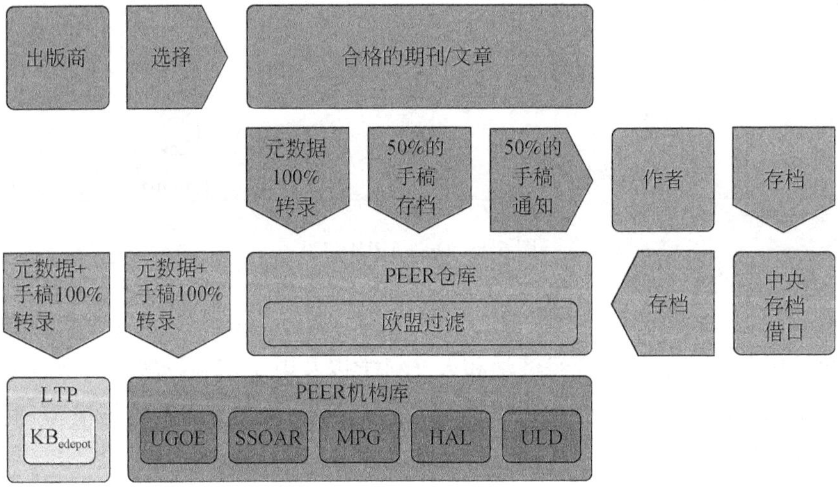

图 6-10　PEER 项目的运作方式

PEER 的研究项目主要为：

1）通过行为研究可以看出，学者对 OA 期刊可以实现开放获取持有积极态度，但针对 OA 期刊的版权、OA 仓储中资料的质量等问题仍存在顾虑。

2）CIBER 通过对 OA 仓库的使用情况进行研究，比如了解使用频率较高的资源的类型、特征等，来确定出版商和机构库未来资源建设的发展趋势。

3）博科尼大学艺术（art）、科学（science）和知识（knowledeg）中心（ASK Center）进行经济研究，分析大型绿色 OA 在学术交流中的经济影响，并对经济效益和存储过程的成本进行调查。

6.1.2.5 其他有关开放存取的框架计划项目

开放存取出版研究（study of open access publishing，SOAP），对研究人员在开放存取出版方面的态度及使用经验进行了大规模的调查，以了解科学界对开放存取出版的需求。

欧洲网络的开放存取出版（open access publishing in European networks，OAPEN）（http://www.oapen.org/），是社会科学和人文科学的学术著作开发和实施学术性 OA 期刊的出版模式。

6.1.2.6 英国研究理事会开放存取战略与政策

英国研究理事会（Research Councils UK，RCUK）由 7 个合法的自治机构组成，包括艺术与人文科学研究理事会（AHRC）、生物技术和生物科学研究理事会（BBSRC）、工程和物理科学研究理事会（EPSRC）、经济与社会学研究理事会（ESRC）、医学研究理事会（MRC）、自然环境研究理事会（NERC）、科学与技术设施理事会（STFC），并在共同问题上协同工作（Godwin，2011）。

RCUK 的目标是：通过开发信息通信技术（information communications technology，ICT）来实现知识加速流动充分挖掘其潜在价值，以产生更大的影响并追踪产出和影响。公众投资研究出的思想和知识必须是可为公众所用的和容易获取的，并且尽可能地保证宽泛、快速和有效。

RCUK 的原则包括：①必须通过同行审查来进行严格的质量保证；②出版和获取模式与机制必须是有效的和划算的；③产出必须可以快速存取，并且可以为后代保存；④研究人员选择发表地点。

2009 年 RCUK 通过调查高等教育（HE）图书馆、研究者和研究生来对 OA 的效果和影响进行独立的研究，发现人们在对 OA 的支持上发生了巨大的改变。

RCUK 帮助人们提高了认识，影响了高等教育信息（HEI）政策，并建立了很多新的数据库：英国拥有世界总量的 11% 的数据库。

研究者喜欢 OA 期刊的快速、方便、影响较高的特质。但对于 OA 期刊的授权却很少提及。其可能原因是 OA 期刊在出版之后进入学术交流系统，经学者引用，提升了影响力。投资者有限的监测。在学术团体关心自己的影响，研究者以外的团体很少使用，而且图书馆没有取消订阅的迹象。

2009 年 RIN-UUK 付费出版报告指出要为 OA 出版价格付费，英国对此的回应是 OA 出版仍处于相对混乱的管理状态，只有少数高等院校拥有正式的 OA 政策，并且只有少数研究者能从他们的机构找到关于 OA 出版政策的引导。2005 ~ 2009 年学者在 OA 期刊发表论文数据显示，有 72% 的作者（调查对象为 2005 ~ 2009 年有发表文章经验的 713 名作者）在完全的学术性 OA 期刊上发表文章，64% 的作者在混合的期刊上发表文章。可以看出，学者对在 OA 期刊上发表文章持有较高认可度，实现 OA 出版付费具有较大可能性。因此，英国建议高校任命高级的 OA 协调员，对 OA 期刊文章发表设置预算，并向学者清晰传达相关政策。

RCUK 对付费出版的支持显示了作者可以自由地选择他们在哪里出版。当授权绿色 OA 时，在所有研究领域有一个公平竞争的环境，RCUK 也支持全面经济费用制度下的黄金 OA。出版费用是研究建议中的允许条款，同时鼓励高校设立黄金 OA 扶持基金。

6.1.2.7 惠康基金会的开放存取历程

惠康基金会于 2005 年 10 月便提出了 OA 政策（Kiley，2011）：全部或者部分由惠康基金投资的所有研究论文，必须在正式出版后的 6 个月之内可以从 PMC 和 UKPMC 的数据库中尽可能快地实现免费存取，同时惠康基金会进行投资来支持授权。

惠康基金会认为传播的费用是研究的成本，当出版商提供如下服务时，该基金会会在作者同意的情况下提供资金来支配 OA 的费用。

惠康基金会与主要的 STM 出版商合作，鼓励他们开发“惠康规范”的开放存取选择。2009 年，98% 的属于惠康基金会的论文已经出版在有“惠康标准”政策的学术期刊上。由惠康基金会授权存档在 PMC 上的论文，85% 由出版商存档，15% 由作者自己存档。同时，惠康基金会与 7 个另外的英国研究投资者建立了 UKPMC，其提供的核心功能是为出版商通过 PMC 存档论文和帮助作者自己存档论文，该系统免费提供医学和生命科学领域中经同行评议的研究成果存取服务。这也是英国在 5 年的发展时间里第一个进行开放存取的在线资源，是惠康基金会与大英图书馆、欧洲生物信息研究所（European Bioinformatics Institute，EBI）和曼彻斯特大学图书馆建立的功能丰富的资源库，研究者可以在这里免费找到英国目前最为前沿的生命和医学的文献，并且可以免费下载。UK PubMed Central 如图 6-11 所示。

UKPMC 的主要功能包括以下 5 个方面：

1）单一存取点。通过 PubMed、专利、临床指导和英国论文数据库的单一搜索，按来源对搜索结果分类。

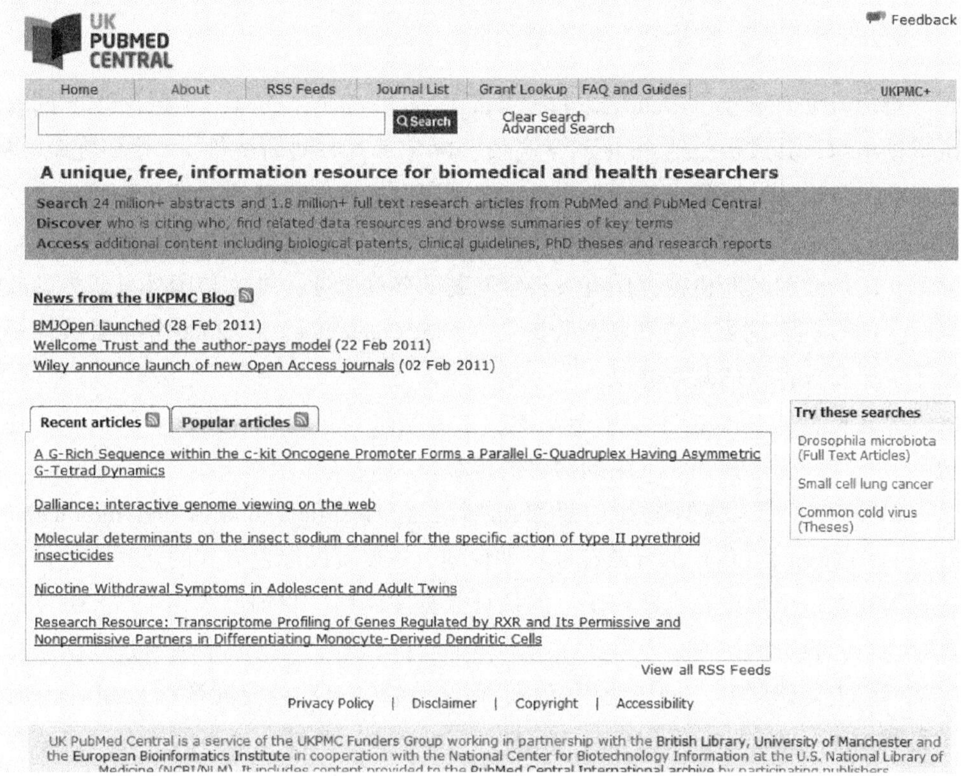

图 6-11 UK PubMed Central

2）文本挖掘。通过对全文进行文本挖掘得到检索结果。

3）引文服务。通过 Web of Science 获取在线数据的应用程序接口（API），以得到文献的被引频次、原文链接访问次数、引用文献列表等信息。

4）找出事实（该功能最早在 2011 年上线）。可在线回答问题，自动生成查询；从全文的文档提取答案。

5）授予的报告工具。该报告包含了连接到惠康基金会的 PubMed 上的所有文章的细节。

目前已有 4 个欧洲投资者加入了 UKPMC，分别为爱尔兰科学基金会（Science Foundation Ireland），健康研究委员会（Health Research Board，爱尔兰），奥地利科学基金（Austrian Science Fund），TELETHON 电视慈善基金会（意大利）。

UKPMC 也继续探索在欧洲生物信息生命科学基础设施（European life science infrastructure for biological information，ELIXIR）计划中变成文献中心的可能性。

6.1.2.8 德国的开放存取计划

德国科学基金会（Deutsche Forschungsgemeinschaft，DFG）是德国主要的科研资助组织，其成员包括66所科学高校、14家非高校科研机构、7家研究院、3家科学协会，资助对象是德国的大学和公共研究机构，资助领域涉及科学和人文研究的所有学科。此外，DFG还根据规定资助研究人员之间的合作，资助青年科学家；向议会和政府机构提供有关科学问题的咨询服务；维持与国外科研界的联系等。DFG的咨询委员会和联合委员会（Joint Committee）于2006年1月共同提出了关于开放存取的政策建议。

公共资金是DFG的主要资金来源，主要是联邦政府和各州政府的拨款，还包括了其他一些来源，私人捐助的比例很小。

DFG针对科学图书馆和信息系统部门（Scientific Libraries and Information Systems Division，LIS）的开放存取资助计划，主要资助绿色方式的互联网数据库在德国建立一个集中在主题需求上的认证数据库网络。目前已承诺15个DFG的基金项目，投资额达530万欧元；资助多个项目，其中包括9个项目建立网络并且在网络上创建服务（例如使用资料、引文分析、自动补充元数据）；4个基础学科数据库（SSOAR，peDOCS，OstDok，EconStor）及结合了当前研究信息系统（current research information systems，CRIS）和数据库存储的出版服务。

德国研究基金会资助开放存取期刊；支持创造新的OA期刊；激励传统期刊提供至少延迟的开放存取；通过提供一次性付款的方式，给个人研究者出版费用；同时还支持大学建立OA出版物。

另外，德国研究基金会还投资革新的OA期刊，如经济学开放评价的电子期刊，在经济学领域引进开放的同行评审；在商业研究领域将研究文章与研究数据联系起来；建立德国全球与地区研究院（German Institute of Global and Area Studies，GIGA）系列杂志（采用OJS 2.2.0.0），将一个已经存在印刷本的期刊转移到OA期刊中。

6.1.3 出版商开放存取与开放知识库进展

6.1.3.1 欧洲学术出版和学术资源联盟

欧洲学术出版和学术资源联盟（Scholarly Publishing and Academic Resources

Coalition, SPARC Europe）是 14 个欧洲国家的 110 个研究型大学图书馆的联盟，致力于发展学术交流的新模式，来增加研究成果的获取。SPARC 是欧洲研究图书馆以及 DOAJ（由瑞典隆德大学图书馆启动的 SPARC 欧洲 OA 期刊计划）的领导机构。越来越多的同行评审研究期刊在线开放其内容，消除存取的障碍，允许所有有兴趣的用户在线阅读论文，有超过 3300 种的学术期刊发表在由瑞典隆德大学图书馆创办的 DOAJ 上。

6.1.3.2 开放存取学术出版协会

开放存取学术出版协会（Open Access Scholarly Publishers Association, OASPA）（https://www.oaspa.org/）代表和支持全球科学、技术和学科领域的学术性 OA 期刊与出版商的利益，通过信息交流、制定行业标准，开发商业模式和出版模型，宣传“金色之路”出版 OA 期刊，促进教育的发展并激励创新。OASPA 的创始会员包括英国的生物医学中心（BioMed Central），美国的公共科学图书馆（Public Library of Science, PLOS），辛迪维出版公司（Hindawi Publishing Corporation），共同出版社（Co-Action Publishing），哥白尼（Copernicus），医学教育在线 Medical Education Online（David Solomon），SAGE 出版社（SAGE Publications），SPARC Europe，乌得勒支大学图书馆［Utrecht University Library（Igitur）］，互联网医学研究出版公司［Journal of Medical Internet Research（Gunther Eysenbach）］等。OASPA 的入会大门将对学术出版者与专业出版机构开放，包括大学出版社、营利性出版机构和非营利性出版机构。

6.1.3.3 $SCOAP^3$ 出版计划

三方“粒子物理开放存取出版工作小组”（Sponsoring Consortium for Open Access Publishing in Particle Physics, $SCOAP^3$），代表作者、出版商、研究资助机构的利益和要求（Mele, 2010）。

通过重新设计学术期刊订购资金的流向，向着将粒子物理全部主要期刊转变为开放存取的目标而努力。目前 $SCOAP^3$ 的资金提供成员遍及丹麦、法国、德国、希腊、意大利、瑞典、瑞士、美国。梅隆基金会宣布其愿意资助学术性 OA 期刊重新定位的相关研究。在国际支持下，建立在科内尔大学图书馆的 arXiv 预印本数据库中有 97% 的 HEP 期刊目录。$SCOAP^3$ 致力于改变高质量的 HEP 期刊成为 OA 期刊。

对比现有的对科学期刊用户限制存取的模式，OA 可以没有限制地存取公众投资的研究成果。同时，对图书馆来说，订阅费用的增加，迫使其取消订阅期刊的现象也越来越普遍。尤其在高能物理领域，描述其科学成果的预印本可以及时在线获取。学术界普遍认为，高质量期刊的未来和他们管理的同行评审系统是存在风险的。

为了解决 HEP 的现状，出现了一个新的 OA 出版模式：$SCOAP^3$，由 HEP 资助机构和图书馆购买期刊订阅费，隐含着支持同行评审服务，使他们结成联盟来弥补成本，出版商使期刊的电子版免费阅读，作者不能直接负责出版他们的文章。

$SCOAP^3$ 目前处于致力于提升质量和降低价格，刺激竞争，并对大量 OA 期刊进行中期和长期保存的发展阶段。

6.1.3.4 公共科学图书馆

公共科学图书馆（PLOS）是一个由科学家和医生组成的非营利机构，致力于把世界上科学和医学的文献作为免费资源向公众开放。PLOS 出版了 8 种生命科学与医学领域的国际顶级水平的科学期刊，读者可以免费获取全文，这 8 种期刊分别是 *PLOS Biology*、*PLOS Medicine*、*PLOS Computational Biology*、*PLOS Genetics*、*PLOS Pathogens*、*PLOS ONE*、*PLOS Neglected Tropical Diseases*、*PLOS Clinical Trials*。

PLOS 的出版策略：建立高质量的学术期刊，通过为论文建立 OA 主页和版面费的商业模式扩大 OA 期刊的出版经营，使文献对科学家和公众更加有用。

PLOS ONE 是一个综合学术期刊，比较偏重生物或生物相关领域，来自各个学术领域的研究成果都可以投稿。*PLOS ONE* 的创刊宗旨就是为来自各个学术领域的研究成果提供一个快速发布的平台，挑战传统，冲击 *Nature*、*Science* 的垄断地位。该刊自从 2006 年底创刊以来，至 2010 年底的年度发文量，在 Web of Science 上可以查到的各类论文总数，分别为 305 篇（2006 年）、2882 篇（2007 年）、6008 篇（2008 年）、9653 篇（2009 年）、14 862 篇（2010 年），成为全球发文量最大的科技期刊。*PLOS ONE* 在编辑过程的关键革新主要体现在：编辑标准科学严谨，报告正确，结论由数据支持。

PLOS 通过收取作者、作者的雇主或者投资者的版面费来赞助期刊，但运营的主要成本仍然严重依赖基金的赞助。

6.1.3.5 Springer 开放出版与开放存储政策

Springer 是世界上著名的科技出版集团，是一个绿色的出版商，开拓了混合期刊，通过 SpringerLink 系统提供其学术期刊及电子图书的在线服务，这些期刊是科研人员的重要信息源。同时其在香港大学、哥廷根大学、加利福尼亚大学图书馆等取得了成功的经验，为选定的混合期刊调整价格，于 2008 年收购 BioMed Central，成为世界最大的学术性 OA 期刊出版商。

SpringOpen 为 Springer 专门的 OA 部门，涵盖了所有学科的 OA 期刊，所有的文章都是开放存取的，取消了订阅费，并通过收取文章处理费，由作者通过科研资助、图书馆、机构的 OA 投资等支付或者直接由机构会员支付。目前已经在 36 个国家发展了 346 家会员机构。

6.1.3.6 BioMed Central 开放存取出版实践

BioMed Central 是一家经过同行评审的生化研究的学术性 OA 期刊出版商，其发表的所有原创研究文章在发表之后立即可以在网上永久性免费访问。BioMed Central 提供大量不同的杂志，同时也提供各种需要订阅的额外产品和服务。

BioMed Central 的许多杂志都有引用跟踪功能，并且已经有了一定的影响因子，许多杂志采用 ISI 进行跟踪，还有几种已经取得了引人注目的影响因子。此外，BioMed Central 所有杂志的文章都采用 Scopus 和 Google Scholar 进行跟踪，以便作者查看自己的研究被引用的次数，并且所有的文章都通过 CC 授权出版。

BioMed Central 发表的所有研究文章全部及时存入 PubMed Central 和多个其他国际档案库存储器。BioMed Central 还允许作者立即将已发表文章的最终正式版存入任何适当的数字知识库。数家研究所和研究基金会已经制定了正式的政策，恳请或要求其作者将发表的文章存入一个中央档案库存储器。通过 SWORD 自动存档到机构库的流程如图 6-12 所示。

6.1.3.7 EPrints 平台及服务

EPrints（http://www.eprints.org/uk/）知识库软件由英国南安普敦大学电子与计算机科学学院开发，是一个建设高质量、高价值的知识库的平台。它被认为是最方便和快速的方法来建立文献、科学数据、论文和报告或者馆藏、展览和表演的多媒体制品的研究输出的知识库，在全球使用最多、分布最广，截至 2019 年底已有超过 500 家机构采用该软件。其最新版本为 3.4.1（2019 年 4 月更新），主要用来储存文档、多媒体和数据并支持多国语言，符合 OAI 标准。

EPrints 服务团队提供收费的资讯和顾问服务，可以提供一系列的解决办法，

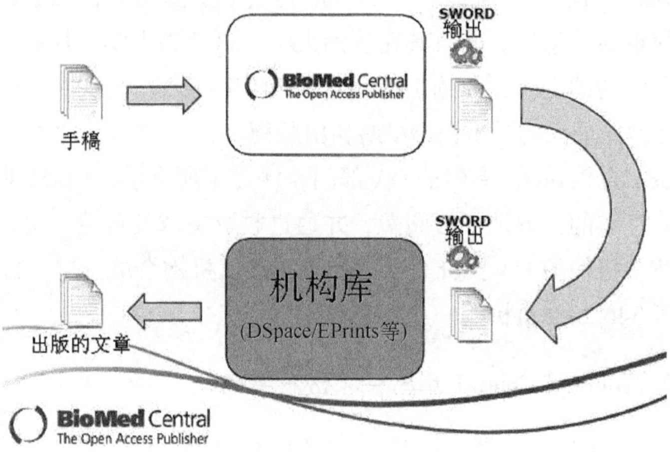

图 6-12　通过 SWORD 自动存档到机构库的流程

通过最初的帮助和指导可以为机构库提供完全的管理服务。

EPrints 知识库软件可以管理和控制本地的、企业的和云储存服务的数字资源的长期保存活动。

EPrints 属于 Open Citation Project 的一部分，经费来自英国 JISC（the Joint Information Systems Committee of the Higher Education Funding Councils）和美国国家科学基金会。

6.1.3.8　OA 学科知识库 arXiv. org

arXiv. org 是由物理学家保罗·金斯巴格在 1991 年建立的最早的电子预印本库，最早出现在美国的洛斯·阿拉莫斯国家实验室（Los Alamos National Laboratory，LANL），从 2001 年起设立在科内尔大学图书馆，主要涉及物理学、数学、非线性科学、计算机科学、定量生物学和统计学等学科，截至 2019 年底，已收录超过 160 万篇文章，从 2019 年的使用数据来看，有 155 866 篇新提交量以及约 2. 6 亿次下载量。学科知识库 arXiv. org 如图 6-13 所示。

arXiv 建立一个 5 年财务模型，即 arXiv2018–2022 可持续发展计划。

1）科内尔大学提供 170 000 美元的补贴，并为所有间接费用提供实物捐助。

2）西蒙斯基金会（Simons Foundation）每年捐款 10 万美元，以表彰科内尔大学图书馆对 arXiv 的管理。此外，基金会每年还通过 arXiv 会员费筹集 300 000 美元的资金。

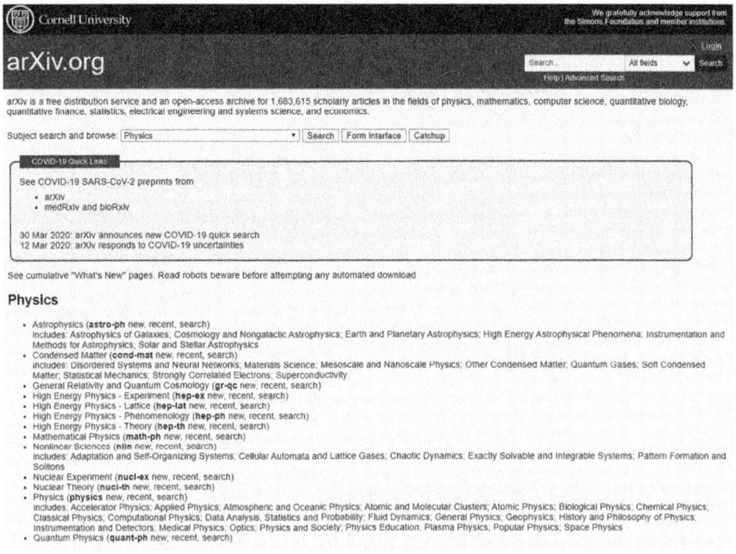

图 6-13　学科知识库 arXiv. org

3）每个成员机构承诺五年支持 arXiv 的资金承诺。根据机构使用情况排名，年费分为 1000 美元到 4400 美元的六个等级。

4）从基金会和机构（例如 Sloan 基金会和 Heising-Simons 基金会）拨款，以协助一些临时的特殊项目。

6.2　国内原生数字期刊馆藏建设实践

6.2.1　中国科技期刊开放存取政策调查

中国科学院国家科学图书馆对中国科技期刊开放存取政策进行了相关的调查（初景利等，2013）。中国科学技术协会（China Association for Science and Technology，CAST）是中国科学技术工作者的群众组织，由全国学会、协会、研究会和地方科协组成，组织系统横向跨越绝大部分自然科学学科和大部分产业部门，是一个具有较广覆盖面的网络型组织体系。

CAST 的期刊：CAST 及其分支机构在 2009 年出版了 954 个期刊，其中 661 个为学术性期刊，183 个为科技性期刊，60 个为一般期刊，46 个为普通期刊，4

个为可检索期刊。

越来越多的中国科技期刊接受 OA 出版模式或者已经变成 OA 期刊，根据调查，2007 年、2008 年、2009 年其接受率分别为 15.6%、20.5%、21.6%。

通过调查得出：

中国的科技期刊需要一个了解和认识 OA 出版的阶段。人们认为：OA 出版=免费存取=数字出版=全文在线=可以从商业数据库获取。他们担心 OA 的政策薄弱，知识产权意识不够。实际上，不少所谓的 OA 期刊并不是真正的 OA 期刊。

政策因素是 OA 出版的最大动力，许多期刊对 OA 出版感到迷茫，因而为 OA 出版制定清晰的政策或者方针是必要的，政策研究和设计是 OA 出版的重点。

培训与宣传有很大的不足。只有很少的期刊掌握 OA 出版，人们只有少数的关于 OA 出版的知识，推广的途径非常有限。

因此，中国科学院国家科学图书馆对 OA 期刊提出了以下建议：

1）加强 OA 出版的研究与推广。什么是真正意义的 OA 出版，怎样处理版权与版权之间的关系，怎样鼓励存档论文到数字资源库，OA 的版本，OA 期刊的经济体制等。

2）加强 OA 出版的培训与宣传。通过组织和召开更多的 OA 相关会议与讨论，为科学家和编辑提供更多的培训与教育机会，并鼓励他们参与全球相关研究及交流，掌握 OA 的发展趋势和动向。

3）早期采用更有影响力的决策。尽早采用 OA 方式出版学术期刊以展示 OA 出版的优势，这将会对其他期刊的价值事业有更宽泛的影响。

4）要勤于思考，行动敏捷。鼓励尝试这种新生的 OA 出版模式。

6.2.2 中国开放获取信息门户

中国开放获取信息门户旨在通过跟踪、报道和揭示关于开放存取的发展动态、研究资料、实施实践、支撑信息和相关的分析，为开放存取的研究和实践提供一个可靠的信息保障平台，帮助开放存取的研究者、政策制定者和组织实施者推动和实施开放存取。

中国开放获取信息门户主要由 OA 简介、OA 动态、OA 文件、OA 政策、OA 研究、OA 资源、OA 工具、OA 会议及相关链接几个板块构成，如图 6-14 所示。

图 6-14　中国开放获取信息门户

6.2.3　中国科学院机构知识库网络建设与实施

中国科学院机构知识库网格（Chinese Academy of Sciences Institutional Repositories Grid，CAS IR Grid）提出了在全院各研究所开展 IR 的推广建设，形成 IR Grid 的节点系统，在研究所 IR 建设基础上，通过元数据及内容自动采集技术，建立全院联合的机构知识仓储，形成集中揭示和传播全院知识产出的集成服务平台的构想和框架。

CAS IR Grid 的建设过程整体上采取了试点和示范建设、规模推广循序渐进的策略和步骤。截至 2020 年初，中国科学院分布于全国 30 个城市的 144 家研究所已启动了 IR 建设。期刊论文、学位论文、会议论文是当前研究所机构知识库内容采集建设的主要类型，部分研究所 IR 也对涉及专著、研究报告、演示报告、会议文集、专利、成果等方面的内容进行了采集建设。在数据规模方面，100 多家研究所数据规模过千条，全院研究所 IR 累计可公开访问的知识产出记录已达 1 241 757 条。

从2010年下半年开始，集成服务门户系统正式开始对支持公开访问的研究所IR进行数据的自动采集和集成服务，支持从研究所、作者、内容类型、时间、关键词等多种途径对全院知识成果进行浏览、检索或统计利用，支持与国际上著名知识库或知识库网络进行数据交换和共享集成。2010年，集成服务门户已实现对34家有一定可公开访问数据规模的研究所IR数据的自动采集，累计完成85 840条数据的采集和发布。中国科学院国家科学图书馆机构知识库如图6-15所示。

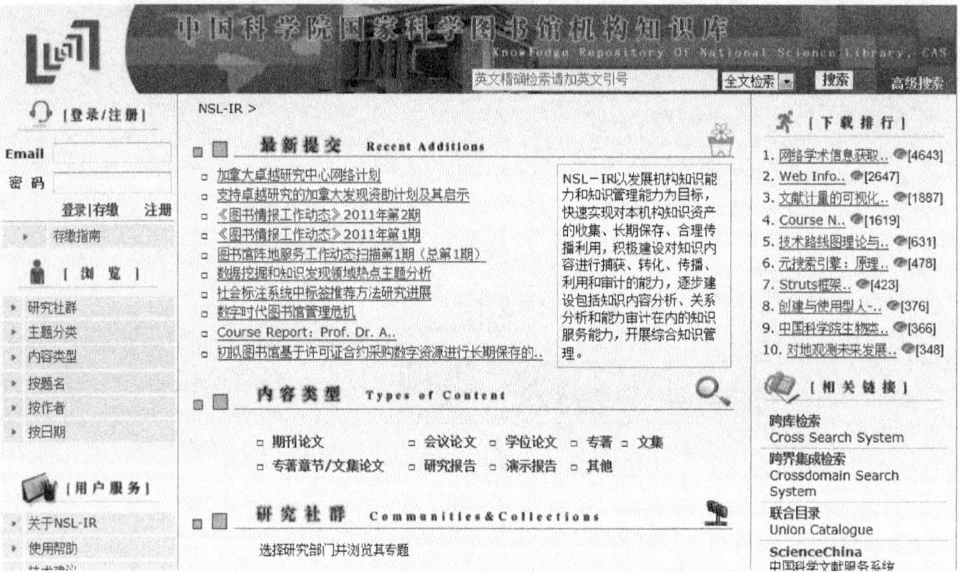

图6-15　中国科学院国家科学图书馆机构知识库

CAS IR Grid未来发展的重点包括四个方面：一是，推动研究所建立完善的IR建设制度和政策框架，支持研究所通过IR的建设和发展，从常规类型知识内容管理向非常规类型知识内容管理迈进，实现对研究所创造的全谱段的有重要保存和传播共享价值的知识内容进行可靠捕获和采集管理。二是，继续扩展研究所IR建设的规模，逐步使全院绝大部分乃至全部研究所都加入CAS IR Grid体系。三是，加强CAS IR软件在复杂类型内容对象及其语义关系管理上的功能扩展，积极遵循开源软件的精神，尽快实现将CAS IR软件以开源方式发布，为推动国内机构知识库的发展积极贡献力量。四是，加强CAS IR Grid与国际著名数字知识库网络DRIVER等的合作，积极支持和促进中国科学院的知识成果在国际范围内的开放存取和共享传播。

6.2.4 中国科技期刊开放获取平台（COAJ）

中国科技期刊开放获取平台（China Open Access Journals，COAJ）（http://www.coaj.cn/）由中国科学院主管，中国科技出版传媒股份有限公司（科学出版社）主办，北京中科期刊出版有限公司承办。COAJ 的前身中国科学院科技期刊开放获取平台（CAS-OAJ）是一个开放获取、学术性、公益性的科技文献资源门户，于2010 年 10 月上线运行。在 CAS-OAJ 的基础上，COAJ 作为新闻出版改革发展项目库入库项目，将建设成为一站式的中国科技期刊 OA 集成平台和门户，集中展示、导航中国开放获取科技期刊，强化科技期刊的学术交流功能，其主页如图 6-16 所示。

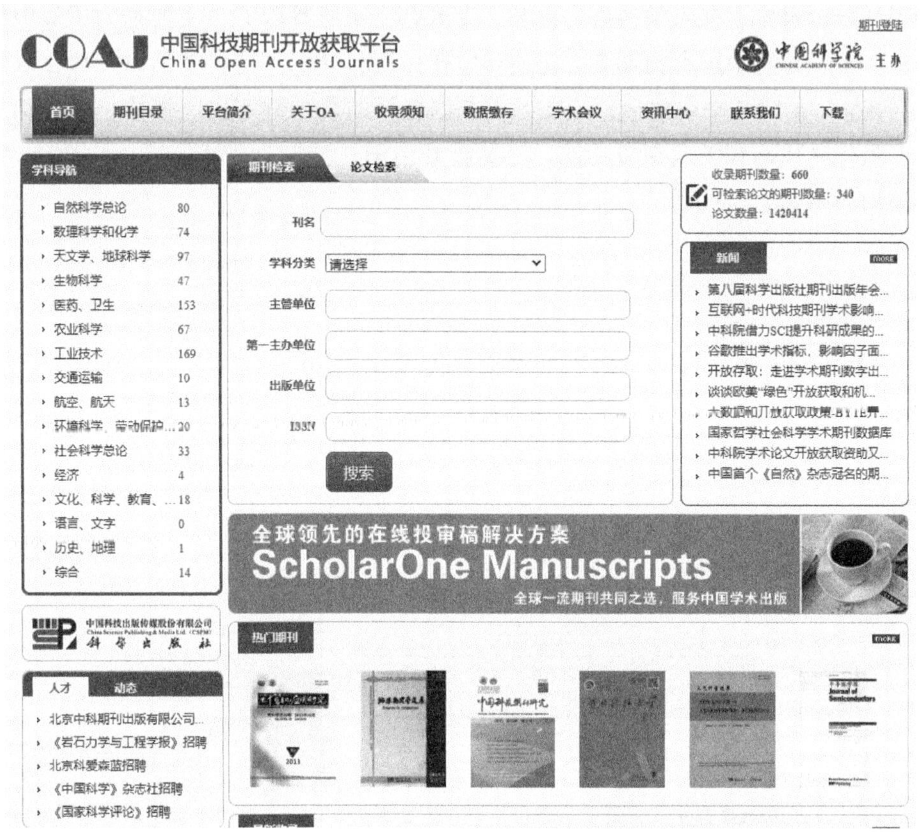

图 6-16 中国科技期刊开放获取平台

2010 年平台中已经收录了 113 种学术期刊，489 891 篇论文，并且具有 OA 动态、学术快讯、出版动态、会议资讯、政策法规等栏目，为用户提供丰富的信息及知识服务。截至 2020 年 4 月，平台已收录 660 种学术期刊，1 420 414 篇论文。

基于平台后台的期刊云存储数据库，平台提供了全文引文数据分析、文章下载次数、期刊浏览次数、文章摘要点击次数等详细数据统计功能；平台通过与国家科学图书馆 ScienceChina 数据库参数对接，可获得 ScienceChina 数据库提供的期刊与文章的权威引证分析报告，有助于作者更详细地了解期刊与文章信息，快速方便地查阅所需文献。读者也可通过平台引入的 RSS 订阅功能，按学科、刊物订阅平台文章，及时获取其所需的平台最新收录文章信息。

中国科技期刊开放获取平台主要提供 OA 期刊网站链接、开放文献获取、期刊引证分析报告、文献学科咨询服务、期刊数字出版等服务，主要是为了集中展示、宣传、导航中国科技期刊，进一步宣传中国科学院支持科技信息开放存取理念，探索 OA 期刊平台的运营模式，逐步创造新的期刊数字出版模式、手段和方法，强化科技期刊学术交流功能，不断提升中国科技期刊学术影响力。COAJ 平台结构如图 6-17 所示。

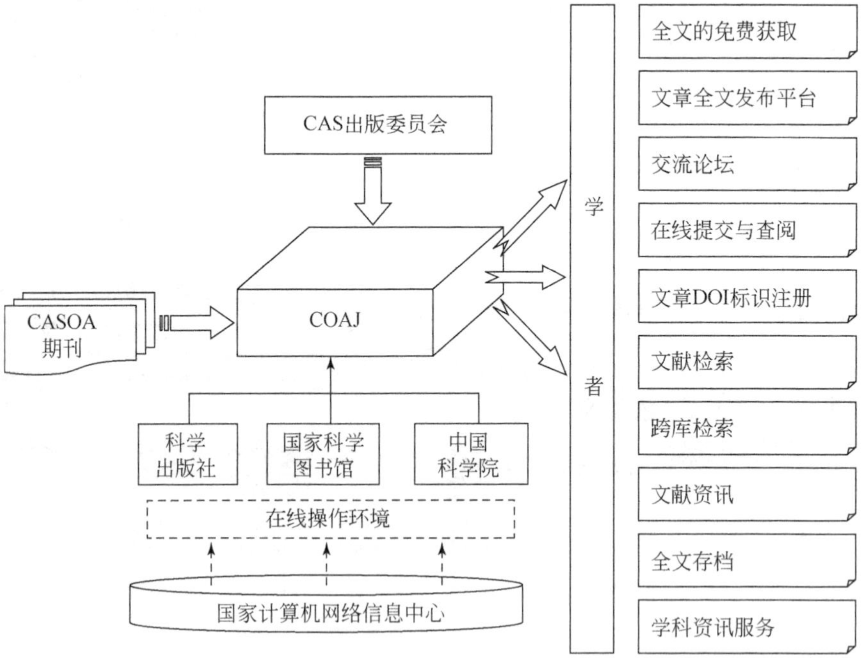

图 6-17　COAJ 平台结构

中国科技期刊开放获取平台的特点如下：

1）它是由中国科学院发起的中国第一个 OA 期刊整合平台，具有用户登录和主菜单功能，可以实现管理员登录和发布信息，用户注册并登录后发表评论或者编辑部上传编辑推荐的文章。具有网站导航功能，平台的资讯板块里面包含了学术快讯、出版动态、会议资讯、OA 动态等信息（肖宏，2010）。

2）融入了中国科学院的专业优势、科学出版社的出版优势、国家科学图书馆的信息服务优势及国家计算机网络中心的网络操作环境优势。

3）提供 SP 在线编辑系统，使 OA 期刊出版过程更加完整。

4）通过 DOI 标识注册来识别文章，可以在国内和国外的数据库方便地检索，具有多样化的检索功能，如普通检索、高级检索、跨库检索，以及按字母表检索、按类别检索、按语言检索等。检索到的期刊页面主要由封面、期刊基本信息、当前的发表与存档状态、期刊清单目录组成。论文的页面由封面、期刊的基本信息、文章的基本信息、下载 PDF 格式的全文、学科资讯服务、引文分析、此论文的被引用次数、相似的文章组成。同时可以通过点击作者的姓名来查询其在 COAJ 上发表的所有文章，点击关键词来查询 COAJ 中包含此关键词的所有文章。另外，在 COAJ 中整合了所有期刊的主页链接，这样用户无论在国内还是国外都可以快捷地获得或者查询相关的期刊。

6.2.5 Socolar OA 资源一站式服务平台

Socolar（http://www.socolar.com/）是中国教育图书进出口公司基于用户的信息需求和信息检索角度考虑，对世界上重要的 OA 期刊和 OA 仓储资源进行全面的收集和整理，同时也支持对重要 OA 期刊和 OA 仓储资源进行统一检索，是一个非营利项目。如图 6-18 所示。

Socolar 的功能如下：

1）OA 资源的检索和全文链接服务功能。全面系统收录重要的 OA 资源，包括重要的 OA 期刊和 OA 仓储，为用户提供题名层次（title-level）和文章层次（article-level）的浏览、检索及全文链接服务。

2）用户个性化的增值服务功能。根据用户的个性化需求，为用户提供 OA 资源各种形式的定制服务和特别服务。

3）OA 知识的宣传和交流功能。该平台是权威的 OA 知识宣传平台和活跃的 OA 知识交流阵地。用户可以通过该平台，了解 OA 的基本知识和发展动态，也

图 6-18　Socolar OA 资源一站式服务平台

可以与他人进行互动交流。

4）OA 期刊的发表和仓储服务功能。可为学者提供学术文章和预印本的 OA 出版和仓储服务。

Socolar 致力于加强与外界的合作工作，以进一步提高资源质量和平台性能，其允许并鼓励学术机构（尤其是大学图书馆）在授权的前提下在其网站主页上链接该平台。

6.2.6　香港大学的 OA 学术库建设

香港大学学术库（The HKU Scholars Hub）（http://hub.hku.hk/）是香港大学的学术典藏库，搜集香港大学学者著作，在网上公开给各界参考，实现全民共享（图 6-19）。公众可索阅绝大部分条目的全文内容。

截至 2009 年 6 月，已收集 25 000 份的 OA 全文，包括 17 012 篇论文、4125 种学术期刊、2165 篇会议论文。截至 2020 年 3 月，已收集 27 868 篇 OA 全文。

香港大学教育资助委员会每年为八大院校发展知识转移批准 5000 万港元专款。

图 6-19　香港大学学术库

6.2.7　厦门大学机构知识库建设

厦门大学学术典藏库（Xiamen University Institutional Repository）（http://dspace.xmu.edu.cn/），主要用来长期保存与管理厦门大学教学和科研人员的具有较高学术价值的成果。该数据库采用 DSpace 软件平台来构建，系统支持 OAI 协议和 OpenURL 协议，元数据能够被有关机构（如 Google Scholar 和 OAIster）定期或不定期进行收割，加快和提高系统中相关资源的传播与利用（图 6-20）。

厦门大学学术典藏库可以接受所有格式的数字化资源，包括文本、图片、音频和视频文件。

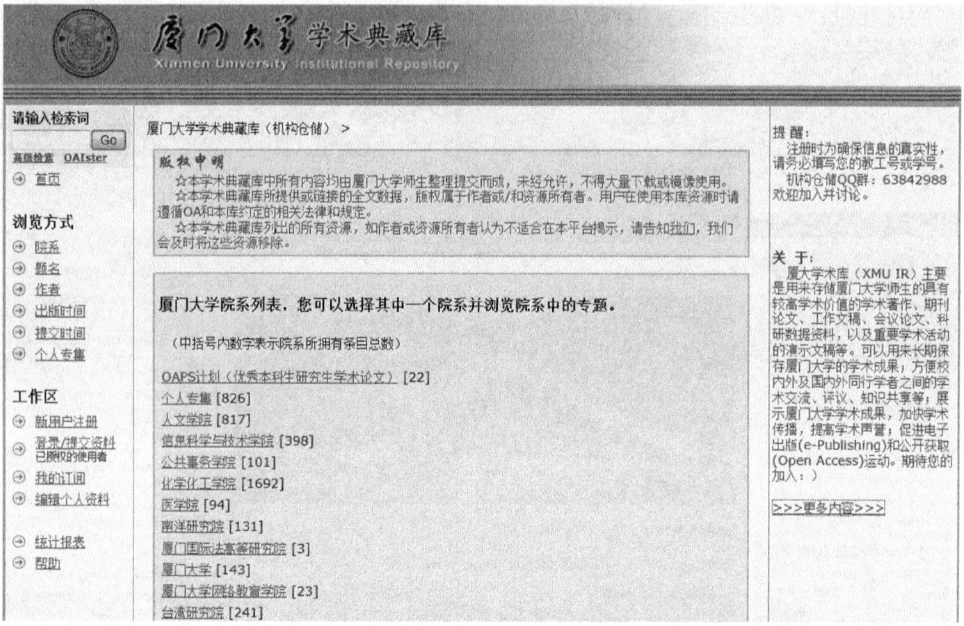

图 6-20 厦门大学学术典藏库

系统以每个院系为单位作为一个社区，每个院系下预先设置了“会议论文”“已发表论文”“工作文稿”“演示文稿”四个专题，可以根据实际需要进行增减。提交者根据提交内容和性质，把资料分门别类上传到相应的专题中，并提倡全校的教学和科研工作者尽可能地把手头的有学术价值的数字资源都提交到学术库。

6.3 国内高校图书馆原生数字期刊馆藏建设现状调研

学术期刊是知识传播的重要载体，不仅反映科学研究的最新进展，还反映一个国家和地区的科学发展水平，然而传统学术期刊订购价格的猛涨及图书馆订阅经费的相对不足，导致了世界范围内的“学术期刊危机”，为了缓解这种危机，促进学术信息的交流，OA 期刊应运而生。随着 OA 运动的蓬勃发展，OA 期刊数量越来越多，其质量和学术影响力日益增强，几乎涵盖了所有的学科领域，成为当前 OA 运动的主导。作为一种开放存取的资源，OA 期刊也引起了很多高校图书馆的重视，很多高校都对 OA 期刊进行揭示和整合，本节对 112 所“211 工程”高校图书馆从 OA 期刊组织形式和著录项目两方面进行调查分析，以期揭示和推进 OA 期刊资源在我国的发展和开发利用。

6.3.1 调查方法及内容

调查中，采用网站访问浏览法以搜集相关信息。调查对象为国内 112 所“211 工程”高校图书馆。“211 工程”大学的学科门类齐全、结构合理，整体办学水平较高，科研能力较强，图书馆经费相对充裕，各类数字资源相对丰富，校内师生因科研需要对数字资源需求日益增长及受“学术期刊危机”的影响，这些学校更重视 OA 期刊资源的建设，因此，调查“211 工程”高校图书馆的 OA 期刊建设情况具有代表性意义。为保证数据来源的准确性，课题组以中华人民共和国教育部门户网站“项目指南”栏目中提供的“211 工程学校名单”为依据，对高校图书馆采用两种访问方式，一是利用 Google 和百度搜索引擎查找各图书馆的主页链接地址，二是通过高校主页，从学校主页进入图书馆主页，然后在主页的电子资源、数字资源、资源导航、免费资源、推荐资源等栏目对 OA 期刊进行统计调查，排除了 OA 机构库、预印本库、搜索引擎及未收录 OA 期刊的免费资源和公益性网站，如网易公开课等。

课题组从组织方式和著录项目对“211 工程”高校图书馆的 OA 期刊建设情况进行调查分析。

调查的内容包括：①OA 期刊的组织方式；②图书馆自建 OA 期刊库或 OA 期刊集成平台中 OA 期刊的著录项目。其中组织方式分为平台导航式与自建系统式两种。平台导航式采用直接链接方式，即仅把 OA 期刊或 OA 期刊一站式检索平台，如 Socolar 等，简单分类或不加分类地罗列在图书馆网页的某栏目上，读者点击其名录就直接进入到 OA 期刊平台的网站，平台导航式不具备检索功能。自建系统式分为第三方系统自建式和完全自建式两种。著录项目包括刊名/集成平台名、来源、ISSN、eISSN、期刊网址、出版商、期刊语种、在线期刊、可获取全文信息、收录情况、收录时间、访问次数、学科分类、反馈信息、详细信息，共 15 项。

调查时间：2012 年 12 月 1 日至 12 月 31 日。

6.3.2 调查结果分析

6.3.2.1 整体情况分析

在调研时间范围内，112 所“211 工程”高校图书馆中，有两所高校的图书馆主页无法访问，这两所图书馆是第二军医大学图书馆主页和第四军医大学图书馆主页，实际访问了 110 所高校图书馆网站。在对这 110 所高校图书馆网页逐一访问后发现，有 94 所高校图书馆都不同程度地对 OA 期刊进行了揭示，占 86.3%，有 18 所高校没有对 OA 期刊进行组织或揭示，占总数的 16.3%。在揭示了 OA 期刊资源的 94 所高校图书馆中，有 68 所是采用平台导航式对 OA 期刊进行揭示和建设，有 26 所采用自建系统式，其中有 3 所高校采用完全自建 OA 期刊集成平台方式，23 所高校图书馆使用第三方系统自建式对 OA 期刊进行揭示和建设（表 6-1），如 ExLibris 公司的 MetaLib/SFX 系统和 Innovative 公司的 MAP 系统等。

表 6-1　94 所高校图书馆 OA 期刊组织形式

OA 期刊组织形式	平台导航式	自建系统式	
		第三方系统自建式	完全自建式
图书馆数量（所）	68	23	3
比例（%）	72.6	24.2	3.1

以下针对采用平台导航式、第三方系统自建式和完全自建式对 OA 期刊进行揭示和建设的高校图书馆的具体情况进行分析。

6.3.2.2 平台导航式现状分析

在采用平台导航式对 OA 期刊进行揭示和建设的 68 所高校图书馆中，有 48 所高校图书馆采用一站式检索平台 Socolar 对 OA 期刊进行导航，其次是 DOAJ 和 HighWire，分别有 37 所和 34 所。在 68 所高校图书馆中，除采用 Socolar、HighWire 和 DOAJ 对 OA 期刊进行导航外，所采用的 OA 期刊平台还有 BioMed Central、PubMed Central、Open J-Gate、Hanspub、PLOS、Free fulltext、SciELO、Intech、Free Medical Journals、OALib、Oajs 和 BioVisa 等，具体情况如图 6-21 所示。

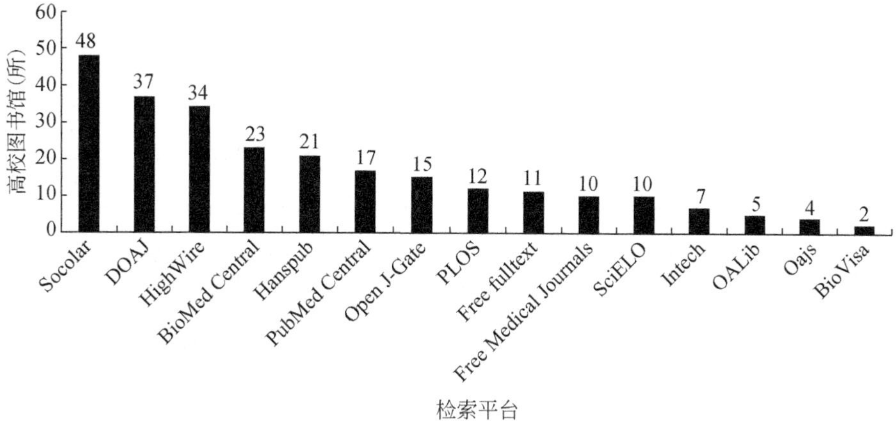

图 6-21　68 所高校图书馆 OA 期刊平台导航式数量分析

从图 6-21 中可看出，采用平台导航式对 OA 期刊进行揭示和建设的 68 所高校图书馆中，OA 期刊平台采用最多的是 Socolar，其次是 DOAJ 和 HighWire，而对其他平台，如国内的开放期刊联盟（Oajs）及国外的 Biovisa 进行导航的较少。

采用平台导航式对 OA 期刊进行揭示和建设的 68 所高校图书馆除提供 OA 期刊平台的名称和链接外，还通过平台语种、可获取全文信息、访问次数、学科分类、反馈信息和详细信息等项目对所导航的 OA 期刊平台进行揭示，具体情况如表 6-2 所示。

表 6-2　采用平台导航式揭示 OA 期刊的高校图书馆著录项目统计表

图书馆	平台名	平台链接	平台语种	可获取全文信息	访问次数	学科分类	反馈信息	详细信息
吉林大学图书馆	√	√	—	—	—	√	√	√
东北大学图书馆	√	√	—	—	—	—	—	—
东北林业大学图书馆	√	√	—	—	√	—	√	√
东北农业大学图书馆	√	√	—	—	√	—	—	—
哈尔滨工业大学图书馆	√	√	—	—	—	√	√	√
大连海事大学图书馆	√	√	—	—	—	—	√	√
北京航空航天大学图书馆	√	√	—	—	—	√	—	√
北京科技大学图书馆	√	√	—	—	—	—	—	—
北京化工大学图书馆	√	√	—	—	—	—	—	√

续表

图书馆	平台名	平台链接	平台语种	可获取全文信息	访问次数	学科分类	反馈信息	详细信息
北京邮电大学图书馆	√	√	—	—	—	—	—	√
北京林业大学图书馆	√	√	—	—	√	—	—	—
中央民族大学图书馆	√	√	—	—	—	—	—	√
中央财经大学图书馆	√	√	—	—	—	—	—	√
中国政法大学图书馆	√	√	—	—	√	—	—	√
中国农业大学图书馆	√	√	—	—	√	—	—	√
对外经济贸易大学图书馆	√	√	—	—	—	—	—	—
河北工业大学图书馆	√	√	—	—	—	—	—	—
华北电力大学图书馆	√	√	—	—	—	—	√	√
天津大学图书馆	√	√	—	—	—	—	—	—
内蒙古大学图书馆	√	√	—	—	—	—	—	—
太原理工大学图书馆	√	√	—	—	—	—	—	—
浙江大学图书馆	√	√	—	—	√	√	√	√
上海外国语大学图书馆	√	√	—	—	—	—	—	√
上海财经大学图书馆	√	√	—	—	—	—	—	—
东华大学图书馆	√	√	—	—	—	—	√	√
华东理工大学图书馆	√	√	—	—	—	—	—	√
南京航空航天大学图书馆	√	√	—	—	—	—	—	√
南京理工大学图书馆	√	√	—	—	√	√	—	√
东南大学图书馆	√	√	—	—	√	—	—	√
苏州大学图书馆	√	√	√	—	—	√	—	√
江南大学图书馆	√	√	—	—	—	—	—	√
中国石油大学图书馆	√	√	—	—	√	—	—	√
中国科学技术大学图书馆	√	√	—	—	—	—	—	√
山东大学图书馆	√	√	√	—	√	√	—	√
安徽大学图书馆	√	√	—	—	√	√	—	√
合肥工业大学图书馆	√	√	—	—	√	—	√	√
中南财经政法大学图书馆	√	√	—	—	—	—	—	√

续表

图书馆	平台名	平台链接	平台语种	可获取全文信息	访问次数	学科分类	反馈信息	详细信息
中国地质大学图书馆	√	√	—	—	—	—	—	—
武汉理工大学图书馆	√	√	√	—	√	√	—	√
华中科技大学图书馆	√	√	—	—	—	—	—	√
华中农业大学图书馆	√	√	—	√	—	√	—	√
华中师范大学图书馆	√	√	—	—	—	—	—	√
湖南师范大学图书馆	√	√	—	—	—	√	—	√
国防科学技术大学图书馆	√	√	—	—	—	√	—	√
中南大学图书馆	√	√	—	—	—	—	—	√
南昌大学图书馆	√	√	—	—	—	—	—	√
郑州大学图书馆	√	√	—	—	—	—	—	—
中山大学图书馆	√	√	—	—	—	—	—	—
暨南大学图书馆	√	√	√	√	√	√	√	√
华南理工大学图书馆	√	√	√	√	—	—	√	√
华南师范大学图书馆	√	√	—	—	—	—	—	—
海南大学图书馆	√	√	—	—	—	√	—	√
广西大学图书馆	√	√	—	—	—	—	—	√
四川大学图书馆	√	√	—	√	—	√	—	√
四川农业大学图书馆	√	√	—	—	√	√	√	√
西南财经大学图书馆	√	√	√	—	—	√	√	√
电子科技大学图书馆	√	√	—	—	—	√	—	√
重庆大学图书馆	√	√	—	—	√	√	√	√
西南大学图书馆	√	√	—	—	√	√	—	√
西安电子科技大学图书馆	√	√	—	—	—	—	√	√
西北农林科技大学图书馆	√	√	—	—	—	—	—	—
西北工业大学图书馆	√	√	—	—	—	—	—	—
西北大学图书馆	√	√	—	—	—	√	—	—
陕西师范大学图书馆	√	√	√	—	—	√	—	√
长安大学图书馆	√	√	—	—	—	—	—	√

续表

图书馆	平台名	平台链接	平台语种	可获取全文信息	访问次数	学科分类	反馈信息	详细信息
兰州大学图书馆	√	√	—	—	—	—	—	√
青海大学图书馆	√	√	—	—	—	√	—	—
新疆大学图书馆	√	√	—	—	—	—	—	√

由表6-2可以看出，高校图书馆对OA期刊平台的揭示主要包括平台名、平台链接、详细信息、学科分类、访问次数、反馈信息、平台语种和可获取全文信息等几个方面，如图6-22所示。

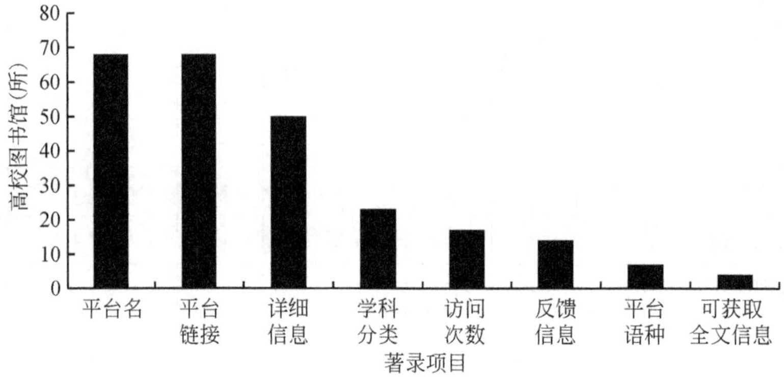

图6-22　68所高校图书馆揭示OA期刊集成平台著录项目汇总

从图6-22可以看出，高校图书馆对OA期刊平台的揭示主要集中在平台名、平台链接和详细信息方面。其中，详细信息多为平台情况介绍；其次是学科分类和访问次数，揭示最少的是可获取全文信息。课题组在此次调查中还发现，高校图书馆在揭示OA期刊平台时极少注明OA平台收录OA期刊的起始时间，并且对平台中收录的OA期刊本身的介绍和宣传较少。

6.3.2.3　第三方系统自建式现状分析

在所调查的94所高校图书馆中，有23所高校图书馆采用第三方系统自建式对OA期刊进行揭示和建设。这23所高校图书馆采用第三方系统作为OA期刊集成平台，按字顺、学科和刊名对OA期刊进行整合、集成。表6-3中的23所高校图书馆所采用的第三方系统均是ExLibris公司的MetaLib/SFX系统。其中，清华大学图书馆不仅采用了MetaLib/SFX系统，还采用了Innovative公司的MAP系统对 OA 期刊进行揭示和组织。

表 6-3　23 所高校图书馆采用第三方系统对 OA 期刊的揭示和组织

图书馆	按学科	按字顺	按刊名
东北师范大学图书馆	√	√	√
北京大学图书馆	√	√	—
北京理工大学图书馆	√	√	√
北京师范大学图书馆	√	√	√
北京交通大学图书馆	√	√	√
北京工业大学图书馆	√	√	√
北京外国语大学图书馆	√	√	√
清华大学图书馆	√	√	√
中国人民大学图书馆	√	√	√
南开大学图书馆	√	√	√
复旦大学图书馆	√	√	√
上海交通大学图书馆	√	√	√
上海大学图书馆	√	√	√
华东师范大学图书馆	—	√	√
南京大学图书馆	—	√	—
南京师范大学图书馆	√	√	√
南京农业大学图书馆	—	√	—
河海大学图书馆	—	√	—
中国矿业大学图书馆	—	√	—
厦门大学图书馆	√	√	√
武汉大学图书馆	√	√	√
云南大学图书馆	√	√	√
贵州大学图书馆	√	√	√

虽然 23 所高校图书馆是采用第三方系统自建式对 OA 期刊进行揭示和组织，但这 23 所高校图书馆在采用同一第三方系统对 OA 期刊进行揭示和组织时，在 OA 期刊著录项目上却存在差异，具体情况如表 6-4 所示。

表 6-4　23 所采用第三方系统的高校图书馆 OA 期刊的著录项目统计表

图书馆	著录项目														
	刊名	来源	ISSN	eISSN	期刊链接	出版商	期刊语种	在线期刊	可获取全文信息	收录情况	收录时间	访问次数	学科分类	反馈信息	详细信息
东北师范大学图书馆	√	—	√	—	√	√	√	—	√	√	—	—	√	—	√
北京大学图书馆	√	√	√	—	√	—	√	—	—	—	√	—	√	√	√
北京理工大学图书馆	√	—	√	—	√	—	—	—	√	√	—	—	√	√	√
北京师范大学图书馆	√	—	√	—	√	—	—	—	√	—	—	—	√	—	√
北京交通大学图书馆	√	—	√	—	√	—	—	—	—	√	—	—	√	√	√
北京工业大学图书馆	√	—	√	—	√	—	—	—	√	√	—	—	√	—	√
北京外国语大学图书馆	√	—	√	—	√	—	—	—	√	√	—	—	√	—	√
清华大学图书馆	√	√	√	—	√	—	—	—	√	√	—	—	√	—	√
中国人民大学图书馆	√	—	√	—	√	—	—	—	√	—	—	—	—	—	√
南开大学图书馆	√	—	√	—	√	—	—	—	—	—	—	—	√	—	—
复旦大学图书馆	√	√	√	—	√	—	—	—	√	√	—	—	√	—	√
上海交通大学图书馆	√	√	√	—	√	—	—	—	√	√	—	—	√	√	√
上海大学图书馆	√	—	√	—	√	—	—	—	√	√	—	—	√	—	√
华东师范大学图书馆	√	—	√	√	—	—	—	—	√	—	—	—	—	—	—
南京大学图书馆	√	—	—	—	√	√	—	—	—	—	—	—	—	—	—
南京师范大学图书馆	√	—	√	—	√	—	—	—	—	√	—	—	√	√	—
南京农业大学图书馆	√	—	—	—	√	√	—	—	—	—	—	—	—	—	—
河海大学图书馆	√	—	—	—	√	√	—	—	—	—	—	—	—	—	—
中国矿业大学图书馆	√	—	—	—	√	√	—	—	—	—	—	—	—	—	—
厦门大学图书馆	√	—	√	—	√	—	—	—	√	√	—	—	√	—	√
武汉大学图书馆	√	—	√	—	√	—	—	—	√	√	—	√	√	—	√
云南大学图书馆	√	—	√	—	√	√	—	—	√	—	—	—	√	—	√
贵州大学图书馆	√	—	√	—	√	—	—	—	√	√	—	—	√	—	√

从表 6-4 可以看出，23 所高校图书馆采用第三方系统揭示 OA 期刊的著录项目主要包括刊名、ISSN、期刊链接、详细信息、可获取全文信息、学科分类、收录情况、来源、反馈信息、eISSN、期刊语种、收录时间、访问次数、出版商和在线期刊方面，如图 6-23 所示。

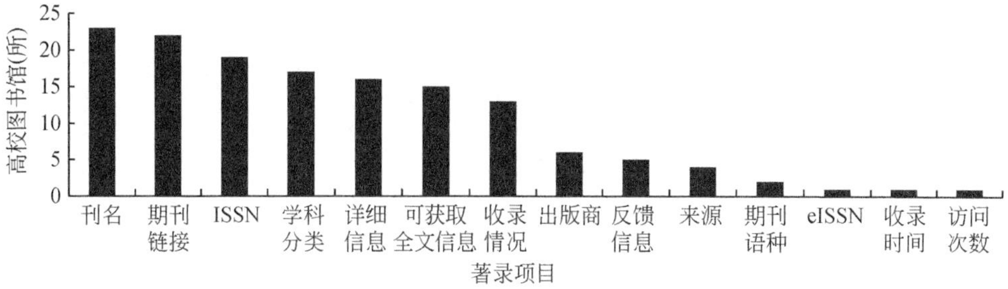

图 6-23　23 所采用第三方系统的高校图书馆 OA 期刊著录项目汇总

从图 6-23 可以看出，23 所高校图书馆 OA 期刊著录项目主要集中在刊名、期刊链接和 ISSN；其次是学科分类、详细信息、可获取全文信息和收录情况，23 所高校图书馆 OA 期刊著录项目较少关注 OA 期刊的期刊语种、eISSN、收录时间和访问次数。课题组在此次调查中还发现，23 所采用第三方系统自建式对 OA 期刊进行揭示和组织的高校图书馆中有 13 所高校图书馆对 OA 期刊是否被 SCI、EI 等收录进行了标注。

6.3.2.4　完全自建式现状分析

在所调查的 94 所高校图书馆中，有 3 所高校图书馆（大连理工大学图书馆、同济大学图书馆和西安交通大学图书馆）是采用自建 OA 期刊库的完全自建方式对 OA 期刊进行揭示和建设。这 3 所高校图书馆采用自建平台系统作为 OA 期刊集成平台，按字顺、学科和刊名对 OA 期刊进行整合、集成，其中，西安交通大学图书馆是按字顺和刊名，而没有按学科对 OA 期刊进行揭示和组织。

虽然这 3 所高校图书馆均是采用自己开发的平台系统以完全自建方式对 OA 期刊进行揭示和组织，但其在采用自建平台系统对 OA 期刊进行揭示和组织时，在 OA 期刊著录项目上仍存在差异，具体情况如表 6-5 所示。

表 6-5 3 所完全自建式高校图书馆 OA 期刊著录项目统计表

图书馆	著录项目														
	刊名	来源	ISSN	eISSN	期刊链接	出版商	期刊语种	在线期刊	可获取全文信息	收录情况	收录时间	访问次数	学科分类	反馈信息	详细信息
大连理工大学图书馆	√	√	—	√	√	√	—	—	√	√	—	√	√	—	√
同济大学图书馆	√	√	√	—	√	—	—	—	√	√	—	√	—	√	√
西安交通大学图书馆	√	√	√	√	√	√	√	√	√	—	—	√	√	—	√

从表 6-5 可以看出，3 所高校图书馆采用自建平台系统揭示 OA 期刊的著录项目主要包括刊名、来源、ISSN、eISSN、期刊链接、出版商、期刊语种、在线期刊、可获取全文信息、收录情况、访问次数、学科分类、反馈信息和详细信息方面，如图 6-24 所示。

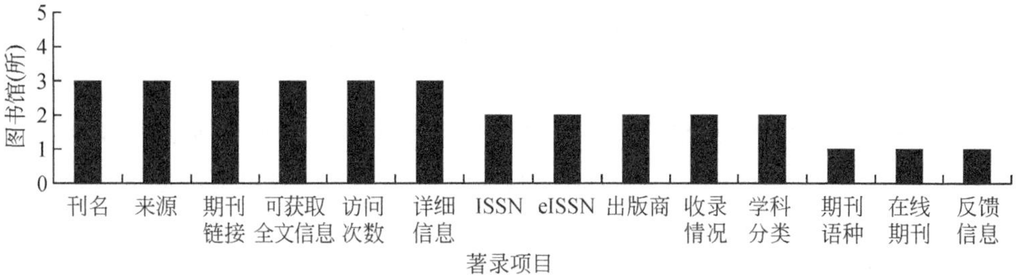

图 6-24　3 所完全自建 OA 期刊集成平台高校图书馆著录项目汇总

从图 6-24 可以看出，3 所高校图书馆 OA 期刊著录项目主要集中在刊名、来源、期刊链接、可获取全文信息、访问次数和详细信息；其次是 ISSN、eISSN、出版商、收录情况和学科分类。课题组在此次调查中还发现，3 所采用自建平台系统以自建方式对 OA 期刊进行揭示和组织的高校图书馆均对 OA 期刊是否被 SCI、EI 等收录进行了标注。

总之，随着 OA 运动的不断发展，OA 资源已经成为当代图书馆数字化资源不可或缺的有效补充，高校图书馆对 OA 期刊的开发利用也不断增强，2008 年国内收录 OA 资源的“211 工程”高校图书馆为 46 所，截至 2012 年 7 月，已增至 89 所，增加了 43 所。从调查数据可以看出，“211 工程”高校图书馆在开发利用 OA 期刊实践方面已取得了可喜的成果，但也存在着诸如各高校图书馆“各自为政”、OA 期刊组织建设不统一规范、OA 期刊开发利用水平有待进一步提升等问题，因此，规范 OA 期刊组织建设标准，加强高校图书馆之间、高校图书馆与 OA 期刊集成平台之间、高校图书馆与 OA 期刊出版商之间的合作共建，加强 OA 期刊开发利用深度和广度是未来 OA 期刊开发利用的重点和趋势。

第7章 原生数字期刊馆藏机制与优化措施

[本章摘要] 在分析我国“211 工程”高校图书馆原生数字期刊（学术性OA 期刊）现有馆藏模式和存在问题的基础上，探讨了我国高校图书馆原生数字期刊馆藏建设的开发模式和开发机制，提出了进行原生数字期刊馆藏建设的12 条建议，并对已有建设模式提出了优化措施。鉴于导航系统是目前图书情报机构组织、管理原生数字期刊的主要方式，在分析原生数字期刊导航系统现状的基础上，结合原生数字期刊特点及 Web2.0 的理念，提出了Web2.0 环境下原生数字期刊导航系统的构建方案，设计了 Web2.0 环境下原生数字期刊导航系统及功能流程图，实现了导航系统中原生数字期刊库的建构。

近年来，国内高校图书馆普遍存在期刊，尤其是外文期刊订购量逐年下降的困境，馆藏期刊资源严重不足。与此同时，原生数字期刊发展迅速，数量和学科覆盖范围也在逐步增加，已经成为科研工作者重要的参考文献来源。因此，我国一些高校图书馆开始意识到了原生数字期刊（学术性 OA 期刊）资源的利用价值，将原生数字期刊纳入馆藏范围，对其进行合理的开发利用，从而满足读者的需求。课题组以 112 所“211 工程”高校图书馆为调查对象，对这些高校图书馆开发利用原生数字期刊的情况进行了网络调研。

7.1 我国高校图书馆原生数字期刊现有馆藏模式分析

通过对“211 工程”高校图书馆的网络调研（参见第 6 章 6.3 节）发现，在我国 112 所“211 工程”高校中，有 49 所高校未将原生数字期刊（学术性 OA 期刊）纳入馆藏范围。将其纳入馆藏范围的 63 所高校中，馆藏模式主要分为两种：一种是以个体期刊为对象的开发模式，另一种是以期刊站点为对象的开发模式。

各种模式对应的高校及具体形式如表 7-1 所示。将原生数字期刊纳入馆藏范围的高校图书馆占比为56.3%，可见大部分高校图书馆已经开始意识到原生数字期刊资源的重要性，正对原生数字期刊馆藏进行开发和利用。

表 7-1 “211 工程”高校图书馆原生数字期刊馆藏模式统计表

模式	基本形式	高校图书馆	频数
以个体期刊为对象的开发模式	自有的 OA 期刊共享集成平台或者资源库	大连理工大学，西安交通大学	2
	融合在电子期刊导航系统中	清华大学，北京理工大学，厦门大学，北京大学（医学图书馆），复旦大学，武汉大学，北京外国语大学，北京工业大学	8
以期刊站点为对象的开发模式	在免费电子资源、网络资源、OA 资源中设有专项免费期刊	北京航空航天大学，电子科技大学，东南大学，中国科学技术大学，南京大学，山东大学，四川大学，浙江大学，中国农业大学，中山大学，同济大学，天津大学，上海交通大学，中国地质大学，东北师范大学，哈尔滨工业大学，南京理工大学，华东师范大学，兰州大学，西北工业大学，陕西师范大学，广西大学，中南财经政法大学，武汉理工大学	24
	期刊站点和馆藏数据库整合在一起	东北林业大学，河海大学，南开大学，天津医科大学，同济大学，上海交通大学，中央财经大学，海南大学，青海大学，西北大学，吉林大学，四川农业大学，华南理工大学	13
	仅利用 Socolar 或者 OA 图书馆	太原理工大学，内蒙古大学，东北农业大学，苏州大学，西南大学，安徽大学，合肥工业大学，郑州大学，华东理工大学，上海财经大学，西安电子科技大学，长安大学，西北农林科技大学，江南大学，湖南师范大学，重庆大学	16

7.2 我国高校图书馆原生数字期刊馆藏开发模式

西安交通大学图书馆等 63 所将原生数字期刊纳入馆藏范围的高校图书馆中，

并不是所有的图书馆都直接参与原生数字期刊馆藏开发。而对原生数字期刊进行开发的图书馆中，不同的高校图书馆所采取的形式不一样，所需要耗费的人力物力不一样，对原生数字期刊资源的整合和揭示程度也不一样。

7.2.1 以个体期刊为对象的原生数字期刊馆藏开发模式

在以个体期刊为对象对原生数字期刊馆藏进行开发的图书馆中，大连理工大学和西安交通大学两个高校的图书馆开发了自有的原生数字期刊资源库和集成平台，这是目前国内对原生数字期刊资源整合和揭示程度最深的模式。

(1) 图书馆自建原生数字期刊资源库或者集成平台

大连理工大学图书馆自主研发检索平台，对互联网上的开放学术资源进行整合，建立了开放学术资源库，几乎覆盖了所有的学科体系。这个开放学术资源库对链接的每个期刊进行了描述，主要包括期刊刊名、来源、出版社、所属学科、可获取年份、被引用情况、是否全文获取等信息，具体界面如图 7-1 所示。

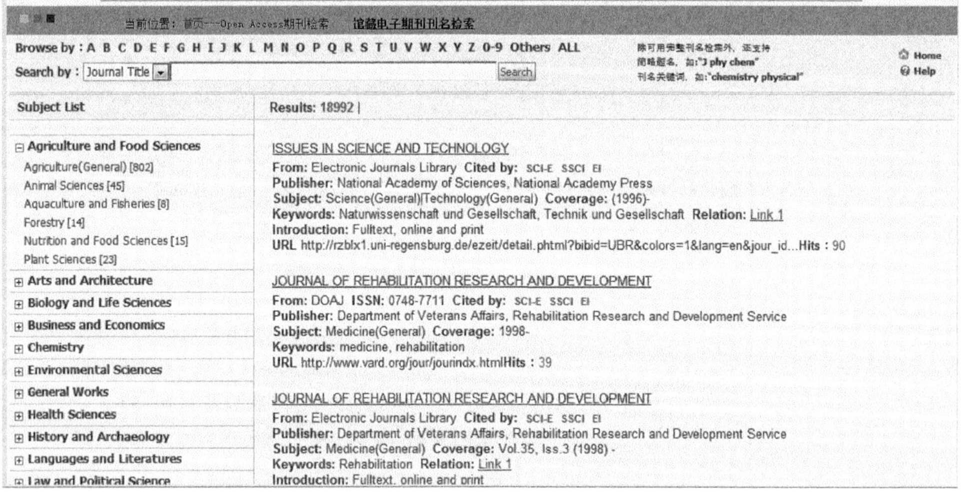

图 7-1 大连理工大学图书馆 OA 资源库检索界面

西安交通大学的 OA 期刊共享集成平台，和大连理工大学一样，也对每个期刊的刊名、来源、出版社等基本信息进行描述。不同的是，用户只能按刊名字顺对期刊进行浏览检索，不能通过学科分类对其进行浏览检索；但是在这个平台中，用户不仅可以查询期刊，还可以直接对文章进行查询，这是对原生数字期刊和 OA 期刊资源所包括的信息进行的更深层次的整合和揭示，如图 7-2 所示。

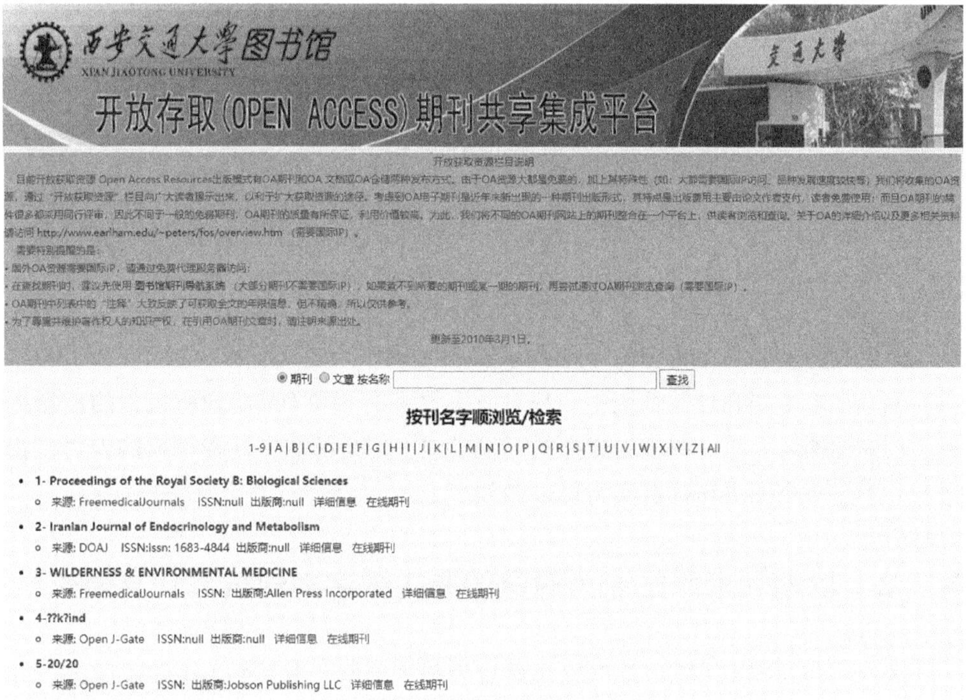

图 7-2　西安交通大学 OA 期刊共享集成平台

（2）将原生数字期刊融合在电子期刊导航系统中

以个体期刊为对象对原生数字期刊馆藏进行开发的另外一种形式是将原生数字期刊馆藏融合在电子期刊导航系统中。在电子期刊导航系统中，原生数字期刊（一般称为 OA 期刊或者免费期刊）与中文刊和外文刊并列在一起，供读者使用。用户可以直接对纳入馆藏的原生数字期刊进行检索，也可按字顺对这些期刊进行浏览，同时，系统也对原生数字期刊的刊名、ISSN 号、是否经过同行评审等基本信息进行了描述，在查询或者浏览期刊时，读者可以对原生数字期刊和 OA 期刊有最基本的了解。将原生数字期刊与图书馆已有的电子期刊整合在一起，在电子期刊导航系统中供读者查询利用，使得读者利用原生数字期刊更为方便。以厦门大学图书馆为例，共收集了 5537 个期刊，这些期刊都可以在电子期刊导航系统中浏览查询，具体界面如图 7-3 所示。

图 7-3　厦门大学免费期刊界面

无论是开发图书馆自有的原生数字期刊集成平台还是将原生数字期刊和 OA 期刊融合在电子期刊导航系统中，都对原生数字期刊和 OA 期刊所包含的信息进行了较好的揭示，是一种较为成熟的开发模式，但是都需要耗费极大的人力、物力，并不是每个图书馆都有实力可以做到。

7.2.2　以期刊来源站点为对象的原生数字期刊馆藏开发模式

国内一些高校图书馆以期刊来源站点为基本单位，将其纳入馆藏范围进行开发利用。

1）OA 资源或者免费电子资源、免费网络资源开发。一些高校图书馆把这些网站（其中一些图书馆会混有单个期刊的站点地址）收集起来，并集合其他一些可以在网上免费获取的学术资源的网址，将这些网站的网址链接到一个页面上，形成图书馆电子资源栏目中一种独特的资源，一般称为 OA 资源或者免费电子资源、免费网络资源。在这个页面中，会展示对这些网站的基本信息介绍，以方便读者快速了解其是否是他们所需要的资源，此外，读者还可以对这些资源条目进行检索。

以浙江大学图书馆为例，其免费期刊界面如图 7-4 所示。

这种形式仅仅为读者提供了原生数字期刊资源站点的链接，并没有对原生数字期刊资源包含的信息进行任何的揭示，仅仅只需要建设一个独立的网页即可，所需耗费的人力、物力极少。但是它把原生数字期刊资源的来源站点链接到一起并作为单独的栏目链接在图书馆的主页中，有利于提高读者对原生数字期刊资源

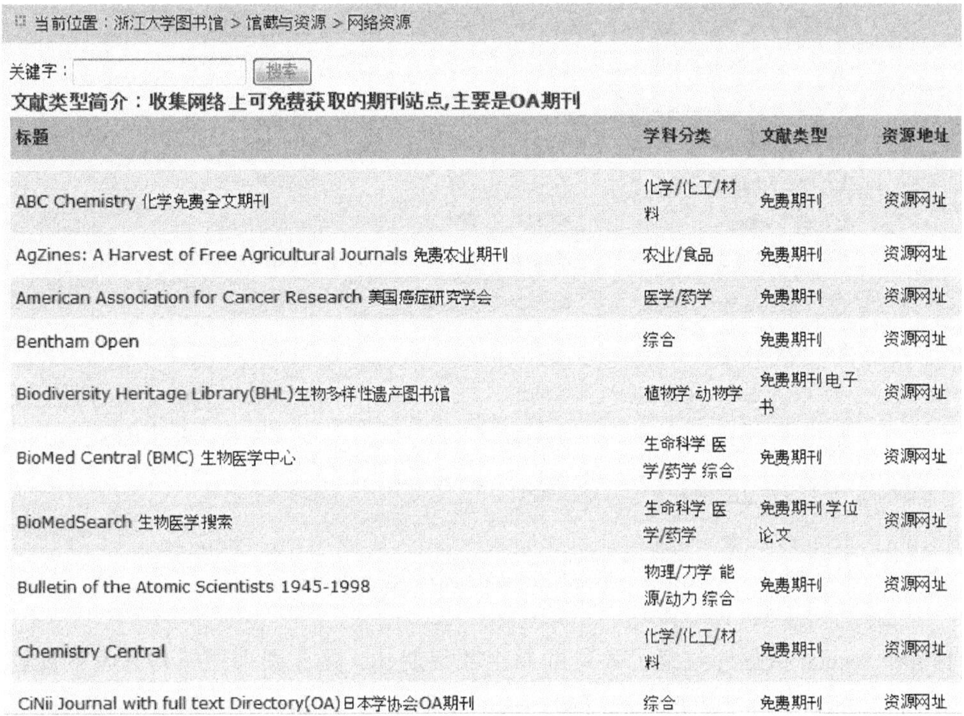

当前位置：浙江大学图书馆 > 馆藏与资源 > 网络资源

关键字：[ ] 搜索

文献类型简介：收集网络上可免费获取的期刊站点，主要是OA期刊

标题	学科分类	文献类型	资源地址
ABC Chemistry 化学免费全文期刊	化学/化工/材料	免费期刊	资源网址
AgZines: A Harvest of Free Agricultural Journals 免费农业期刊	农业/食品	免费期刊	资源网址
American Association for Cancer Research 美国癌症研究学会	医学/药学	免费期刊	资源网址
Bentham Open	综合	免费期刊	资源网址
Biodiversity Heritage Library(BHL)生物多样性遗产图书馆	植物学 动物学	免费期刊 电子书	资源网址
BioMed Central (BMC) 生物医学中心	生命科学 医学/药学 综合	免费期刊	资源网址
BioMedSearch 生物医学搜索	生命科学 医学/药学	免费期刊 学位论文	资源网址
Bulletin of the Atomic Scientists 1945-1998	物理/力学 能源/动力 综合	免费期刊	资源网址
Chemistry Central	化学/化工/材料	免费期刊	资源网址
CiNii Journal with full text Directory(OA)日本学协会OA期刊	综合	免费期刊	资源网址

图 7-4　浙江大学免费期刊界面

的关注程度，在一定程度上方便了读者获取原生数字期刊。

另外一些图书馆虽然链接了原生数字期刊来源网址，但是并没有将这些站点进行系统单独的整合，而是将这些站点和图书馆购买的电子期刊数据库等其他电子资源罗列在一起。这种模式中，图书馆实质上并没有对原生数字期刊馆藏进行建设，而只是简单地将原生数字期刊来源站点进行链接，说明这些图书馆虽然已经开始注意到了原生数字期刊这种资源，但是并没有认识到资源所具有的利用价值。以华南理工大学图书馆为例，这种形式的具体操作界面如图 7-5 所示。

2）OA 图书馆和 Socolar 数据库的运用。在上一种模式中，课题组发现有不少高校图书馆仅仅链接了一个原生数字期刊来源网站，即 OA 图书馆或 Socolar 数据库，因此课题组将这些高校图书馆单独列出来，分析高校图书馆单独利用这两个网站开发利用原生数字期刊的原因，以此为图书馆开发利用原生数字期刊资源提供参考。

OA 图书馆和 Socolar 数据库能够受到大部分图书馆的青睐主要是由于 OA 图

查找到电子期刊相关资源51条 每页显示20条			首页 前页 后页 尾页 页次： 页		
访问量	电子资源名称	获得方式	语种	时间	文献类型
	ABI/INFORM商业管理数据库	本馆购买	英文	1905-	电子期刊 / 全文
	ACM Digital Library	本馆购买	英文		目录/文摘 / 全文
	ACS电子期刊	本馆购买	英文		电子期刊 / 全文
	AIP电子期刊	本馆购买	英文	1930-	电子期刊 / 全文
	APS电子期刊	本馆购买	英文	1893-	电子期刊 / 全文
	ASCE电子期刊和会议录	本馆购买	英文	期刊1993- 会议录2003-	电子期刊 / 全文
	ASME电子期刊	本馆购买	英文	2000-	电子期刊 / 全文
	CADAL中美百万册数字图书馆	免费使用	中文 英文		电子期刊 / 全文 视频
	CALIS专题特色库导航	免费使用	中文 英文		目录/文摘 / 全文 文摘 目录 视频 软件
	DOAJ开放存取目录	免费使用	英文 其他		电子期刊 / 全文

图 7-5　华南理工大学图书馆电子期刊界面

书馆和 Socolar 数据库收集了大量的原生数字期刊，是非图书馆机构开发的能够免费链接的原生数字期刊资源网站。这两个网站是专门针对中国用户而设计的，致力于让中国用户免费获取期刊文献，因此操作界面更符合我国读者的需求，在查询外文原生数字期刊资源时对用户的外文要求更低。这两个网站对一些实力较低的小图书馆来说是十分实用的，通过链接这两个网站，读者可以较为方便地查询和利用原生数字期刊与 OA 期刊资源，而图书馆也基本不需要耗费人力、物力。

7.2.3　原生数字期刊馆藏建设发展趋势

目前我国高校图书馆对原生数字期刊馆藏的重视程度不一，对其开发的程度也不一样。在上面总结的这些模式中，各个模式对原生数字期刊资源的整合和揭示程度不一，为读者提供的服务也各不相同。严格来说，只有遵循以个体期刊为对象的原生数字期刊馆藏开发模式的图书馆才真正对原生数字期刊馆藏进行了开发，而以期刊来源站点为对象的原生数字期刊馆藏开发模式虽然也将原生数字期刊纳入了馆藏范围，但是图书馆自身并没有对其进行开发，而只是简单地将目前原生数字期刊分布比较集中的主要站点在图书馆网页上进行链接，用户通过此链接到达主要站点，在这个过程中，图书馆并没有形成任何实质性的自主成果。但是原生数字期刊的利用价值逐渐被越来越多的读者认识到，以期刊来源站点为对象的原生数字期刊馆藏开发模式已经远远不能满足读者的需求，图书馆对原生数字期刊更深层次的开发已成为一种趋势，以个体期刊为对象的原生数字期刊馆藏开发模式也将成为图书馆主要的开发模式。基于此，课题组分析了在此模式下原生数字期刊馆藏开发的整个过程。

7.3 我国高校图书馆原生数字期刊馆藏开发机制

对原生数字期刊资源进行开发利用，最重要的内容是对其进行有效重组，使之有序化，其一般程序大致是确定主题——收集原生数字期刊网址——筛选——组织整序——利用——维护管理，如图 7-6 所示。

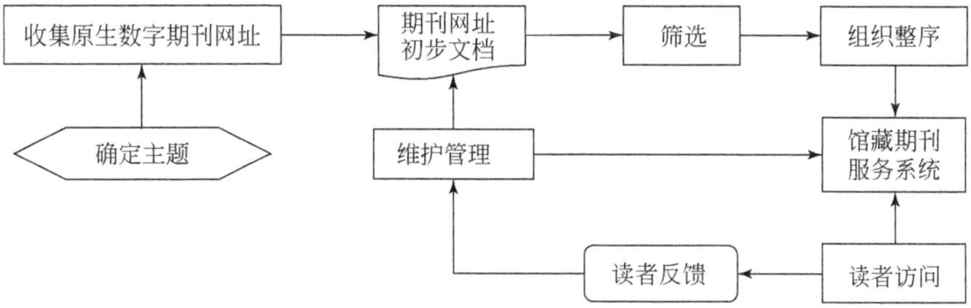

图 7-6 原生数字期刊馆藏开发机制

确定主题是指图书馆要综合考虑学校的学科分布、各学科专业的发展方向及读者的需要来确定图书馆原生数字期刊的主题。由于因特网上原生数字期刊资源众多，只有确定了所要收集的原生数字期刊的主题，图书馆才能有针对性地开展工作，学科性质强的高校图书馆只需收集本学科的原生数字期刊，如医学院校的图书馆收集医学类期刊，而综合院校的图书馆则要依据本校的学科分布来确定所需收集的原生数字期刊的学科分布，这样不但节省了图书馆的人力、物力，还使得收集的期刊更符合读者的需求。

在此基础上，再通过各种途径和手段获得因特网上原生数字期刊资源的网址，这也是开发利用原生数字期刊最基础性的工作。要想快速有效地收集原生数字期刊资源网址，就必须了解原生数字期刊资源的分布特点。在总结原生数字期刊的主要来源时，我们已经知道虽然原生数字期刊数量众多，但是其分布具有很强的集中性，并且一些网站在收集原生数字期刊时，对期刊有一定的质量控制机制。例如，DOAJ 收集的期刊就是全部经过同行评审的，因此，通过这些网站获取原生数字期刊在一定程度上可以保证资源的质量问题。图书馆相关工作人员不但可以通过这些原生数字期刊出版社和原生数字期刊数据库网站来获取，同时还可以通过访问科技情报机构网站及其他高校图书馆提供的原生数字期刊服务系统的网站来获取原生数字期刊资源。

筛选是指对收集到的原生数字期刊网址进行鉴别分析。在获得期刊资源网址后，要评测期刊网站的稳定性，鉴别其是否为学术期刊及其学术水平和可信度，再结合本馆的实际情况，综合分析决定是否收藏利用该原生数字期刊。

组织整序包括下载、整序加工与存储。下载是指对原生数字期刊全文进行下载，并保存在本地计算机中。原生数字期刊的整序分为简单整序和复杂整序，简单整序是指将收集到的原生数字期刊按知识门类、字顺或者其他一些标准分类排序，复杂整序是指将下载的期刊文章进行分类著录。可见复杂整序需要极高的成本，目前我国大部分高校图书馆采用的都是简单排序，但是不同的图书馆简单整序的程度不同。其中图书馆自主开发建设 OA 资源库和集成平台及电子期刊导航系统的模式都对期刊进行了简单整序，分类标准主要有字顺和中图法，而免费电子期刊资源中这些以期刊来源站点为对象的原生数字期刊馆藏开发模式基本不涉及整序的问题。复杂整序需要耗费大量的人力、物力，对我国图书馆来说是不切实际的，因此目前我国图书馆最为实际的原生数字期刊馆藏开发模式是开发自由资源库和集成平台。

对应于简单整序和复杂整序，图书馆对原生数字期刊资源的利用可以分为直接利用和深层次加工利用。深层次加工利用是指以高科技信息技术为手段，以开发出能够自动搜索、下载、分类整序和自动更新的原生数字期刊资源系统，我国目前还没有图书馆进行这种尝试。大部分图书馆都是直接对原生数字期刊进行利用，即只对原生数字期刊资源进行简单揭示，整理其刊名、出版机构及收录情况等，但是并没有对原生数字期刊所包含的重要学术价值进行开发利用，我国要实现原生数字期刊资源的深层次加工利用还任重道远。

在实现了原生数字期刊资源的利用之后，要注意读者的反馈，不断完善原生数字期刊馆藏资源系统。根据读者利用原生数字期刊情况的调查，判断原生数字期刊馆藏是否符合读者的需求，不断地对原生数字期刊馆藏进行修改和添加。同时由于原生数字期刊网址的变化及不稳定性，需要注意修改原生数字期刊网址。

总之，虽然目前我国各高校对原生数字期刊资源的关注程度不一样，原生数字期刊馆藏模式不一，馆藏质量水平参差不齐，但是具有明显的发展趋势，未来以个体期刊为对象的原生数字期刊馆藏开发模式将成为主要的开发模式。基于此，本书有关原生数字期刊馆藏建设质量评价的研究都是以这种开发模式为基础的，着重研究的是在这种开发模式下的原生数字期刊的馆藏质量控制。在这种开发模式下，图书馆开发原生数字期刊馆藏的基本程序是：确定主题——收集原生数字期刊网址——筛选——组织整序——利用——维护管理。因而对原生数字期刊馆藏进行质量控制，也就是对整个过程的各个环节进行质量控制。

7.4 原生数字期刊馆藏建设存在的问题与优化措施

7.4.1 目前原生数字期刊馆藏建设存在的问题

在对我国 112 所“211 工程”高校图书馆原生数字期刊（学术性 OA 期刊）馆藏建设现状进行调查、分析（参见第 6 章）的基础上，笔者发现目前图书馆在进行原生数字期刊馆藏建设时存在以下问题。

1）用户缺乏对 OA 期刊的认识。通过第 6 章中国科学院国家图书馆对科技期刊开放存取的调查发现，用户对 OA 期刊缺乏一定的认识。

2）基础设施建设不足。需要适合海量储存和开放访问的基础设施。

3）OA 期刊的质量目前尚未得到保证。关于如何制定 OA 期刊的质量控制策略尚未达成共识。

4）运行费用问题。虽然 OA 期刊是开放的、免费的，但是对 OA 平台、机构库等设施的运营仍然需要一定的资金支持。

5）知识产权保护问题。如何有效地保护作者的知识产权问题尚未得到解决。

6）图书馆对 OA 期刊的宣传推广问题。目前已经着手进行一系列 OA 期刊的宣传推广活动，但仍需加强宣传力度。

国内大部分图书馆关于 OA 期刊的建设方面，都没有专门的开发部门，通常由技术部门兼职建设，关于 OA 资源的挖掘工作还没有展开，大部分停留在链接 OA 资源的网站上面，只有部分图书馆建立了专门的平台及导航体系。另外，资源重复现象比较明显，造成了一定的浪费和重复劳动。

7.4.2 原生数字期刊馆藏建设优化措施与实施建议

7.4.2.1 原生数字期刊馆藏建设优化措施

通过前面内容的总结，结合OA期刊的自身特点和OA期刊馆藏建设存在的问题，本书对原生数字期刊（学术性OA期刊）馆藏建设模式的优化策略进行了如下的探讨。

中国科学院国家科学图书馆对OA期刊的研究一直走在我国前列，对OA期刊的运行进行了一系列的探索，并提供一系列支撑和支持服务，成立了专门的OA支持团队来管理OA资源建设工作（图7-7），并提出了OA支持政策，如图7-8所示。

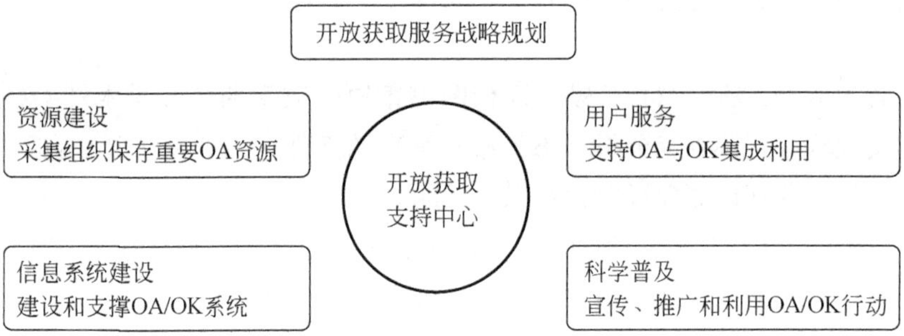

图7-7 开放存取服务战略规划

OK为开放知识（open knowledge）

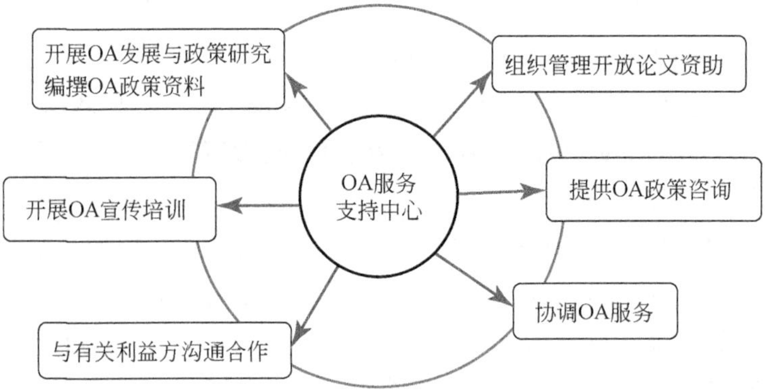

图7-8 中国科学院国家科学图书馆的OA支持政策

图书馆可以根据自己的特色来进行 OA 期刊的馆藏建设。加大 OA 期刊的搜集和宣传推广，借鉴国外的经验进行合作开发，并实现资源共享，避免重复劳动。同时合理整合 OA 期刊与传统期刊，建立特色学术机构库等。

从可扩展性、协同共享、支持备份和迁移、降低成本等方面可以采用云储存等方式进行分布式保存和开发 OA 期刊资源。

为此，课题组对目前已有的模式进行了整合和优化。学术性 OA 期刊馆藏建设优化模式如图 7-9 所示。

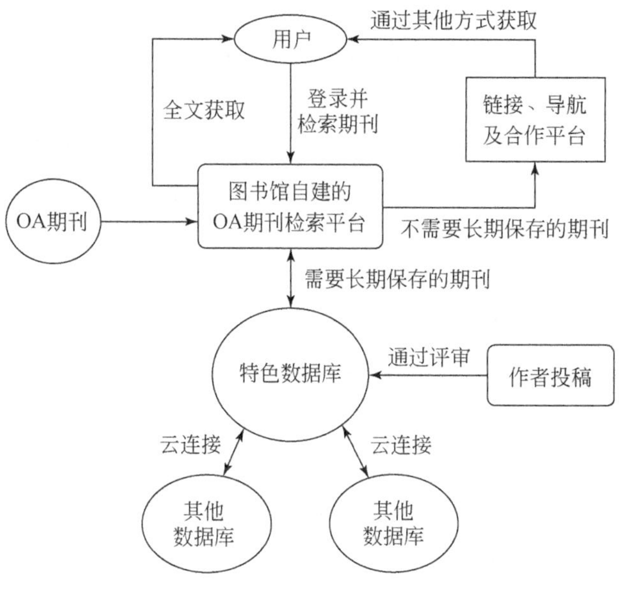

图 7-9 学术性 OA 期刊馆藏建设优化模式

2005 年 7 月 8 日在武汉大学举办的中国大学图书馆馆长论坛发表的《图书馆合作与信息资源共享武汉宣言》中提出："人在任何时候、任何地点，均可以获得任何图书馆的任何信息资源"，"要通过公共图书馆、大学图书馆和其他类型图书馆及相关机构的合作，实现信息资源协调采购、联机合作编目、联机书目查询、馆际互借、文献传递、网上联合咨询等功能"，"我们致力于建设具有国际先进水平的开放式中国高等教育数字图书馆。""信息资源共建共享纳入国家信息资源开发利用的整体战略中去""促进教育、文化与科技、社科系统的数字化资源项目的合作及资源共享"，"建设'中国高等教育文献保障系统（CALIS）'等各级各类信息资源共享系统"，"图书馆之间的合作、图书馆与其他相关机构之间的合作"，"建立不同类型的图书馆联盟"，"建立一批特色学术机构库"，"标准的制定和采用”，“尊重和保护知识产权”。

图 7-9 所提出的模式的思想是以此宣言为核心，并根据目前已有的馆藏模式进行总结提出优化模式。该模式的特点是集合了前面 3 种模式，来弥补单一模式的不足，其主要含义如下：

1）图书馆自己或者跟其他机构合作建立一个适合自己的期刊检索平台，这个检索平台可以自动或者手动检索 OA 期刊，并对其分析，同时结合自身图书馆的馆藏结构来进行对应的馆藏建设。对需要长期保存的，并支持批量下载的 OA 期刊资源，直接保存到自己的机构库中。若不支持批量下载，或不需要长期保存的 OA 期刊资源，则以导航或者链接的模式引导用户到其他网站阅读和下载，以此来弥补目前单一的导航链接或者单一的仓储模式。

2）根据图书馆所馆藏的期刊，如果本馆已经采购的期刊资源与收集到 OA 重复，则可以取消对该期刊的订阅，而直接对 OA 模式的期刊进行馆藏，这样可以节约一定的订阅经费。

3）建立一个自己的特色机构库，用于保存学术期刊资源。机构库可以基于 DSpace 或者其他技术手段实现，该机构库的内容由两部分组成，一部分为自建平台保存下来的 OA 期刊，另一部分为学者提交的研究论文，该论文可以通过 OJS 系统进行提交，经过同行评审且通过审核，才可以在机构库中保存，并支持开放存取。所有的期刊都要符合相应的版权规范来保护其知识产权。

4）通过与其他机构合作，将本馆的机构库与其他机构库通过云技术连接起来，形成一个大型的分布式云储存机构库，所有参与成员都可以开放存取机构库中的期刊资源，实现合作共享。

同时完善 OA 的服务支持，在借鉴中国科学院国家图书馆的 OA 支持政策的基础上，提出如下服务支持策略，如图 7-10 所示。

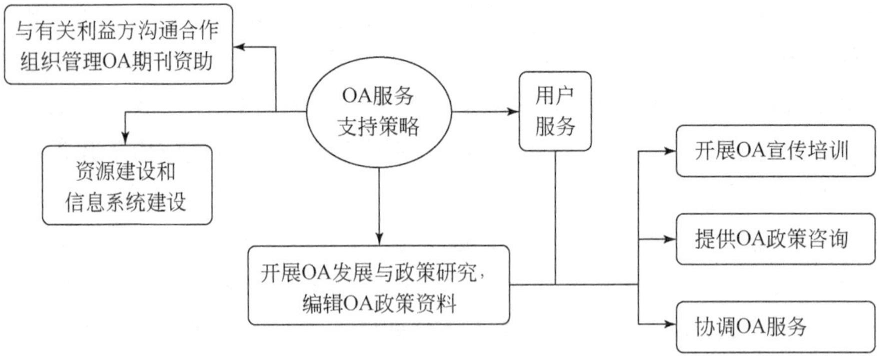

图 7-10　OA 服务支持策略

1）与有关利益方沟通合作组织管理 OA 期刊资助。成立专项经费或基金，直接参与出版，或与出版机构合作，通过谈判等方式，取得一定的折扣，降低期刊发布及获取的成本。

2）资源建设和信息系统建设。建设一系列的机构知识库等期刊存储库，并做好机构知识库的建设与服务的整合工作。

3）开展 OA 发展与政策研究，编辑 OA 政策资料。成立工作组，对国内外的研究进展、成果等进行整理，并存储在机构知识库上。

4）用户服务。成立专门的工作团队，开展 OA 宣传培训，提供 OA 政策咨询等服务，发布相关新闻、进展、研究报告等。

7.4.2.2 原生数字期刊馆藏建设实施建议

本书在进行原生数字期刊馆藏建设模式研究的过程中，分析了大量数字馆藏项目，在对这些项目的解读中，提炼出适合原生数字期刊馆藏建设的实施建议，阐释如下：

1）全面制定数字馆藏战略，把原生数字期刊馆藏建设有机地纳入其中。原生数字馆藏建设不应该是独立的任务，应该将其有机地纳入整个图书馆的数字馆藏乃至整体馆藏系统中。

2）重视信息安全和信息保护工作。数据的可靠性是数字馆藏的重要影响因素，应充分重视数据的获取、加工、传输各环节的信息安全问题。

3）重视馆员培训，尤其是资源收集、组织能力及服务能力的培训。馆员是数字馆藏建设中的重要条件，对其相关技能的培训和考核直接关系到馆藏质量及信息传递质量。

4）建立信息资源使用的反馈机制，并及时更新资源。数字馆藏建设的宗旨是服务用户，应该密切关注其满意度情况，并根据其需求进行相关数据的更新。

5）建立分布式国家馆藏计划。国家图书馆应该在原生数字资源建设中发挥主导作用，避免原生数字资源的重复建设，实现资源效用最大化。

6）重视解决与传统文献、非原生数字期刊馆藏建设的协作问题。原生数字期刊馆藏建设是一项系统性工程，如何与实体馆藏及相关的数字馆藏进行有效的整合是关系到整个馆藏质量的重要任务。

7）用商业产品的开发来代替馆藏建设，更加重视客户需求的调查。图书馆的数字馆藏建设往往缺乏商业机构进行数据库建设所秉承的市场导向，容易轻视对客户需求的考虑。

8）重视馆藏建设中的合作，包括链接合作、数据资源合作、服务合作、资金和管理合作等。无论哪种模式，都强调协作的重要性，即使是独立项目的自建模式也可以通过资源共享的方式参与馆际合作。

9）重视资源馆藏建设中的知识产权问题。随着知识产权的相关立法日趋完善，数字资源馆藏要重视相关的法律问题，以免引起不必要的法律纠纷。

10）重视用户界面的设计。好的用户界面本身就在可用性和推广性方面占据优势，除了考量检索用户的普遍需求，还应该更多地关注其个性化需求。

11）制定图书馆数字馆藏建设的理念宣传。数字馆藏建设不仅是一项技术任务，还需要以一定的文化理念加以辅助。在馆藏建设过程中也应该关注相关的理念宣传。

12）控制预算。数字馆藏建设的预算是比较有限的，如何充分利用有限的资金做好数字馆藏建设是一项非常重要的任务，需要进行严格控制。

综上所述，本节探讨了原生数字期刊馆藏建设在用户认识、基础设施建设、期刊质量、运行费用、知识产权及宣传推广方面存在的问题，并在此基础上，提出了进行原生数字期刊馆藏建设的实施建议，结合原生数字期刊自身的特点和原生数字期刊馆藏建设存在的问题，对已有建设模式提出了优化措施，并提出了服务支持策略。

7.5 Web2.0 环境下原生数字期刊导航系统构建

原生数字期刊作为一种新型的电子期刊类型，其种类和数量越来越多，学科涉及面不断扩展，是网络资源的重要组成部分，备受用户青睐。Web2.0 环境下，面对日益增加的原生数字期刊，如何开发利用好原生数字期刊这一重要网络信息资源已成为图书情报机构面临的新问题。鉴于导航系统是目前图书情报机构组织、管理原生数字期刊的主要方式，本节着重探讨 Web2.0 环境下原生数字期刊导航系统的建构与实现。

7.5.1 Web2.0 核心理念

7.5.1.1 Web2.0 含义

随着社会信息化水平的提高，人们对个性化的信息需求也愈加明显，在现有技术和理念的整合下促使 Web2.0 的产生。Web2.0 是一种以 IM、RSS、Ajax 等技术为基础服务方式，融合了 IM、RSS、Blog、Podcast、SNS、TAG、Twitter 等多种互动应用服务，以满足不同用户个性化信息需求的服务平台。

国内研究机构的观点认为：Web2.0 不单纯是技术或解决方案，而是一套可执行的理念体系，践行网络社会化和个性化的理念，使个人成为真正意义的主体，实现互联网生产方式的变革从而解放生产力。

Web2.0 的思想是将原来的自上而下的由少数资源控制者集中控制的互联网体系转变为自下而上的由广大用户集体智慧主导的互联网体系，Web2.0 代表了用户从“被动接受”到“主动参与”的角色转变。

7.5.1.2 Web2.0 的核心理念

（1）以用户为中心

Web2.0 时代，人人参与信息建设，一改过去由互联网内容提供商（ICP）搜集、整理、发布信息，信息用户只能浏览接受信息的模式。之前互联网传播信息以 ICP 为中心，用户仅能接收信息；现在以用户为中心，用户不仅能够浏览和接收信息，而且可以创建和发布信息。以用户为中心这一角色的转变极大地激发了广大用户创造信息的活力，同时由于广大用户多为草根阶层，他们深入社会、深入实践，所创造的信息也更加贴近生活、贴近实际；以用户为中心的角色转变保证了互联网源源不断的创作活力，在无形中促使互联网传播信息更加贴近生活、贴近实际，提高了传播效率，凸显了互联网对实体经济的作用。例如，土豆网和优酷网等播客类型的网站基本是由广大草根用户上传的视频组成的，土豆网和优酷网只充当信息的服务者和审核者，用户的广泛参与，一方面保证了土豆网和优酷网的持续不断的高流量，另一方面分享了用户的乐趣，提高了用户的知名度。

（2）交互性

Web1.0 时代，用户仅能浏览和接收信息，对不理解的信息无法与 ICP 沟通，更无法与其他用户沟通，不利于用户对信息的理解，降低了信息传播的效果。Web2.0 时代打破了这种信息传播的壁垒，用户可以通过在线 IM、评论等形式与 ICP 进行充分的沟通，同时用户和用户之间可以根据相同的爱好形成分组，组员之间可以针对感兴趣的问题进行广泛的沟通交流。例如，目前流行的校内网、QQ 校友等 SNS 类型网站，广大好友、组员通过对信息的充分讨论，既加深了对信息的理解又增进了组员之间的情感。

(3) 个性化

Web2.0 时代用户由信息的接收者变为信息的创造者，由于用户的专业、职业、性格不同，其必然对信息有着不同的需求，Web1.0 时代用户仅可以接收和浏览信息而无法获得个性化信息服务，Web2.0 时代则为实现用户个性化信息需求创造了良好的环境。例如，个性化标签、RSS 订阅等，用户可以根据自己的需求创建适合自己的分类标签，同时可以订阅自己感兴趣的 RSS 内容，而这些个性化服务基本上存储在云端或者服务器端，用户更换电脑、地点仍可以使用自己个性化的信息服务内容。目前淘宝网根据用户的购物习惯向用户推荐相关商品也是个性化信息服务的一种尝试。

7.5.2 现有原生数字期刊导航系统存在的问题

从国内外原生数字期刊馆藏建设实践与现状分析（第 6 章）可以发现，我国高校图书馆对原生数字期刊的组织、管理大多采用导航系统方式，而且现有的原生数字期刊导航系统主要是 OA 期刊导航系统。这些现有的原生数字期刊导航系统是用户获知、获得原生数字期刊的重要平台，对提高 OA 期刊的认知率、接受率和利用率起到了决定性的作用。但是，现有的原生数字期刊导航系统还存在不尽人意、需要完善的问题，这些问题主要表现在以下三个方面。

7.5.2.1 缺乏以“是否原生”为标准的综合性原生数字期刊导航系统

原生数字期刊强调仅以在线形式出版发行，环保高效，OA 期刊强调期刊的免费获取。为了降低期刊的发行成本，部分 OA 期刊选择仅以网络形式出版，不再发行相应纸质版，这部分期刊被称为原生 OA 期刊，它同时具备原生数字期刊和 OA 期刊的优点，可促进科研信息的及时有效传播。目前原生数字期刊导航系统大多是原生 OA 期刊导航系统，缺乏以“是否原生”为标准的综合性原生数字期刊导航系统。

BMC 主要出版医学、生物医学方面的 OA 期刊，期刊多以纯网络形式出版，Dovepress 主要出版医学方面的 OA 期刊，基本也以纯网络形式出版。以上两个原生数字期刊应用平台，仅出版和保存医学、生物医学方面的原生 OA 期刊，学科不完整，缺乏代表性；此外，这两个原生数字期刊应用平台仅出版和保存 OA 期刊，并不收集原生数字期刊中的付费期刊，资源不完整，难以从整体上搜集、宣传、利用原生数字期刊。

7.5.2.2 现有数字期刊导航系统缺少有效互动功能

现存的原生数字期刊导航系统多根据 Web1.0 标准建立，大多只提供期刊的浏览和下载功能，缺乏独立的统计功能及用户反馈和应答功能等，既无法提供个性化的信息服务，也无法提供图书馆工作人员与用户之间、用户与用户之间的互动。

原生数字期刊仅以在线形式出版发行，比较适合在线交流，其宣传、推广基本以期刊导航系统为主，目前的数字期刊导航系统，缺乏用户的广泛参与，缺乏用户之间深入沟通的互动功能，从整体上来讲不利于推广、宣传原生数字期刊，不能有效提高原生数字期刊的利用率。事实上，发达国家，如美国高校图书馆学科导航系统建设充分意识到了 Web2.0 的重要性，把 Web2.0 理念融入了学科信息导航服务体系中，并使用与用户互动的 Web2.0 学科导航软件构建学科导航系统，以拉近与用户的距离，提高导航系统的使用效率，而国内高校图书馆在把 Web2.0 理念应用于学科信息导航系统建设方面做得还不够。

7.5.2.3 期刊数据跟踪更新维护需进一步完善

现有导航系统基本上是按照主题和字母顺序组织原生数字期刊，有些导航系统还具备刊名或论文篇名等检索功能，以方便用户浏览和利用原生数字期刊，但现有导航系统在管理方面还有不完善之处，主要原因是原生数字期刊具有相对的不稳定性，变化频率高，数据更新快，图书情报机构工作人员无法随时进行跟踪、更新、维护。因此，如何及时跟踪原生数字期刊变化的信息，创建系统的有效链接，及时处理无效链接，提供及时更新的数据，都是现有导航系统需要突破的重要瓶颈。

7.5.3 Web2.0 环境下原生数字期刊导航系统设计思路

原生数字期刊作为人类重要的知识文化资源，对其进行收集、保护、利用显得刻不容缓，其中建立原生数字期刊导航平台，对原生数字期刊进行广泛收集、综合利用，充分发挥其科研价值显得尤为重要。课题组在对现有原生 OA 期刊导航系统进行调研的基础上，结合 Web2.0 的先进理念及相关专家的访谈建议，提出了 Web2.0 环境下原生数字期刊导航系统的构建方案。

7.5.3.1 原生数字期刊导航系统组成模块

Web2.0 环境下原生数字期刊导航系统由六大模块组成，即期刊收集模块、期刊导航模块、我的订阅模块、我的收藏模块、我的分享模块和排行榜模块，如图 7-11 所示。

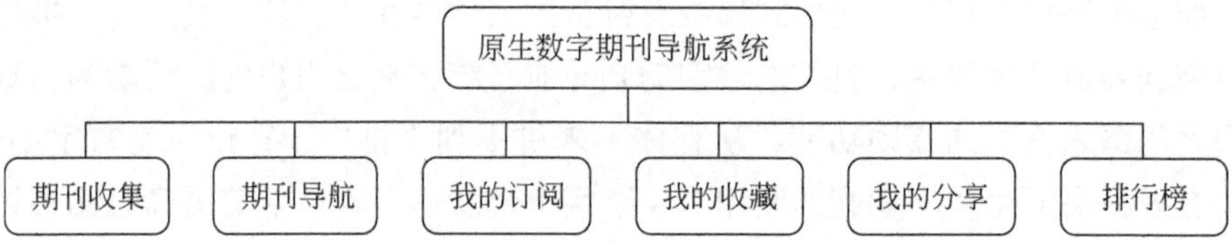

图 7-11 原生数字期刊导航系统组成模块

(1) 期刊收集

原生数字期刊是构建导航系统的基础。由于原生数字期刊仅以在线形式发行，适合采取爬虫自动搜集与人工收集相结合的方式获取原生数字期刊数据。

(2) 期刊导航

对搜集到的原生数字期刊数据，可按主题、学科、字顺、出版商等进行分类组织，同时提供检索界面供用户查询、浏览、订阅。

(3) 我的订阅

导航系统支持关键词订阅。用户通过查询、浏览“期刊导航”或浏览“我的分享”“排行榜”，发现自己感兴趣的原生数字期刊并进行 RSS 订阅，以及时了解某一个领域的最新学术信息。

(4) 我的收藏

用户通过查询“期刊导航”或浏览其他用户“我的分享”和“排行榜”，选择性地对自己感兴趣的原生数字期刊或者论文全文进行收藏，形成自己的个性化标签、个性化收藏，同时用户可以对原生数字期刊、论文进行评论、交流和分享。

(5) 我的分享

用户既可以将在原生数字期刊导航系统中发现的自己感兴趣的原生数字期刊或论文全文进行分享，也可以通过其他途径将发现的原生数字期刊向导航系统推荐，以扩大导航系统的原生数字期刊库，形成集群效应。

(6) 排行榜

为了提高排行的客观性，可采取两种标准进行排行，一种是根据学科专家的推荐对原生数字期刊或论文进行排行，另一种是根据用户的分享程度和引用率进行排行。现实中，具有高的论文引用率不代表具有高的论文学术品质，采用两种标准排行，有助于扩大用户选择的自主性。

由以上六大模块构建的原生数字期刊导航系统，不仅可以彰显 Web2.0 的先进理念，而且可以为用户提供个性化、互动性强的学科信息导航服务体系，促进原生数字期刊的开发、利用。

7.5.3.2 原生数字期刊导航系统模型图

原生数字期刊导航系统按数据表现形式可分为三层：①表现层，将采取服务器/浏览器模式，分为系统控制界面和用户使用界面；②业务层，分为搜集系统、导航系统、RSS 订阅系统、收藏系统、分享系统、期刊排行六大系统；③数据层，根据爬虫自动搜索和人工判断，建立原生数字期刊 URL 库和原生数字期刊 RSS 库（图 7-12）。

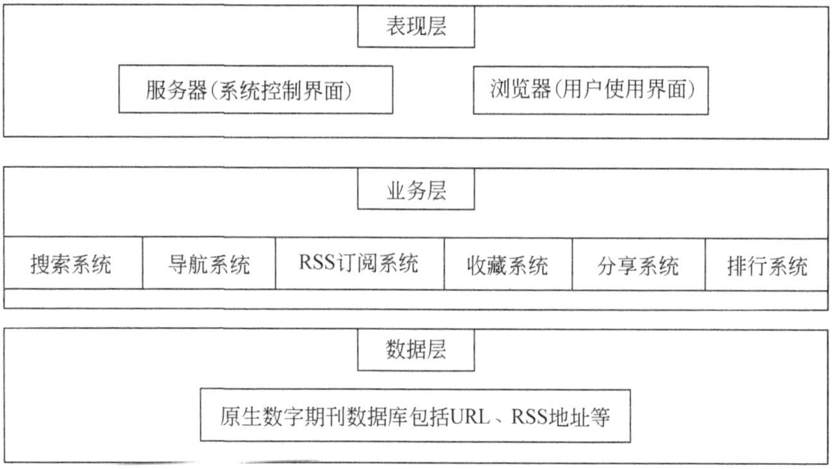

图 7-12　原生数字期刊导航系统模型图

7.5.3.3 原生数字期刊导航系统流程图

用户登录原生数字期刊导航系统后分两种情况：管理员负责审核爬虫抓取或者用户提交的未确定的原生数字期刊，对原生数字期刊库进行更新和维护及其他系统维护工作；普通用户可以根据系统提供的导航库进行期刊 RSS 订阅、阅读及对期刊或者对免费型期刊论文进行收藏、分享、评阅等。原生数字期刊导航系统流程图如图 7-13 所示。

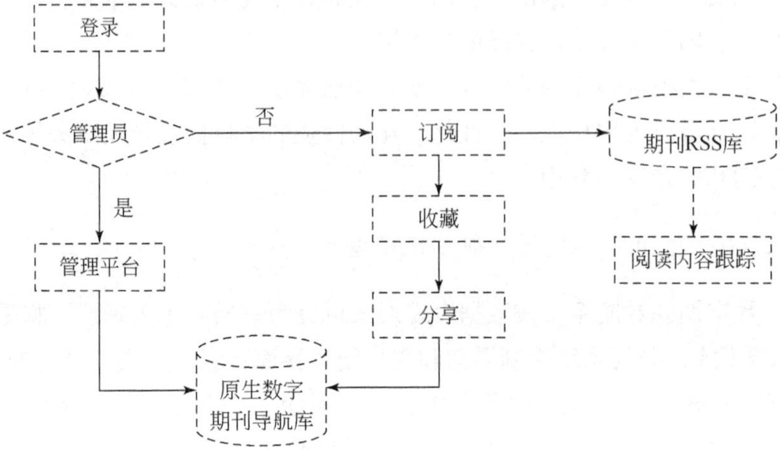

图 7-13　原生数字期刊导航系统流程图

7.5.3.4　原生数字期刊导航库建设质量控制

原生数字期刊是一种新型的期刊种类，强调期刊的纯数字化、无纸化，具有易变化、易消失等特点，其出版发行存在一定的风险。因此在构建原生数字期刊导航库时，应通过设置爬虫不间断抓取，自动搜集，及时更新原生数字期刊库。原生数字期刊强调仅以网络在线形式出版发行，如何判断“是否为原生数字期刊”是建立原生数字期刊导航库遇到的一个问题。采取机器自动搜集与人工判断相结合的方式进行辨别确认是确保和控制原生数字期刊库建设质量的有效方法。

首先，由爬虫抓取网页分析原生数字期刊信息，用期刊名称与数据库已有记录进行匹配；如果与数据库已有记录不重复，则查看页面中是否含有包括 online-only、electronic-only、purely electronic、born-digital 等说明原生信息的语句进行初步判断；如果含有相关语句，再提交给管理人员进行二次判断；管理人员可以去页面访问进行确认，无法确认的情况下，可以通过电话、E-mail 等方式与出版社联系进行确认。经过两次判断，对符合要求的，建立相关索引，更新原生数字期刊库。同时要广泛利用用户的力量，鼓励用户向原生数字期刊导航系统推荐原生数字期刊，由工作人员进行确认，将符合要求的期刊加入原生数字期刊库，以此实现原生数字期刊导航库建设质量控制。图 7-14 是原生数字期刊导航库建设质量控制过程图。

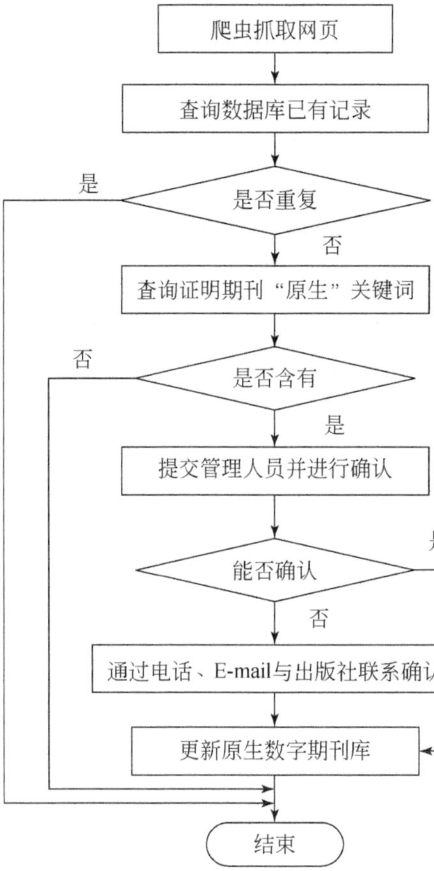

图 7-14　原生数字期刊导航库建设质量控制过程图

7.5.3.5　原生数字期刊导航系统建设规范

原生数字期刊导航系统是组织、管理原生数字期刊的重要平台，在 Web2.0 环境下进行原生数字期刊导航系统建设时应注意以下规范。

(1) 注重严格执行统一的原生数字期刊采集标准

建立原生数字期刊导航系统，首先要对分散于网络上的原生数字期刊进行采集。原生数字期刊采集是指结合网络的特点，采用科学的方法，将大量的、分散的、杂乱的原生数字期刊信息经过筛选、整序、优化，而形成一个便于有效利用的整体的过程。面对网络如此丰富的、纷繁复杂的原生数字期刊信息资源，为了避免原生数字期刊信息资源采集与揭示的随意性、无计划性和盲目性，对原生数字期刊信息资源的采集必须要严格执行统一的采集标准，主要包括以下几个方面：

1）重要性原则。立足于建设目标，收集符合用户实际需要的具有使用价值的原生数字期刊资源，原生数字期刊出版机构应为该领域具有权威性的或有影响力的出版机构，以确保原生数字期刊内容真实、准确可靠。

2）高质量原则。导航库是为某一领域的特定用户群提供服务，并以该领域用户需求为导向，因此，原生数字期刊内容的质量是导航库应重点考虑的首要问题，导航库为用户提供的是高质量的原生数字期刊，而高质量的原生数字期刊需要以严格的数据采集标准为保障。

3）全面性原则。导航库的建设必须以搜集全面的原生数字期刊信息为原则，依据导航系统建设目标，尽可能全面地对网络上的相关原生数字期刊进行采集、保存。

4）实效性原则。鉴于原生数字期刊更新快、时效性强的特点，应对录入的原生数字期刊定期进行跟踪，发现信息陈旧、无效链接的原生数字期刊，应及时予以剔除，并随时采集最新的信息及补充新的原生数字期刊。

（2）注重原生数字期刊数据收集的完整性

现有的原生数字期刊出版导航平台，如 BMC、Dovepress 仅出版和收集某一学科的原生数字期刊或开放存取类型的期刊，忽略了对其他学科或其他网络出版系统发行的原生数字期刊的收集利用，未能形成综合性强、数据完整的原生数字期刊导航系统。Web2. 0 环境下，高校图书馆在构建原生数字期刊导航系统时应注意原生数字期刊数据收集的完整性，根据学校的学科建设规划，以“是否原生”为标准搜集各学科各种类型的原生数字期刊，以构建一个学科设置齐全、资源类型完整的综合性原生数字期刊导航系统，形成原生数字期刊的集群效应，扩大原生数字期刊的影响。同时要注意所收集期刊的质量，是否具有 ISSN 号、是否被重要数据库收录也是需要考虑在内的因素。

（3）注重加强原生数字期刊导航系统的互动性

现有的原生数字期刊导航系统大多提供按主题、刊名字顺排列超链接的浏览功能，部分原生数字期刊导航系统提供 RSS 生成服务，或具有发布至 Facebook 或 Twitter 等娱乐性、综合性社交平台 SNS 功能。Web2. 0 环境下构建原生数字期刊导航系统，不仅要注重导航系统中数据资源的更新，也要注重导航系统功能上的更新。由于 RSS（聚合内容）和 SNS（社会性网络服务）是 Web2. 0 的代表性核心技术，在构建原生数字期刊导航系统时，应注重加强原生数字期刊导航系统的互动性，增进导航系统的 RSS 功能和导航系统的独立的、专业的 SNS 功能，以提高导航系统的专指性和互动性，增加用户对导航系统的黏性，增强原生数字期刊的集群效应，实现导航系统中原生数字期刊数据内容的主动聚合，扩展用户交互范围，提高导航系统的使用效率和影响力。

（4）注重提供论文全文下载和用户在线推荐功能

原生数字期刊导航系统应提供论文全文下载服务。原生数字期刊中存在部分免费或开放存取期刊，在不侵犯版权的前提下可设置爬虫全文抓取原生数字期刊论文到本地服务器，方便用户直接从导航系统检索和下载原生数字期刊论文全文，提升导航系统的可用性。

原生数字期刊采用网络在线形式出版发行，环保高效，符合低碳经济的发展趋势。随着数字出版技术的发展和用户对原生数字期刊认可度的提高，许多传统期刊出版商都倾向于将原有期刊的出版发行由传统纸质印刷出版转变为网络在线出版，或直接创建新的原生数字期刊，从而推动原生数字期刊的数量和种类快速增多。导航系统应提供用户在线推荐功能，方便用户将新的原生数字期刊向导航系统管理人员推荐，更好地增加原生数字期刊导航系统功能的稳定性和信息更新率，扩大用户的熟悉率和使用率，从而促进原生数字期刊的发展。

7.5.4 Web2.0 环境下原生数字期刊库功能模块实现

根据原生数字期刊导航系统总体规划，先实现原生数字期刊导航库的功能。

7.5.4.1 系统开发软、硬件环境选择

原生数字期刊导航库建设采用 Php+Mysql 架构，在开源代码基础上进行建设。

本系统开发的硬件和软件环境如下。

1）硬件环境：Amd athlon 64 x2 5000+，内存为 1GB。

2）操作系统：WindowsXP SP2。

3）Web 服务器：Apache-2.0.63。

4）数据库系统：MySQL-5.0.90。

5）开发语言：PHP-5.2.14。

6）开发工具：Macromedia Dreamweaver 8。

7.5.4.2 原生数字期刊库数据搜集

由于缺乏成熟的原生数字期刊搜集方法，在原生数字期刊导航系统建立初期，原生数字期刊库的建立工作主要由人工完成，后期有待逐步完善。经过认真研讨，课题组制定了较为科学的原生数字期刊搜集方法，具体如下。

（1）设立原生数字期刊数据库字段

原生数字期刊数据库主要包括期刊名称、资源标识、发行网址、RSS 地址、期刊分类等字段，如图 7-15 所示。其中，资源标识由 ISSN/DOI 等组成；期刊格式主要是 pdf/html；是否付费包括是、否和 OA 三种形式；全文获取形式包括 E-mail、下载、在线三种形式；一级分类参照中图法大类；二、三级分类参照 Genamics JournalSeek（http://journalseek.net/）网络；备注包括期刊内容简介、关键词、即将网络在线形式等。

A	B	C	D	E	F	G
期刊名称	资源标识	SCI收录	SSCI收录	期刊格式	出版者/创办者	出版周期

H	I	J	K	L	M
创刊时间	停刊时间	出版总期数	期刊语种	是否付费	全文获取形式

N	O	P	Q	R	S
RSS地址	发行网址	一级分类	二级分类	三级分类	备注

图 7-15 原生数字期刊数据库字段

（2）原生数字期刊采集过程

原生数字期刊采集主要参照 Genamics JournalSeek 学术期刊网站提供的数据进行筛选、搜集，包括以下四步：

1）访问学术原生数字期刊导航网站 Genamics JournalSeek，其网站首页如图 7-16 所示。

按学科分类依次检索相关期刊，浏览期刊相关信息：若包含 ISSN（printed）信息，则更换其他查询方式（图 7-17）；若不包含 ISSN（printed）信息，则继续浏览期刊主页。

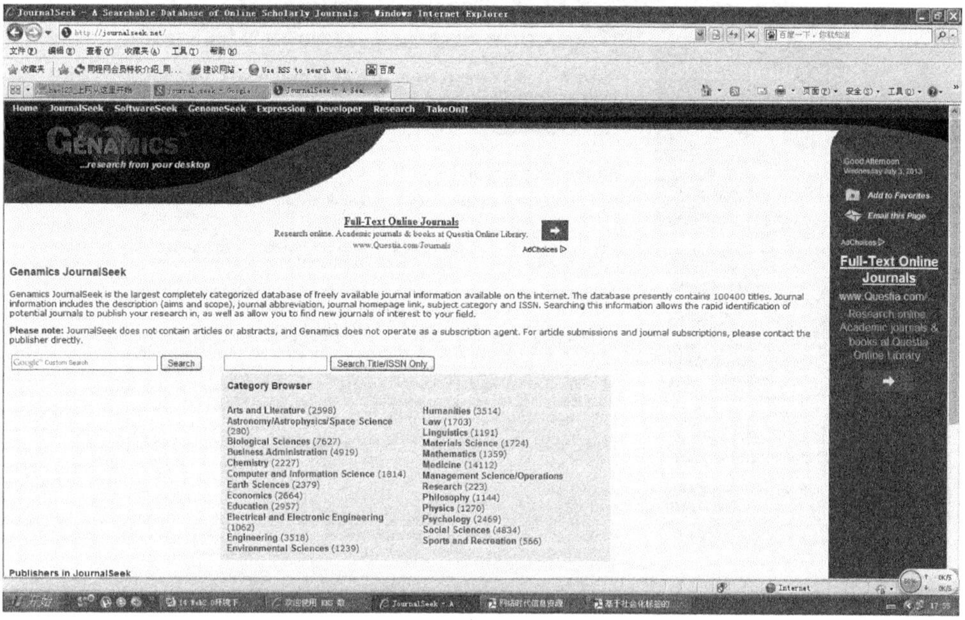

图 7-16　Genamics JournalSeek 学术期刊网站首页

图 7-17　Genamics JournalSeek 提供的期刊信息

2）浏览相关期刊 About 或 General Information 等期刊介绍性信息，分析页面中是否含有 online-only、electronic-only、purely electronic、born-digital 等证明是原生数字期刊的语句进行判断，如 *Research in Comparative and International Education* 期刊的“About the journal”页面中有“Articles are：only available online”字样，如图 7-18 所示。

图 7-18　原生数字期刊选定特征说明

这些足以说明该期刊是原生数字期刊。

3）利用期刊的 ISSN 号等数据去相关网站查询是否被 SCI、SSCI 收录。

SCI

http://scientific.thomsonreuters.com/cgi-bin/jrnlst/jlsearch.cgi?PC=K&Error=1

SSCI

http://scientific.thomsonreuters.com/cgi-bin/jrnlst/jlsearch.cgi?PC=J&Error=1

图 7-19　RSS 图标

4）RSS 地址，访问相关期刊网站时发现相关标志，如图 7-19 所示，点击此标志，即可得到相关 RSS 地址进行 RSS 订阅。

7.5.4.3　原生数字期刊数据库连接代码

数据库连接代码，主要是应用程序调用数据库中数据时的应用接口，包括连接类型、数据库 IP 地址、数据库名、用户名、密码等，如下所示。

```
<?php

$gSite = array
 (
    'siteName'=>'~`~SITENAME~`~',        //网站名称
    'siteDomain'=>'~`~SITEDOMAIN~`~',     //网站域名
    'siteBeian'=>'~`~SITEBEIAN~`~',       //备案
    'siteKeywords'=>'~`~SITEKEYWORDS~`~',     //关键词
    'siteDescription'=>'~`~SITEDESCRIPTION~`~',     //描述
);

//数据库
$gDb = array
(
    'host'=>'~`~DBHOST~`~',      //主机
    'user'=>'~`~DBUSER~`~',      //用户名
    'pwd'=>'~`~DBPWD~`~',      //密码
    'db'=>'~`~DBNAME~`~',      //数据库名
    'prefix'=>'~`~DBPREFIX~`~'      //表前缀
);

//模板
$gTemplate=array
(
    'templateDir'=>"./",
    'configDir'=> "./",
    'compileDir'=>$dRootDir. "#cache/compile/",
    'cacheDir'=>$dRootDir. "#cache/cache/",
    'leftDelimiter'=>'{--',
    'rightDelimiter'=>'--}'
);

//分类目录
```

```
$gCategoryDir='~`~CATEGORYDIR~`~';

//允许点入排行
$gEnableClickIn='~`~ENABLECLICKIN~`~';
$gClickInRefreshInterval='~`~CLICKINREFRESHINTERVAL~`~';  //单位为分钟

//时区
$gTimezone='~`~TIMEZONE~`~';    //系统时间与当地时间的差值。一般为0 或 +8

//系统版本
$gVersion= '3.0';

?>
```

7.5.4.4 原生数字期刊导航库三级分类设计

原生数字期刊导航库将采取三级分类设计：一级按中国图书馆分类法进行分类；二、三级将参照学术期刊导航网站 Genamics JournalSeek 进行分类，二级分为 Arts and Literature、Astronomy/Astrophysics/Space Science、Biological Sciences 等学科，如图 7-20 所示，用户可根据自己的专业需要，选择性地进行浏览；三级根据一级学科往下细分小学科，如图 7-21 所示，三级分类根据使用频率进行排序。

Arts and Literature (2 276)
Astronomy/Astrophysics/Space Science (268)
Biological Sciences (6 715)
Business Administration (4 608)
Chemistry (2 155)
Computer and Information Science (1 532)
Earth Sciences (2 238)
Economics (2 615)
Education (2 603)
Electrical and Electronic Engineering (978)
Engineering (3 108)
Environmental Sciences (1 033)
Humanities (2 822)
Law (1 530)
Linguistics (1 100)
Materials Science (1 671)
Mathematics (1 107)
Medicine (12 502)
Management Science/Operations Research (124)
Philosophy (1 079)
Physics (1 216)
Psychology (2 385)
Social Sciences (4 048)
Sports and Recreation (510)

图 7-20 原生数字期刊导航库二级分类

Arts and Literature

Architecture (32)
Art History (82)
Children's Literature (5)
Culture Heritage (51)
Folklore (115)
Latin (110)
Literature (736)
Media Studies(15)
Miscellaneous (341)
Music (502)
Visual and Performing Arts (287)

图 7-21　原生数字期刊导航库三级分类

7.5.4.5　原生数字期刊导航库中“我的收藏”“浏览记录”设计

建设一个原生数字期刊导航库原型系统，涉及“我的收藏”及“浏览记录”等个性化信息服务。用户登录后首先进行注册，注册页面如图 7-22 所示。

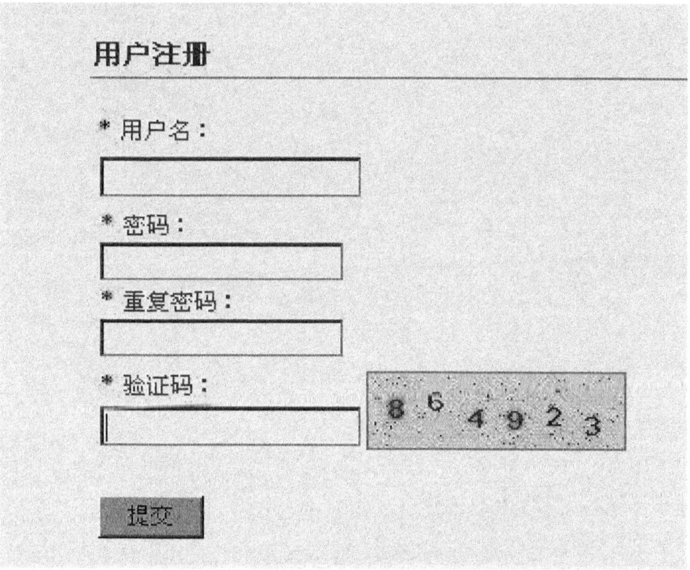

图 7-22　原生数字期刊导航库注册页面

用户注册完成后，用户可以浏览、搜索原生数字期刊导航库提供的原生数字期刊，然后可以根据自己的需要收藏某些期刊，收藏时用户也可以根据需要灵活设计分类标签。另外，为了防止用户在原生数字期刊导航库出现“迷路”现象，系统提供了用户浏览记录（用于统计用户在本系统内部链接的浏览行为）。

本节对 Web2.0 环境下的原生数字期刊导航系统进行了设计，探讨了实现原生数字期刊导航系统的 Web2.0 关键技术和实现过程。构建原生数字期刊导航系统是高校图书馆组织、管理原生数字期刊的主要方式。基于 Web2.0 核心技术的原生数字期刊导航系统是对传统电子期刊导航系统的一种创新，是一种高质量的网络信息资源组织模式，该导航系统可以更好地为用户提供服务。

第 8 章 原生数字期刊馆藏建设模式

[**本章摘要**] 在分析国外原生数字资源馆藏建设相应案例基础上，根据图书馆的参与程度，总结归纳出原生数字期刊馆藏建设模式，并从模式建构缘起、模式的管理和服务特征、项目的经验总结及模式的定义、模式在原生数字期刊馆藏建设中实践的机会分析、模式的优越性、模式的局限性等方面对原生数字期刊馆藏建设模式进行了系统化分析阐释。在分析原生数字期刊馆藏的功能和构成要素，以及原生数字期刊馆藏建设要求的基础上，探讨了原生数字期刊馆藏建设工作流程，并通过分析影响原生数字期刊馆藏建设模式选择的权变因素，从宏观层面和微观层面对原生数字期刊馆藏建设模式选择进行了探讨。

8.1 原生数字期刊馆藏建设模式探究

由第 6 章对国内外原生数字期刊（学术性 OA 期刊）馆藏建设现状的研究发现，国外的相关机构和项目对 OA 期刊的馆藏建设主要采用了与出版商合作、机构库建设、基金项目支持、机构联盟共享等形式；国内的相关机构和图书馆在进行 OA 期刊馆藏建设时主要采用了与出版商合作、机构库建设等形式。

本节主要分析国内外具有典型意义的原生数字资源馆藏建设模式，根据图书馆的参与程度，归纳总结出原生数字期刊馆藏建设模式，并对模式进行系统化梳理和分析。

课题组以原生数字馆藏资源的来源及图书馆的参与度为标准，在国外诸多原生数字资源馆藏建设项目中提取相应案例进行分析，总结、归纳并提出了四种原生数字期刊馆藏建设模式（图 8-1）：①协调采购模式，图书馆并不直接参与资源建设）；②联合项目开发模式（又称馆际合作开发模式，图书馆以合作伙伴的身份参与资源建设）；③部分外包项目自建模式（图书馆以主体身份参与资源建设，但也大量借助外部力量的参与）；④独立项目自建模式（图书馆以完全独立主体的身份进行资源建设）。

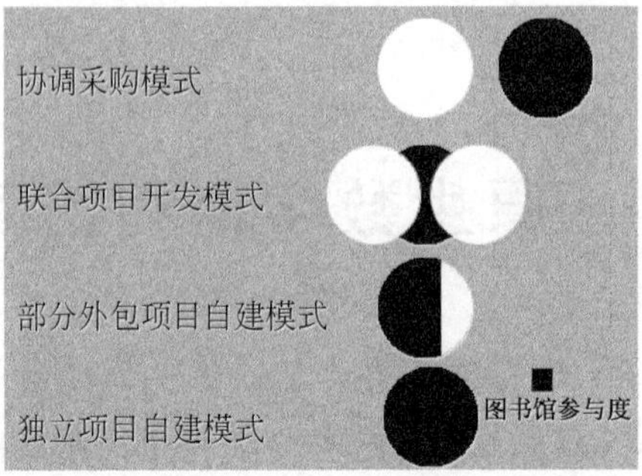

图 8-1　原生数字期刊馆藏模式图书馆的参与度比较示意图

8.1.1　协调采购模式

8.1.1.1　协调采购模式缘起

协调采购模式以美国的研究图书馆中心（Center for Research Libraries，CRL）的 Collection Building 项目为例。

1949 年 3 月，十所美国高校以正式协商一致的方式建立了中西部联合图书馆公司（MILC），即 CRL 计划的前身。当时的建立机构包括芝加哥大学、伊利诺伊工程学院、伊利诺伊州立大学、印第安纳州立大学、堪萨斯大学、密歇根大学、美国西北大学等。

现在的 CRL（图 8-2）是由大学图书馆、学院图书馆和独立研究机构图书馆组成的联盟计划。其内容是获取和保存包括报纸、期刊、文档、档案及来自互联网的原生数字资源。馆藏量相当丰富，很多内容甚至来自非洲、中东、东南亚、拉美等地区。

这些资源主要通过馆际互借和电子传递的方式，提供给学生、教员或者其他研究人员。会员制的组织方式，以及联合采购是该计划最大的特点，其中包括了哈佛大学、耶鲁大学、普林斯顿大学、芝加哥大学及多伦多大学等著名高校图书馆的参与。截至 2020 年 4 月 12 日 CRL 的成员达 212 个，主要是美国和加拿大的高校及一些人类学、自然科学、社会学方面的研究机构。其成员既包括一些如哈佛大学、耶鲁大学、普林斯顿大学这样的传统名校，也包括仅成立四年的奥柏林艺术学院，与 CRL 地址距离最远的成员是香港大学。

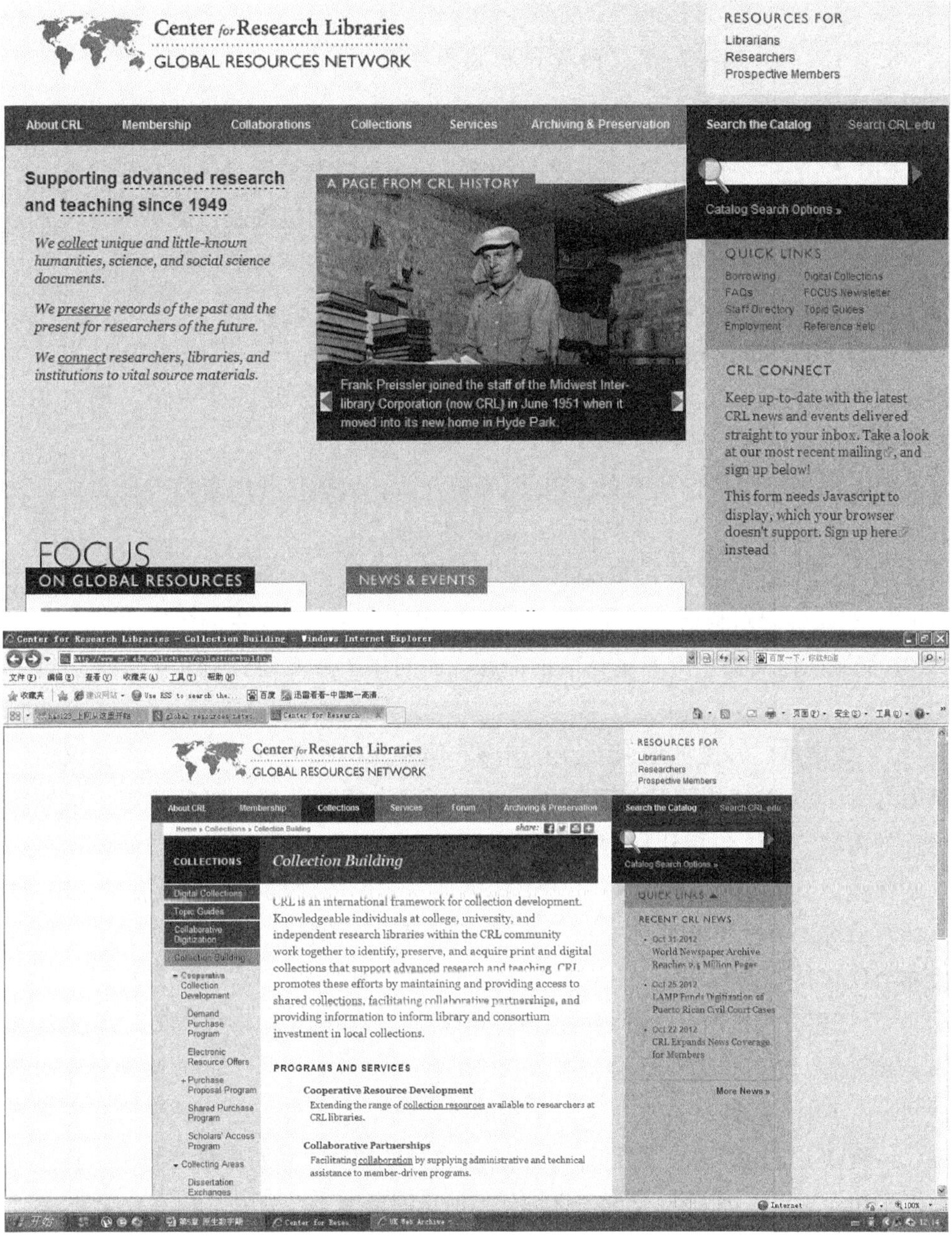

图 8-2　CRL 项目网站主页

在对 CRL 项目进行深入分析后，本书把 CRL 这种购买馆藏模式称为协调购买模式。如果其采购的对象是原生数字期刊资源，即可称为原生数字期刊馆藏协调采购模式。

8.1.1.2 协调采购模式的管理和服务特征

（1）明确项目宗旨

CRL 建立了一个保存关于人文、科学、社会科学领域原始研究资料的馆际中心，提供和推送相关服务，并将影响范围拓展到非营利机构及科研机构等，成为一个书籍、数字馆藏等相关资源存储、维护、传递和共享的平台。

（2）网络组会制度

CRL 有定期的网络组会制度，一般以当年 7 月 1 日到次年 6 月 30 日为一个周期，计划会议议题。成员图书馆需要提前向董事会发送参会申请。每次 CRL 网络组会都有组会计划。

CRL 的网络组会向所有的 CRL 图书馆开放，包括这些图书馆的员工及研究人员。一般在每周三下午一点开始，提供以下服务：

1）主题讨论。全年，CRL 针对特定主题召开组会。这些沙龙性质的组会强调 CRL 馆藏资源对科研和教学的支持作用。例如，在 2010 年的冬季组会中关注"CRL 资源如何支持东南亚研究"的命题；而同年 7 月专门针对非洲资源进行了讨论。

2）馆藏推广及服务培训。CRL 馆藏和服务年会每年举行一次，主要议题包括 CRL 的馆藏资源总览及检索评价、相关项目和服务情况，以及政策、实施等方面的内容，具体包括让新聘任的图书馆员工熟悉 CRL 资源；专门开设针对员工的馆藏更新、项目实施、数字化馆藏活动等方面的课程；如何最大化 CRL 投入的价值等。每次年会后都会把录音发布到网站，并且在 YouTube 的 CRL 频道发布会议视频信息。

3）费用分担机制。会员图书馆通过年度预算财务分担的形式支持 CRL 的日常事务和服务，而不是简单的会费制度。CRL 使用"基于工具"的方法来分摊运营成本。由于中心驻址一直在北美，年费的收取都是基于最近五年的平均开支来收取，一般以一定比例的形式分摊。但是北美之外的成员以年费的形式付费，具体由 CRL 董事会决定，如 2009 年北美区域外的成员图书馆支付费用为 13 000 美元。

8.1.1.3 CRL 项目的经验总结及模式的定义

（1）CRL 项目可供原生数字期刊馆藏建设借鉴的经验

1）制定科学的费用分担机制。协调采购最核心的是经费问题，CRL 有一套科学的费用机制，即除了会费外，每年有严格的预算及分担比例的控制。在全球范围内建立了北美区域和非北美区域的两级费用管理机制，有效地将参与度和贡献度考虑到费用的分担中，并形成可以调动成员图书馆积极性的良性氛围。

2）密切合作，成立管理协调中心进行全面统筹。CRL 设有董事会，统筹处理日常事务。管理协调中心便于平衡各成员图书馆的利益，在相对中立的位置协调馆际交流。

3）特色组会制度。无论是每个月的网络组会还是年度组会，都为馆藏介绍及提升服务质量制定了周密的计划。通过组会，可以让成员图书馆更好地了解中心的数字馆藏资源。毕竟馆藏资源的“藏”是为“用”服务的，所以如何推广资源，并提供良好的检索服务才是根本所在。CRL 在这方面的努力尤其值得国内同行参考。

4）以馆员为主体，以用户为核心的理念。从 CRL 的组会主题来看，除了介绍数字馆藏资源，更注重对馆员素质的培养，尤其是馆员服务能力的培养。这充分体现了 CRL“以人为本”的核心理念，把人员培养和资源建设放在同等重要的位置，这就赋予了数字馆藏活的灵魂，让馆藏服务活化在馆员的行为中。

（2）原生数字期刊馆藏建设协调采购模式的定义

原生数字期刊馆藏建设协调采购模式（图 8-3），即两个或两个以上的图书馆结成联盟，同意分担购买指定数字资源的费用，将购买的数字资源储存在一个或几个成员图书馆中的模式。该模式主要用于原生数字期刊资源数据库的集团采购，往往以购买的数字资源为核心实施不同的项目。

8.1.1.4 协调采购模式在中国实施的机会分析

与 CRL 相似的是中国高等教育文献保障系统（China Academic Library & Information System，CALIS）。CALIS 是经国务院批准的我国高等教育“211 工程”、“九五”和“十五”总体规划中的三个公共服务体系之一。CALIS 是在教育部领导下，以国家投资建设中国高等教育数字图书馆为核心的教育文献联合保障体系。

从 1998 年开始建设以来，CALIS 管理中心引进和共建了一系列国内外文献数据库，包括大量的二次文献库和全文数据库。截至 2020 年 4 月，参加 CALIS 项目建设和获取 CALIS 服务的成员图书馆已超过 1700 家。国内高校图书馆数字资源采购业务由高校图书馆数字资源采购联盟（Digital Resource Acquisition Alliance of Chinese Academic Libraries，DRAA）（http://www.libconsortia.edu.cn/

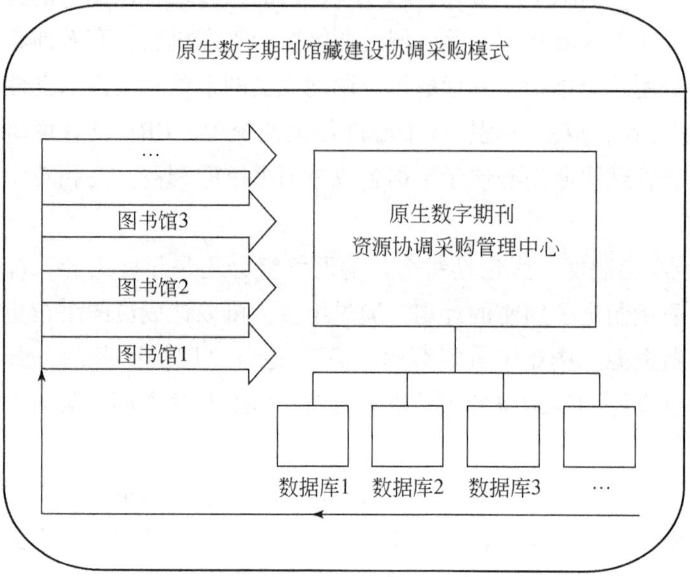

图 8-3　原生数字期刊馆藏建设协调采购模式示意图

index. action）负责。

CALIS 在建设数字资源时已经开始意识到网络原生数字资源的重要性，开始对其给予了一定程度的重视，在 CALIS 三期建设思路里专门提到了对高校原生数字资源建设的计划，提倡建设高校机构知识库。原生数字期刊资源作为原生数字资源的重要内容，理应纳入其馆藏范围。

2004 年成立的中国高校人文社会科学文献中心（China Academic Humanities and Social Sciences Library，CASHL）作为教育部统一领导下的全国性人文社会科学文献收藏和服务中心，同样可以把原生数字期刊资源纳入其馆藏范围。

目前有诸如 CALIS 和 CASHL 这样的服务平台，借鉴 CRL 的成功经验，为成员图书馆提供原生数字期刊馆藏服务是必要的也是可行的。

8.1.1.5　协调采购模式的优越性

（1）采购成本分担，可以减轻成员图书馆的资源采购成本

协调采购的最大优势就是其联合所带来的议价优势。除了可以明显降低为资源本身所支付的费用，工作人员的劳务成本及网络传递成本都会因为分担而有效降低。相对于独立采购、独立维护，这种以“获取”来“拥有”的模式具有明显的优势。

(2) 可以优化资源配置，并为成员图书馆馆藏建设提供参考依据

联盟性质的数字馆藏采购还能协调各成员图书馆之间的资源配置，并通过资源共享服务更大限度地满足成员图书馆的信息需求。而联盟也可以通过分析成员图书馆的资源使用数据发现其需求的侧重点，为成员图书馆自身馆藏建设提供参考。例如，对利用率较低的数字资源类型，拟定了一份较为详尽的相关资源的减订或停订清单。

(3) 可以提高馆藏资源利用率

网络技术的发展，使联机访问、远程登录等方式得以实现。读者可以根据自己的文献需求，通过网络检索到中心数据库提供的馆藏资源信息和链接的各种数据库，使图书馆的馆藏资源社会化，提高了馆藏资源利用率。

(4) 可以提升图书馆形象

图书馆馆员在为读者提供数字资源服务的同时，自身的价值也能得到充分的体现。同样地，广大读者可以借助于图书馆的服务，将更多的精力投入到教学和科学研究主题方面。协调采购模式能促进成员图书馆进行数字资源整合，完善数据库建设，改进信息传播方式，以快捷的手段为读者服务，强化图书馆信息服务的职能，并相应地提升图书馆形象。

8.1.1.6 协调采购模式的局限性

(1) 结盟性质的采购具有明显的排他性

协调采购带来的各种优势只是局限在联盟范围内，其他图书馆不能共享。联盟规模的扩充可以更好地发挥规模效应，但受图书馆类型限制，不同类型的图书馆很难以结盟的形式参与协调采购。资源的差异越大，带来的管理成本也就越高，所以联盟往往不考虑不同类型图书馆的加入。如何扩大协调采购成员的规模，使协调采购在更大的范围进行是联盟取得突破的重要命题。

(2) 资源采购的协调难度大

各成员图书馆在资源需求上有着明显的偏好和差异，难免在采购过程中出现因积极争取满足自身需求的资源而忽视其他图书馆的需求的现象。如何在资源采购的布局中协调好各成员图书馆的需求以规避不必要的争端是协调采购模式需要解决的重要问题。

(3) 成员图书馆容易丢失馆藏建设的特色

协调采购的数字馆藏往往是统一购买、成员间共享，这样虽然增加了资源的整体数量，但容易淡化成员图书馆的个性化需求，使图书馆一味追求数量而丢失自身特色并影响其馆藏服务质量。

8.1.2 馆际合作开发模式（联合项目开发模式）

8.1.2.1 馆际合作开发模式缘起

馆际合作开发模式以英国“网络资源库”项目 UK Web Archive 为例。

英国“网络资源库”项目（图 8-4）是由大英图书馆和威尔士国家图书馆、JISC、Wellcome 图书馆、苏格兰国立图书馆、朋友图书馆、伦敦城市大学的妇女图书馆等联合实施的。从 2004 年项目开始实施以来，大量的英国国内网络资源被收集存档，目前这一进程还在继续。

英国大量网站上的数据仅仅存在于网络，所以一直在改变甚至消失，为应对潜在的“数字黑洞”挑战，英国“网络资源库”在实践中成为这些网站的安全卫士，它的目的是为未来的用户收集、保存原生数字网络资源并建立长久的检索通路。

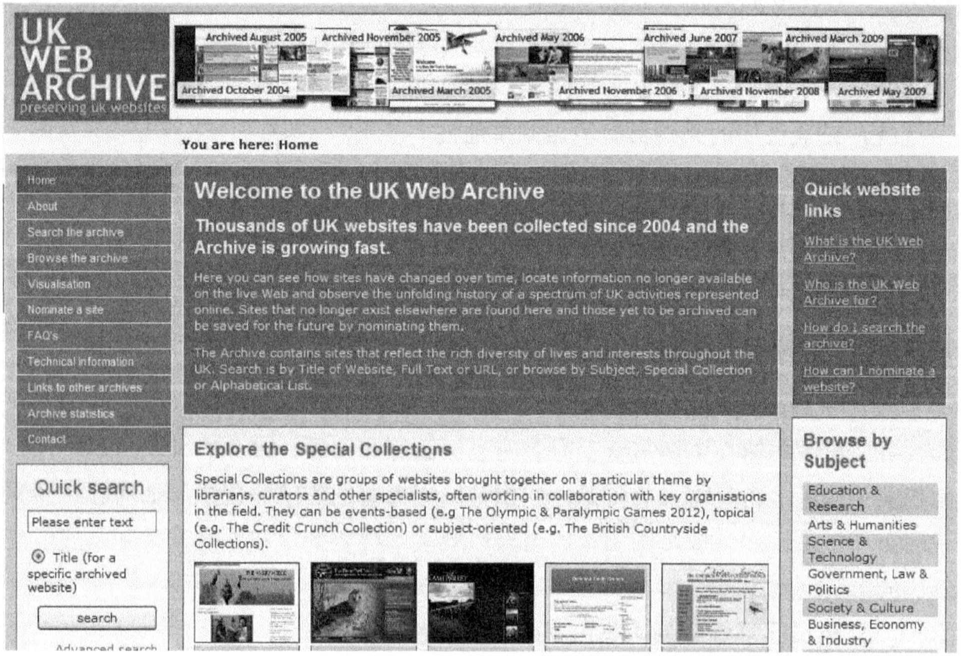

图 8-4 英国“网络资源库”项目网站主页

在英国的“网络资源库”项目中有一个专门的“特别馆藏”子项目，其中收集了大量的原生数字期刊资源。其对原生数字期刊馆藏建设的借鉴意义不言而喻。本书特意引入该项目的组织模式，并命名为馆际合作开发模式。

8.1.2.2 馆际合作开发模式的管理和服务特征

（1）资源类型选择

网络原生资源随时间不断变更，很多即时更新的网站都伴随着大量网络资源而消失，所以将其有效地组织入库是必要的。入库的大多是反映英国生活变化情况的网络资源，并可以按主题检索，也提供全文文本的 URL 链接，在特色馆藏方面有大量的原生数字期刊资源，并进行了清晰的分类处理。英国“网络资源库”项目甚至馆藏了一些“灰色网络资源”，如报告、政策条例等网络资源。当然，在其“特色馆藏”中包含有相当数量的原生数字期刊。

（2）版权问题处理

所有的网络资源库都需要征得网站所有人的许可，这是一个耗费金钱和时间的艰难工作（因为很多网络资源的所有者并未对项目的请求做出响应）。所以该项目负责人向国会提出立法请求，要求在一定范围内可以自由收集全英国的在线网络资源，当然只有大英图书馆和其他“法律允许的图书馆”才有该项权利。同时这些行为都需要在 2003 年颁布的《图书馆存储法》的规范下进行，相关法律还有待补充和完善。

（3）英国网页存档的服务对象

英国网络资源库资源欢迎所有网络用户的检索，并且鼓励网民为现有资源库贡献资源。英国网络资源库被设计成广阔的用户群都能使用的资源库，包括一般的读者、老师、记者、政策制定者、学术研究团体或研究个体，以及其他用户。这些人或许代表站点本身、英联邦的各类人群，甚至包括一些边缘用户。

大多数用户都能在英国网络资源库找到涉及自己的研究兴趣和研究主题的站点资源，很多被馆藏的信息都已经从原有的网络环境中消失。而英国网络资源库可能唯一存有这些资源，所以原网站的用户可能用英国网络资源库访问自己以前的重要资源。

（4）检索服务

所有馆藏的数字资源都提供免费检索服务，因为不同的网络资源类型有不同的检索入口。如何检索英国网络资源库？有几个不同的检索方法，主要取决于已有的信息和需要查询的信息。如果已经对特定资源有所了解，如知道网页的标题

(通常这些短语永久存在于网页上)，可以选择主题；如果知道网页的 URL，可以选择网页的 URL；如果没有明确的检索分类目标，可以通过关键词检索的方式查找。

8.1.2.3 英国“网络资源库”项目的经验总结及馆际合作开发模式的定义

馆际合作开发模式是典型的异构数据库建设，各建设方的软、硬件环境往往不尽相同，这也是造成“信息孤岛”的主要原因之一。馆际合作开发要求以服务为导向对原生数字期刊资源进行整合，通过信息的充分共享达到方便图书馆用户获取信息的目的。因此，在设计和规划馆藏建设时可以借鉴英国“网络资源库”项目的以下经验。

(1) 建立联盟机制

馆际合作开发的原生数字馆藏建设需要各图书馆通力合作，而其前提正是建立基于合作的联盟，以便于以服务为导向通过信息资源共享在服务联盟中得到有效整合，产生共赢的效果。

(2) 进行标准化规范

各建设方在进行数字馆藏建设时应尽量采用统一标准，减少由于运行环境、开发语言不统一而带来的各种问题。还应采用统一的元数据定义及相同的数据类型，这就可以减少数据在处理过程中由于标准不统一而引发的诸多问题。

(3) 注重灵活性处理

在进行原生数字馆藏建设时应该以开放的方式进行，以方便日后资源的更新和去旧工作。另外，灵活性也包括降低各图书馆资源间的耦合程度，以及服务之间的耦合程度，当某一项服务发生变化时仅需调整该项服务，而不影响其他服务。

(4) 重视信息安全、知识产权问题

原生数字期刊馆藏建设馆际合作开发模式（图 8-5)，是两个或两个以上的图书馆以合作的形式共同开发原生数字期刊馆藏资源，并共享成果的模式。基于合作的资源建设模式，安全性也相当重要，需要保证信息交互的安全可靠、完整和一致。另外，网络软、硬件的安全可靠也很重要。英国“网络资源库”项目在资源收集的过程中密切注意资源的产权问题也是很值得借鉴的经验。因为近年来随着国内对知识产权整顿力度的加大，如何有效地维护被收集主体的权益是原生期刊馆藏建设必须考虑的议题。

8.1.2.4 馆际合作开发模式在原生数字期刊馆藏建设中实践的机会分析

中国国家图书馆在信息保障建设中有电子期刊的馆藏，也在进行网络数字资

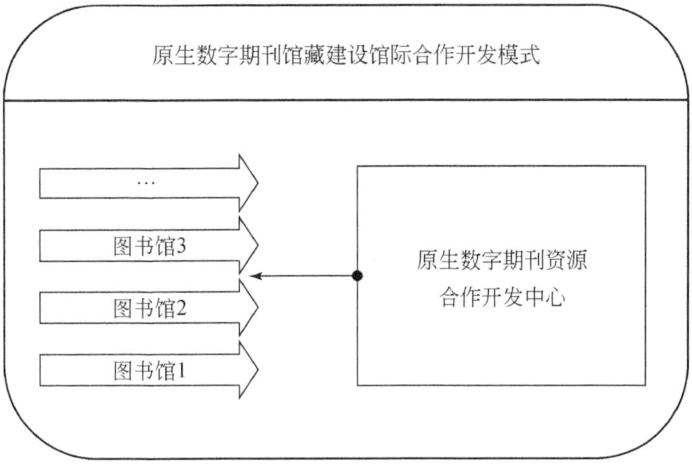

图 8-5　馆际合作开发模式示意图

源的保存工作，它可以依靠其权威性和地方公共图书馆展开合作，开展类似英国网络资源库的馆藏项目。在“特色馆藏”中注重对原生数字期刊资源的馆藏建设。

此外，同类型的图书馆，如学科一致的高校图书馆也可以联合建立原生数字期刊资源数据库并进行共享。由于很多原生数字期刊资源都是免费资源，在收集成本上相对商业数据库有明显的优势，而且多馆联合可以更好地适应原生数字期刊资源的分散性特点。

8.1.2.5　馆际合作开发模式的优势

（1）合作带来的集中效应

网络数字资源的整合是个庞大的工程，如果能够建立类似英国“网络资源库”项目的联盟，在统一的标准、统一的平台上进行馆藏建设，就能发挥各合作图书馆的自身优势，取得多赢的效果。

（2）合作带来的成本节约

在进行原生数字期刊馆藏建设时尽量采用成熟技术，这样可以提高效率、降低开发和维护成本。在多方合作的基础上，做好建设周期的统筹及维护费用的预算等工作，可以减轻固定成本和管理成本。而对资源进行统一规划可以避免重复建设，节约大量的时间和经济成本。

(3) 合作带来的充分交流

各合作图书馆在进行馆藏建设时可以增进相互的了解，建立互信。而充分的交流除了可以在信息共建共享方面发挥作用，还可以在各合作图书馆的日常管理、图书馆文化建设等方面发挥重要的作用。

8.1.2.6 馆际合作开发模式的局限性

(1) 合作容易产生利益分配不均的现象

以英国“网络资源库”项目为例，大英图书馆在整个馆藏建设中发挥着明显的主导作用，如果该资源库进行商业化运作，由大英图书馆进行利益分配就很难实现公平。

(2) 相对松散的结构容易引发合作图书馆积极性不高的现象

英国“网络资源库”项目并没有像 CRL 那样建立董事会制度，因而对合作图书馆的约束效力相对较弱，容易引发合作图书馆消极怠工的现象，甚至可能导致某些合作图书馆中途退出。

8.1.3 部分外包项目自建模式

8.1.3.1 部分外包项目自建模式缘起

部分外包项目自建模式以 MINERVA（Mapping the Internet Electronic Resources Virtual Archive）项目为例。

伴随着网络的发展，原生数字资源也在不断增长，图书馆尝试收集有用的原生数字资源并进行馆藏，如对只以数字形式出现而不以实物存在的网页和多媒体文件的馆藏。

MINERVA 项目（图 8-6）是美国国会图书馆的 Web 存储项目。2000 年，美国国会批准国会图书馆承担国家数字信息基础设施和保存项目（National Digital Information Infrastructure and Preservation Program，NDIIPP），该项目旨在保存有极大丢失危险的数字文化信息，美国国会图书馆承担了项目的领导职能。2003 年国会图书馆发布了项目通告，开始创建合作伙伴关系，合作伙伴之间采用相同的技术框架，分享相应的项目资金，前 3 年合作者可以得到 50 万～300 万美元的项目经费，申请参与的组织必须提供与项目经费相对应的建设资源。最初他们组建了八个项目合作组，每个项目合作组根据自身的优势获得项目任务，每个课题组由领导单位、参与者和合作伙伴组成，课题组成员有图书馆、计算机中心、软件公司等。国会图书馆对合作伙伴的工作提出目标性的建议，建议他们采取用户调查的方式，确定永久性存储内容的历史重要性及研究人员的兴趣等；评估要存储的内容是否处于丢失的危险边缘，同时还要评估这些信息是否有长期存储的价值；还要求参与者确定所承担项目部分的存储目标，如 Web、流媒体、GIS 资料、互动内容等。

MINERVA 项目是美国国会图书馆最大规模的原生数字资源馆藏计划。2000 年美国总统大选、“9 · 11” 事件、2002 年美国中期、2002 年冬季奥运会、“9 · 11” 纪念活动、第 107 次议会召开等数字资源都被收集整理并公布在美国国会图书馆网站。

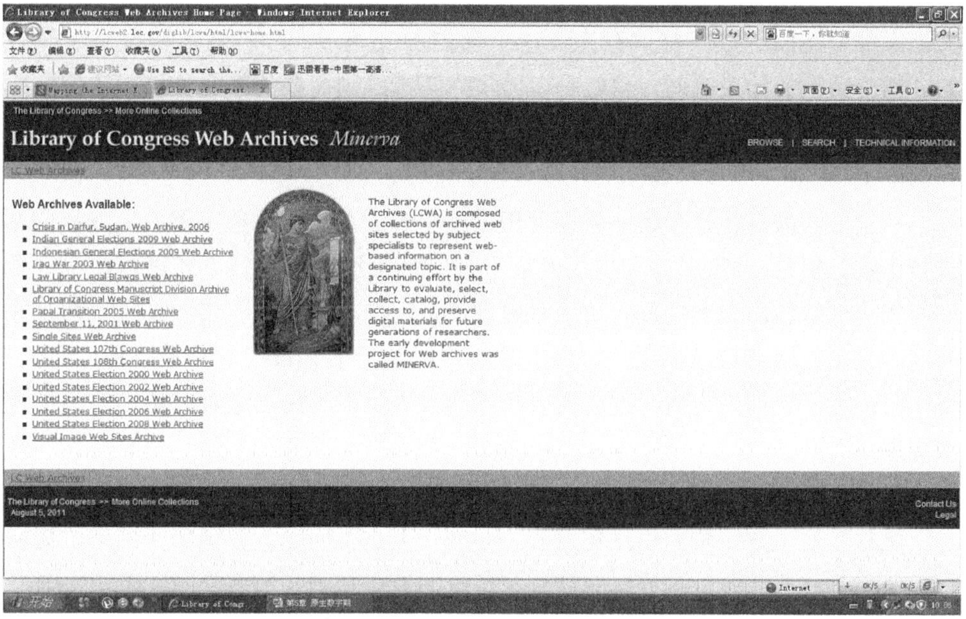

图 8-6　MINERVA 项目网站主页

尽管对原生数字内容的馆藏在技术上使用了新技术（比如，用爬行蜘蛛技术收集数字资源），但国会图书馆员工在实施 MINERVA 项目时发现很多程序并不陌生，如筛选、复制、定义元数据、编目、用户界面设计等。本书将以 MINERVA 项目为原型探讨原生数字资源馆藏的主要过程，并将其作为原生数字期刊资源馆藏建设的重要参考，因而特意命名为原生数字期刊馆藏建设的部分外包项目自建模式。

8.1.3.2 部分外包项目自建模式的管理和服务特征

(1) 馆藏资源筛选

对网络上的大量原生数字信息进行筛选是数字馆藏建设人员的首要任务。有的组织者在所有公共可检索的站点资源中收集大量馆藏，但是本书主要阐述MINERVA项目关于相关主题的原生资源馆藏建设。

总体来说有两种馆藏资源筛选方法：基于事件和基于对象。MINERVA项目是基于事件进行原生数字资源的收集。在馆藏建设之前先进行筛选，并进行归档处理。每个馆藏周期都有明确的开始期和结束期。

国会图书馆的一个新方案是基于对象进行的馆藏建设。非洲的Angel Batiste和中东分部已经提交了一个关于收集南非政府的在线文档资源的试验计划。这些文档大部分是以纯数字格式存在。这个计划的实施过程中，馆藏建设是延续性的，没有明确的结束时间。也就是说，虽然筛选准则需要清晰和文档化，但实际馆藏建设中的筛选是有很多变化的，如一些网络出版物的消失，以及新网络出版物的产生。

一旦方法敲定，这个程序就接近于纸质资源的获取。筛选工作人员选择网站进行馆藏。但是，MINERVA项目成员不必以纸质资源的采访方式进行协助。例如，当一种纸质出版物完成，出版者通常以一定的时间表进行出版发行，而这个时间表是由出版者自己决定。而原生数字出版物恰恰相反，它可能一周、每天、每小时或者不定期地更新，这就需要馆藏建设人员而不是出版者来确定合适的出版周期。

(2) 版权问题处理

版权是原生数字资源馆藏建设者关心的一个主要问题。各国关于网络资源版权的法律都有所差异，这同时牵涉到收集资源者所在国和数字资源发布所在国。

尽管版权法是成文法，并未规定需要向原生数字资源作者提交请求，但是通知资源所有者还是非常必要的。国会图书馆使用“选择进入”策略进行关于在美国出版内容的推广：给版权拥有者发出一封比较规范的描述信，包括MINERVA项目情况、数字馆藏，以及国会图书馆对其数字资源进行馆藏的意图。这封信还请求对相关资源的网站外使用。如果未经允许，该站点还是将被抓取，但是国会图书馆将只提供该站点的链接。对于国外或者创意网站（如卡通、诗歌等），国会图书馆会同时请求抓取和资源的使用。

（3）技术工具应用

印刷品通过消费可以获得，并且可以开具发票。但相反的是，原生数字资源经过选择和馆藏可以很快储存到服务器上。

在该计划的规划之初，国会图书馆就关于资源抓取方面和非营利组织“网络库存协会”进行合作，该协会转而外包给“网络排名公司”去做实际的资源抓取工作。大量的 URL 被抓取并分别存储在多个服务器，并通过初级删减，以避免超出网站负荷。然后通过人工确认以保证必需的文件都被收集。这个过程并不完美，且收集结果有些混乱。例如，有的追加文件，如图片并没有被收集且显示在馆藏网页上。网络排名公司的爬行机器人在抓取 URL 的空间控制和动态菜单方面也有一些困难。

尽管国会图书馆在 MINERVA 项目的实施中有明显的经济规模优势，但一些规模较小的组织在更少的预算前提下开展规模较小的项目，他们能利用免费开放式的工具，如“网站复制器” HTTrack，这在 MINERVA 项目的蓝本中也有提及。

（4）元数据处理

图像丢失和 URL 链接的损坏很常见，但是一个隐藏问题可能会更严重，那就是元数据的不可靠和丢失。MINERVA 项目的团队成员 Gina Jones 估计，在她检查的 Web 文档中只有不到一半具有足够的元数据。他们的创建者可能不了解元数据的重要性，例如，缺少某个元数据可能导致在当前的网络浏览器中无法正确显示。但是，元数据对于原生数字期刊的目录及显示正确与否是至关重要的。数字存档会用两种通用的元数据类型：构架/管理元数据和内容元数据。

架构/管理元数据包括文档作者、生成日期等。它们也以文档类型定义（DTD）为文档加密提供标准，文档可以合理地被插入和显示。长期来看，浏览站点存档依赖于一个名为“knowing”的软件，以此可以得知文档如何被加密，甚至什么时候标准过时。文档类型定义不能保证文档被长年地有效显示，但是至少会包括少量的文档。

内容元数据通过对文档内容进行描述能有效地提升用户的检索效率。当下流行的搜索引擎（如谷歌、雅虎）也建立了元数据描述文档，用户在检索时，通过相关描述和关键词标签来存档及索引网页，以实现自动抓取和提高检索效率。

（5）数据编目方式

因为页面的元数据本身往往是不可靠或者容易丢失的，所以目录不能自动生成只能人工实现。为了对每个 MINERVA 存档，国会图书馆的员工创造了一个基于AACR2/MARC记录的集成图书馆系统；在对象水平上，他们利用标题水平描述记录对美国收集的网页进行试验。事物水平编目通过网络库存家的网站对“9·11”事件和2002年中期大选进行打分。网络库存家是华盛顿大学和纽约州立大学工学院合作的一个组织。

对数字文档进行编目十分耗费劳力，工作量庞大。例如，对“9·11”事件的30 000多个网页进行编目，国会图书馆计划仅对其中10%左右的网页进行编目（所有的网页需经过国会图书馆和网页存档家协会筛选，通过关键词搜索去寻找其他网页）。这个单子被合并和复制，最终的单子大概只有2500个网页。

基于这些原因，很多关于“9·11”事件的网页存档仅仅是URL，国会图书馆用户通过更完整有效的检索，专门使用Inktomi搜索引擎对30 000多个存档的网页建立了索引。SUNY对半自动编目形成的2002年中期大选档案进行了测试。

（6）用户界面设计

用户界面设计包括国会图书馆对数字文档设计的公共检索入口。如果没有好的用户界面，馆藏资源中不会有该原生数字对象的链接。

用户可以通过国会图书馆网站访问MINERVA项目的用户界面，但是仔细观察就会发现没有一个MINERVA项目的数字馆藏直接通过国会图书馆提供服务。这些资源都被保存在非营利组织网页存档家协会和网络存档协会。国会图书馆和网页存档家协会的研究人员在致力打造更好更一致的用户界面方面提供了更多的数据检索路径。例如，如果点击2002年中期大选文档，网站会提供四种目录选择：办公室、政党、州和候选人名字。点击任何一个选项都会呈现给用户一个网页清单，这个结果清单中的选项能被继续访问。

（7）可能会遇到的问题

资源体量巨大、各种筛选方法和技术存在障碍、存储空间容量有限、编目工程巨大、界面开发难等使得进行类似的数字存档不是容易的事情。面对这一挑战，有两种选择：运用类似国会图书馆的协作方法或者和不同规模的合作伙伴进行合作并分派任务。规模较小的机构可以采取分散方法，在某些较小的、更专指的方面进行馆藏建设。

8.1.3.3 MINERVA项目的经验总结及部分外包项目自建模式的定义

（1）MINERVA项目可供原生数字期刊馆藏建设参考的经验

1）灵活的处理方式。无论是资源筛选还是版权的申请，美国国会图书馆都本着极为务实的态度进行灵活处理：灵活制定资源发布周期，对版权申请进行区别处理，将版权获得情况分为必须取得和可以不必取得两种。

2）发挥自身的主导优势，也充分借助外力。MINERVA 项目把资源抓取活动外包给“网络库存协会”，而资源筛选借助 Angel Batiste 等组织的力量，在编目过程中应用“网络库存家”网站的打分系统，在建立索引中应用 Inktomi 搜索引擎。这些外包大大减少了国会图书馆的工作量，使其可以把更多的精力用在有效组织资源方面。

（2）原生数字期刊馆藏建设部分外包项目自建模式的定义

部分外包项目自建模式（图 8-7），是图书馆在建设原生数字馆藏的过程中，将某些适合外包的任务分派给专门的机构完成，而自身主导实施馆藏建设的模式。

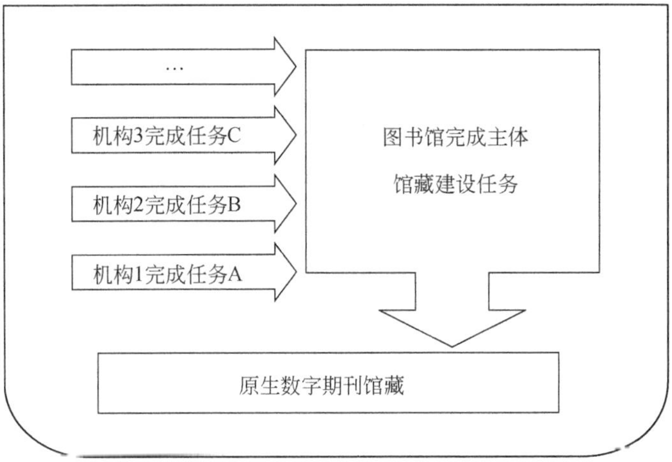

图 8-7　部分外包项目自建模式示意图

8.1.3.4　部分外包项目自建模式在原生数字期刊馆藏建设中实践的机会分析

上海图书馆世博会信息中心出版了两个原生数字期刊——《世博情报》和《世博信息》，其筹划对世界博览会相关数字资源的馆藏建设，采用美国国会图书馆的这种部分外包项目自建模式是不错的选择。基于世界博览会的数字资源建设在资源收集和筛选等方面都可以参考 MINERVA 项目的实践经验。

另外，无论是何种类型的图书馆，在进行类似原生数字期刊资源馆藏建设项目时都可以考虑将某些有技术障碍或者自身无法独立完成的任务进行外包，以期顺利完成项目。

8.1.3.5 部分外包项目自建模式的优势

(1) 重点突出

在原生数字期刊馆藏建设中抓住核心流程，图书馆只在关键环节进行有效的控制，把繁杂琐碎的一些环节外包给专业机构，这样既突出了重点又相对减轻了自己的负担。

(2) 产生协同效应

原生数字期刊资源正大量涌现，其资源的分散性和多样性特点很容易导致对其监测的缺失。如果能够利用专业的监测工具，或者专门的调查机构来进行资源的探索和跟踪，相比于图书馆凭一己之力会更有效和更全面。

8.1.3.6 部分外包项目自建模式的局限性

(1) 财务负担较重

并不是所有的图书馆都适合进行外包。因为外包的代价就是资金的消耗，在资金不是很充裕的情况下最好选择自己完成而非外包的形式。

(2) 质量控制难度加大

当某些业务外包出去时，其返回结果并不一定都是理想的。另外，不在同一系统内操作，外包机构不受图书馆管理，也可能因为沟通不畅对馆藏质量产生不利影响。

8.1.4 独立项目自建模式

8.1.4.1 独立项目自建模式缘起

独立项目自建模式以澳洲国立图书馆的数字资源保存入口（the National Library of Australia's Preserving Access to Digital Information, PADI）项目为例。

澳洲国立图书馆的数字资源保存入口项目（图 8-8）旨在提供有助于确保数字资源有效保存和长期使用的机制，并提供检索入口，其目标如下。

1）提供数字资源保存入口项目的战略和指南。

2）开发网站进行信息发布和推广。

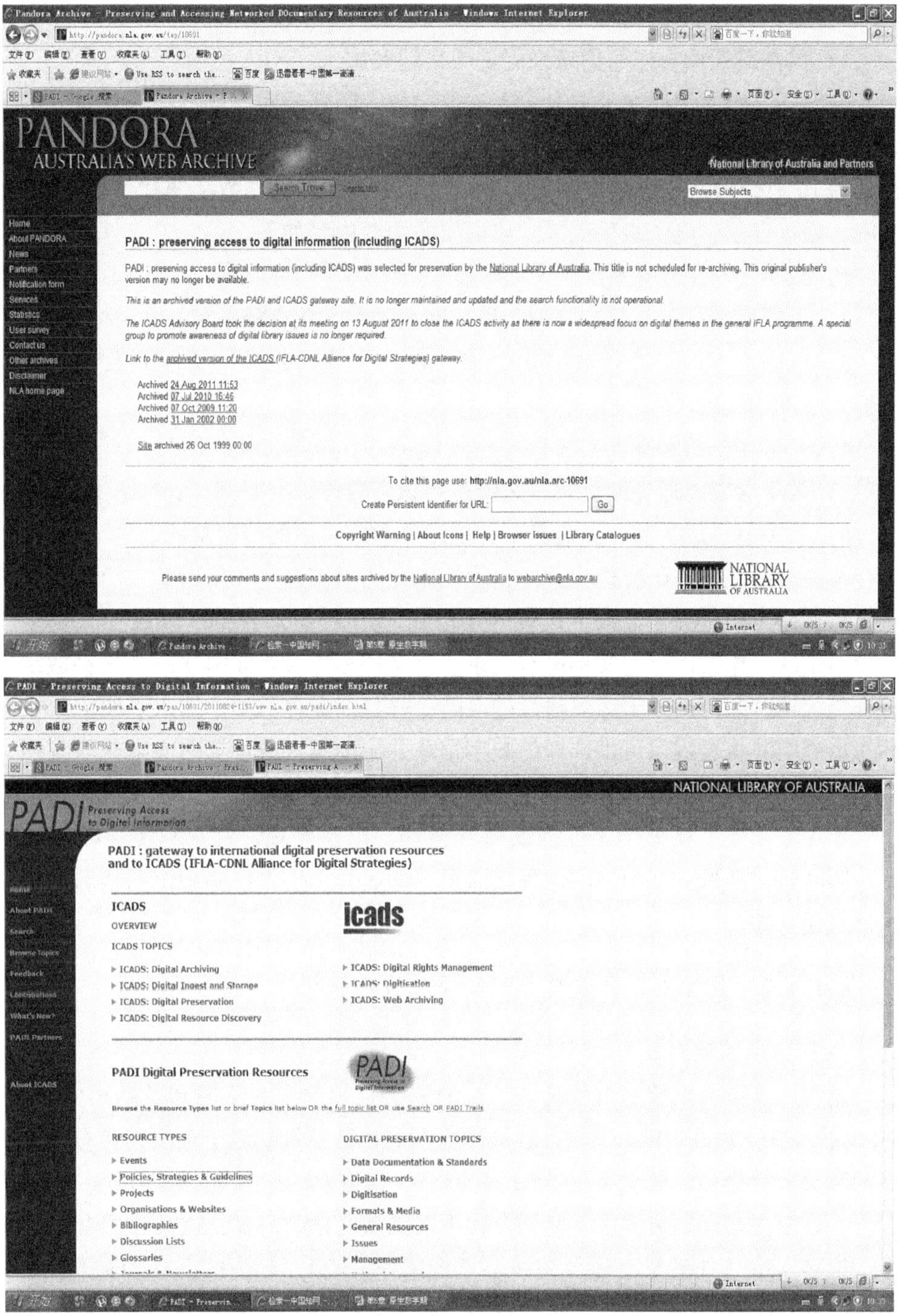

图 8-8　澳洲国立图书馆的数字资源保存入口项目网站主页

3）对相关活动进行推广。

4）提供跨领域合作的论坛来促进项目的实施。

澳洲国立图书馆建立了一套发现和传递数字版资源和原生数字信息资源的框架。这一框架的部分内容被用来作为数字图书馆领域的工作标准。他们使用这个框架为10万个数字化对象提供检索途径，其中包括网页、数字图片、数字期刊、地图、磁盘音乐、电子版手稿等。该框架的主要内容如下。

1）数字化对象存储系统。

2）供图书馆员工收集和管理所筛选网页的数字化存档系统。

3）供图书馆员工进行数字化处理或对数字替代品进行管理的数字收集管理器。

4）元数据仓储和查询系统。

5）数字对象能通过网页被有效定位的识别服务。

6）有关电子版手稿、磁盘音乐、地图等数字对象的传递系统。

与一般的文化或研究机构一样，澳洲国立图书馆建立和传递数字馆藏的目的是支持科研工作。关于该数字馆藏的建设和应用在2003～2005年度澳大利亚国立图书馆的工作指南计划文档里有记录。该文档标志着澳洲国立图书馆将数字馆藏和传统馆藏共同纳入了馆藏建设的范畴，并且在保存活动中纳入了原生数字馆藏，也表明其将会提供可供选择的数字馆藏并协助用户通过上网检索获取各种馆藏。该指南着重描述了“快速方便”的获取方式及对新的获取方法的探索。

本小节描述了该框架是如何支持互操作，以及发现、管理和传递数字馆藏的，同时将澳洲国立图书馆的这种馆藏形式命名为原生数字期刊馆藏建设的独立项目自建模式。

8.1.4.2 独立项目自建模式的管理和服务特征

（1）数字馆藏对象

澳洲国立图书馆数字馆藏包括馆藏的数字化和原生数字期刊及网页资源库。1996年，通过PANDORA项目，澳洲国立图书馆开始针对对于澳大利亚有重要意义的网页进行存档。截至2020年2月26日，已有62 959个网站被存档。很多情况下，许多网站标题被多次复制到存档中以捕获变化的内容，这类存档有21 090个。很多网站（如悉尼奥运会和很多竞选网站）都已经消失了。下面要描述的数字存档系统就支持收集、管理和提供公众检索的馆藏建设。

在1996年，澳洲国立图书馆还通过自己的网站提供一些有重要意义的图片馆藏检索，并且把收集的图片全部数字化处理。随后，澳洲国立图书馆在地图等其他资料上运用了这种数字化技术。2001 年澳洲国立图书馆着手意义重大的扩大化的数字化项目。这些数字化材料涉及澳大利亚文化传承的重要领域，诸如图片、珍稀历史性地图、早期的澳大利亚音乐专辑和精选的手稿馆藏。

数字化工作还使用了适应相应馆藏材料格式的捕获技术。这种数字化处理的工作流程囊括在数字化馆藏管理系统中。特别要强调的是，图片采用了高分辨率（300PPI）的非压缩 24bit 的 RGB 的 TIFF 格式，也有供网页浏览的低分辨率（72PPI）格式。

（2）馆藏框架体系

从 1997 年开始，澳洲国立图书馆设计了一个技术框架来支持对数字馆藏的管理、发现和传递工作，并将其记录在 1998 年的数字服务工程信息蓝本中（图 8-9）。

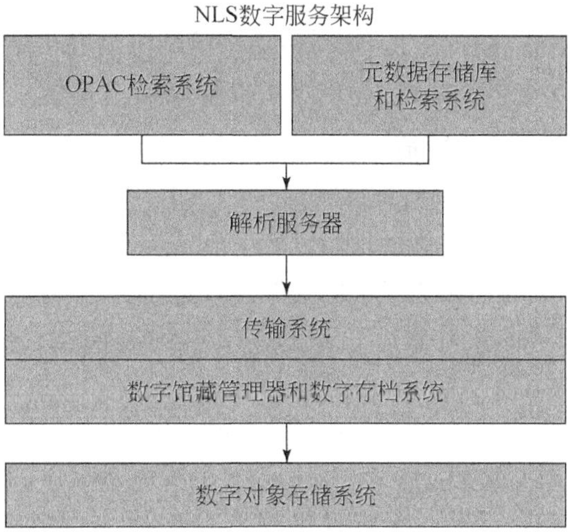

图 8-9　澳洲国立图书馆数字馆藏服务架构的顶层图

澳洲国立图书馆定义的关键规则如下。

1）支持数字馆藏建设的整个活动周期（收集、存储、管理、发现、获取、网页检索和长期保存）。

2）支持多种获取数字资源和纸质资源的途径。

3）确保图书馆的数字馆藏可以被长期引用和获取。

4）支持分级的数字图书馆数据模型，反映某些馆藏的复杂特性（如一张手稿可能形成一串字母，而这些字母可能来自某部丛书，而丛书也可能在另一张手稿中)。

5）提供给用户基于内容的信息、导航路径，以及为检索服务提供合适的分类工作。

6）确保每个数字馆藏管理系统都成为图书馆一体化管理系统（ILMS）的逻辑延伸。

(3) 数字对象仓储系统

2001 年，澳洲国立图书馆的数字对象系统利用 4TB 磁盘对数字馆藏进行封装，占用了 2TB 的存储容量。到 2003 年，该系统就存储了大约 4TB 的馆藏资料，其中包括大量的绘画影印图片（占 39%）、口述历史音频文件（占 23%）、音乐专辑图片（占 19%）、潘多拉档案（占 8%）及其他（占 11%）。后来，数字对象仓储系统已经升级到 18TB 的硬盘和 50TB 的磁盘仓库。

开发了一个结构型文件系统来存储图像和音频文件。该系统包括分离的数字主站，以及衍生出来的浏览网页，还有可供因生存、处理和转换需要的临时处理域。数字主站信息存储在磁带上，而衍生出来的浏览网页存储在硬盘上。磁带上的数据通过在线方式提供给用户，但是响应时间需要几分钟。

整体数字对象存储系统包括：

1）一个 CLARiiON FC4700 硬盘组。

2）一个管理和配置硬盘组的控制台。

3）一个存储磁带备份硬盘组上的数据并且进行邻近存储。

4）一个 SUN Ultra5 服务器运行 ACSLS 软件确保磁盘图书馆的资源被多磁盘管理应用。

5）一个 SUN E450 服务器支持数字馆藏管理软件；一个 ASM 存储管理软件；下载、检索和操作数字对象；通过 web 服务器对数字对象进行路径分享。

6）一个 SAN 转换结构对应用服务器进行连接，硬盘组和图书馆已有的 Oracle 数据库服务器。

(4) 资源发现

用户通常通过一系列的检索入口检索和发现数字馆藏对象。从图书馆角度来看，主要检索入口是其目录，数字馆藏通常和图书馆的总体馆藏进行有效的集成。因此，图书馆会确保数字馆藏的所有图像都编入检索目录，也利用图书馆的持续定位框架，使目录记录和传递系统链接。对于数字馆藏对象，可以通过目录记录连接数字代理并找到原始数字对象。

在图书馆外也有重要的入口，包括公共搜索引擎，有的数字馆藏被如 google

这样的搜索引擎编入索引。其他重要入口包括 Kinetica、PictureAustralia 和 RAAM 等公共服务引擎。这些平台可以确保从分散的信息资源中提取元数据。图书馆本身通过 MRSS 系统支持这种公共信息发现服务。

为了支持这些资源发现服务及其他国际国内服务，图书馆需要服务平台来支持 Z39. 50 和检索协议。

图书馆架构的一大优势就是不会依赖于某个元数据仓库和搜索系统。在 1999 ~2002 年，这个元数据仓库的平台是蓝天使技术集团的元星公司的产品。目前图书馆使用元数据仓库平台是来自 Inquirion Pty Ltd 开发的 Teratext Database System 平台。由于新的平台建立了规范的索引而且搜索功能也更加完善，所以图书馆把政府性、专业性的知识发现也迁移到了新的平台。

（5）检索服务

图书馆使用该架构的一个重要特征就是持续识别框架的应用，并在 2000 ~ 2001 年开展了后续工作。这个框架及持续的报告被刊登在图书馆网页上。这个识别器确保图书馆数字馆藏的所有资源能长期被引用。这个识别器可以被用在各种内容（包括图书馆目录、全国性发现服务、学术期刊、书签，以及和别的网页的超链接），这将会一直定位网页上的资源位置。图书馆给每一个数字馆藏分配唯一和持续的识别器。命名方案是基于这些物理对象来命名。持续的定位网页地址有两个部分：澳洲国立图书馆网站的解决器的名字和持久识别器。其格式为 http：//nla. gov. au/ ［persistent identifier］。

图书馆基于持久定位开发了一个简单的解决服务重新检测用户当前对象的位置。如果图书馆系统接受该网页的请求，它总能为该请求提供一个解决方案。这个解决方案是 Java 应用先进行定位，然后基于一系列存储的 XML 配置文件，确定该网页位置，再通过重新组织资源提供给用户。

如果图书馆随后改变方式传递特别的数字馆藏，它只需要简单地改变文件结构以适应获取要求。这项技术能简单快速地定位资源所在位置，通过持续定位器对数据进行管理以确保图书馆数字馆藏被充分利用以及能实时了解图书馆的数字资源的馆藏能力。

（6）数字馆藏管理

图书馆能够用市场上已有的产品，实施上层和底层的架构。但是，中间层，即数字对象管理层，就需要图书馆开发两个重要的软件组。图书馆希望可以在接下来的五年里逐渐替代市场上的软件组。

其中一个组件就是数字检索系统（ 即 Pandas），目前大量的州立图书馆使用它提供给图书馆员工作为收集和管理数字对象的工具，并支持网页检索和电子出版。

该系统管理着“数字馆藏管理器”的数字代理工作。市场上的数字资源管理系统可以发挥强大的功效，但它不能承担满足图书馆需求的功能。和承担功能不同的是，它的主要问题在于不能完全支持数字图书馆模型，并且不足以支持图书馆的数字工作流。另外，数字资源管理系统在数字仓储、管理、发现和传递等方面都在架构中相对独立。

数字馆藏管理器支持数字进程，在元数据仓储和数字文件存储方面是web传递的延伸物。数字馆藏管理器目前支持图像管理（包括图片、地图、音乐专辑海报和手稿），还支持口述历史馆藏的录音文件。2003年后期进一步支持录音的版权信息管理和保存管理的信息；被数字馆藏管理器支持的元数据模型包括：从图书馆目录中收集的描述性元数据和管理元数据。管理元数据包括技术数据。以图像格式为例，它包括分辨率、尺寸、文件大小和版权等元数据。图8-10显示的是一个存储在数字馆藏管理器中的技术性元数据。

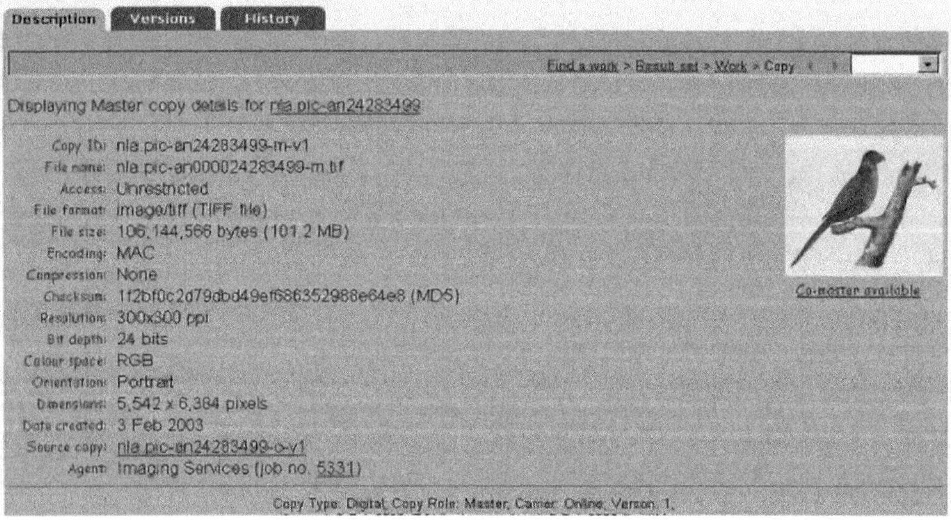

图8-10　一个存储在数字馆藏管理器中的技术性元数据

以下的数字馆藏管理器显示的细节信息由图书馆保存，包括原始物理格式、高分辨率的TIFF格式及低分辨率的JPEG格式（图8-11）。

多个标准为数字馆藏管理器数据模型的开发提供了依据，包括NISO标准草案Z39．87、用于数字静态图像的技术元数据以及元数据编码和传输标准

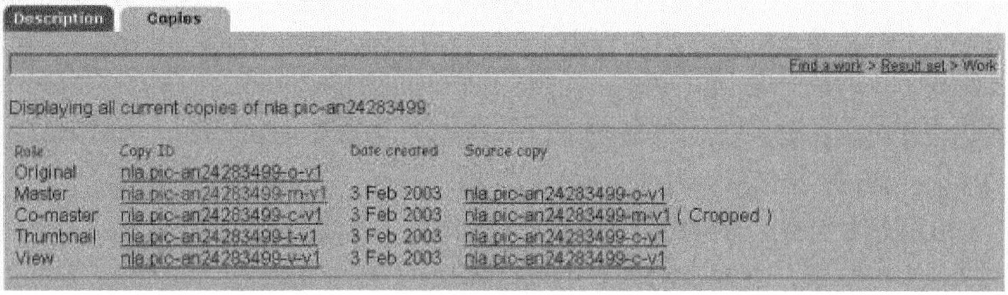

图 8-11　数字馆藏管理器显示的细节信息

(METS)。

METS 是一种用于描述数字对象的元数据的 XML 文档格式和架构，它被用在数字对象管理和数据交换中（如在仓库之间的对象）。进一步完善的数字馆藏管理器可以让 METS 标准数字对象更新换代。这些 METS 文件将被长期存取并遵循开放存取协议，元数据的数字对象被提供给其他仓库。数字服务项目信息文章特别需要单个信息对象的管理系统以满足 Pandas 和数字馆藏管理器各自的需求，但是，这两个不同的系统对管理的需求是可以满足的。

一个被图书馆使用的重要的参考标准就是 OAIS 信息模型。这个模型定义了核心过程、数据管理、档案存储、检索和管理。当这些过程被同时在 Pandas 和数字馆藏管理器中使用时，在各种需求的层次有不同的反应，也支持不同的针对数字对象的工作流。这个过程超出了 OAIS 信息模型的限制。

(7) 资源发布系统

上面定义的一个准则就是“提供给用户可供选择的合适的类目以供检索”。最后，图书馆开发了为图片、地图、音乐专辑和手稿提供服务的网页发布系统。

这些独立的传递系统开发了基于内容分类的传递框架。所有的传递系统都基于从数字馆藏管理器得来的结构性元数据（手稿传递系统最初开发了一个传递给 Sir Edmund Barton Collection 的网页传递通道，之后在数字馆藏管理器的基础上进行了重新设计）。这个网页分类传递系统会以内容的方式在用户浏览器进行显示。用户界面允许浏览多个对象。随着每个网页细节的激增，必须建立针对对象的视图元数据。这个传输系统在图书馆服务中被很好地使用。

以手稿为例，传输系统也提供“寻找帮助”、描述馆藏及进行系列的列表。手稿和其他多页面资源（如音乐盘和稀有图书）也需要灵活的页面转换能力。

以地图、需要爆发性增长的能力的用户为例，以及在整个地图上对目前区位的定位工具。这个 MrSID 技术提供多特征，以作为图书馆地图传递系统的一部分。图书馆开发了音频管理和传递系统（audio management and delivery system，AMAD）以支持音频文件（包括口述历史采访）的传递。截至 2014 年，AMAD 可以公开访问的音频将近 7000 小时，占图书馆“口述史和民俗”馆藏资料的 13%，并且还在持续增加内容（Bradley，2014）。

在有的案例中，这种文件形式需要一个不同于馆藏格式的传输系统（如可能是包括手稿馆藏的图片或地图）。在这些例子中，传输系统检测物质形式被存储在数字馆藏管理器数据库和传输对象。

随着数字馆藏管理器的发展，这个网页传递系统和数字法则及过程都被有序地执行，确保图书馆能够更快地满足用户新的复杂的数字馆藏需求。

（8）版权问题

PADI 项目负责人和版权所有者进行协商，在不损害出版者利益的前提下探讨存取条件。他们将出版物分为 4 种类型：①无限制出版物，主要是指那些可以在网上免费获得的出版物，也就是开放存取的出版物；②部分商业限制出版物，主要是指那些要付费的出版物，大多数出版者只允许图书馆局域网内的用户免费使用其资源；③全部商业限制出版物，主要是指商业出版物的出版者为了保护其商业利益，要求在某一个期限内不可以提供免费存取的出版物；④违法出版物，主要是指那些被取缔的出版物等。每一种出版物的检索级别都是在和出版者协商的基础上商定的，使用这种方式不仅可以进行复制下载，并且可以供用户使用。

澳洲国立图书馆已经建立了技术架构用以支持数字馆藏的建立和传递。推进的关键需要支持集成性的检索通道和打印资源，用以确保所有的数字馆藏对象被有效地长期管理，并支持分级数字图书馆数据模型反映某些馆藏的复杂度，确保图书馆的 ILMS 在整个架构中的核心地位。这需要分离数字仓储、管理、发现和传递到特定原件的架构。但图书馆计划用商业产品的开发模式来代替馆藏建设，市场上仍然存在开发过程中重视数字资源发现和传递而不重视获取、管理和保存这些资源的现象。

8.1.4.3 PADI 项目的经验总结

PADI 项目可供原生数字期刊馆藏建设借鉴的经验包括以下几方面。

（1）整体规划，全面布局

澳洲国立图书馆在实施自身的数字资源馆藏建设中囊括了各种类型的资源，当然其中包括原生数字资源，同时在整体规划后进行了子项目的细分，很有计划性。该项目的实施周期较长，为了保证项目持续顺利进行，制定一个长期而全面的计划则至关重要。

（2）标准化运作

澳洲国立图书馆在进行该项目时，大到硬件的布局小到图片的格式都有严格的标准。原生数字期刊馆藏过程中也面临着标准化的难题，以资源格式为例，目前比较流行的就有 PDF 格式、EXE 格式或者很多电子杂志商自己的格式，如何按照固定的标准来整合这些资源是非常重要的工作。

（3）注重馆藏建设中的理念问题

作为一个大型项目，在实施过程中要达到理想的效果，其理念的确立和宣传也是很重要的“软功夫”。澳洲国立图书馆在该项目的网站上有一系列的声明，专门针对网络资源建设和管理的声明中都明确地阐述了这些馆藏建设的目的和希望达到的效果。

8.1.4.4 独立项目自建模式在原生数字期刊馆藏建设中实践的机会分析

国家图书馆正在进行互联网信息资源馆藏项目，即通过互联网抓取网站、网页，FTP 下载电子报纸的方式收集互联网信息资源。这项工程自 2005 年开始，国家图书馆采集了大量的专题内容，以及政府信息资源网站信息和 PDF 报纸。

鉴于原生数字期刊的重要馆藏意义，参考澳洲国立图书馆的经验，将其纳入馆藏范围是非常必要的也有很大的可行性。

8.1.4.5 独立项目自建模式的优势

（1）特色鲜明

独立项目自建模式（图 8-12）的馆藏建设有最强的控制力，可以完全按照自身的需求进行资源的选择和馆藏，所以可以更好地满足特定读者的需求，便于提供以读者为导向的馆藏服务。

（2）建设压力较小

独立项目自建模式没有联合或者部分外包的被控制或者控制的压力，可以更自由地进行馆藏建设。

8.1.4.6 独立项目自建模式的局限性

（1）独立运作，负担较重

采取独立运作的模式，无论是建设成本还是维护管理成本都独立承担，如果

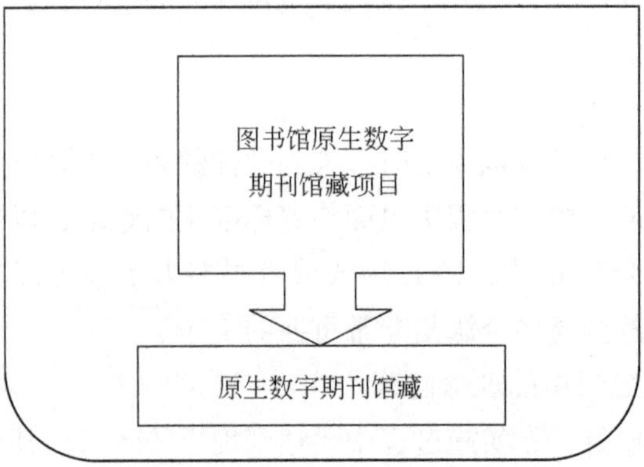

图 8-12　独立项目自建模式示意图

项目规模大，其资金压力也较大；由于并不借助外力，所有的步骤都靠自身完成，其工作量也相对较大。

（2）成果不共享，作用范围有限

按照本馆的自身需求建立的数字馆藏资源可能受领域限制很难实现共享，其影响的范围有限，而成果的价值就不容易充分体现。

8.2　原生数字期刊馆藏建设模式选择

8.2.1　原生数字期刊馆藏建设内容及流程分析

本小节在分析原生数字期刊馆藏的功能和构成要素，以及原生数字期刊馆藏建设要求的基础上，探讨了原生数字期刊馆藏建设工作流程。主要回答原生数字期刊馆藏建设“藏什么”的问题。

8.2.1.1　原生数字期刊馆藏及建设要求

数字馆藏有多种称谓，常被叫作电子馆藏或者数字化馆藏。其重要特点是要满足连续获取的需求必须先进行有效存储，因此，提到数字馆藏往往会涉及人员、设备、技术等要素资源。原生数字期刊馆藏建设也是如此，在功能上满足特定用户连续获取的需求，在建设过程中涉及多方面要素。

（1）原生数字期刊馆藏的功能分析

原生数字期刊馆藏在功能上首先是满足用户对资源的检索和阅读，而图书馆工作人员作为馆藏的管理者，需要对已有馆藏资源进行更新、维护，并为用户提供良好的服务。目前的数字馆藏往往通过在图书馆网站建立链接进行服务，其主要功能模块如图 8-13 所示。

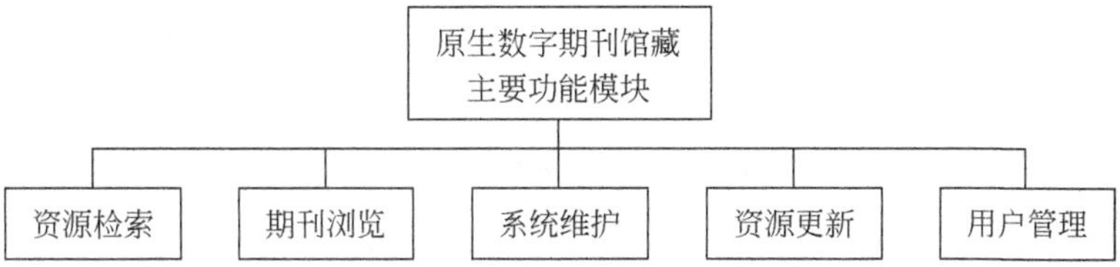

图 8-13　原生数字期刊馆藏主要功能模块图

1）资源检索模块：该模块主要提供用户对原生数字期刊资源的检索功能，提供期刊刊名、期刊号、出版日期等信息，往往还提供关键词模糊检索功能。其处理过程如图 8-14 所示。

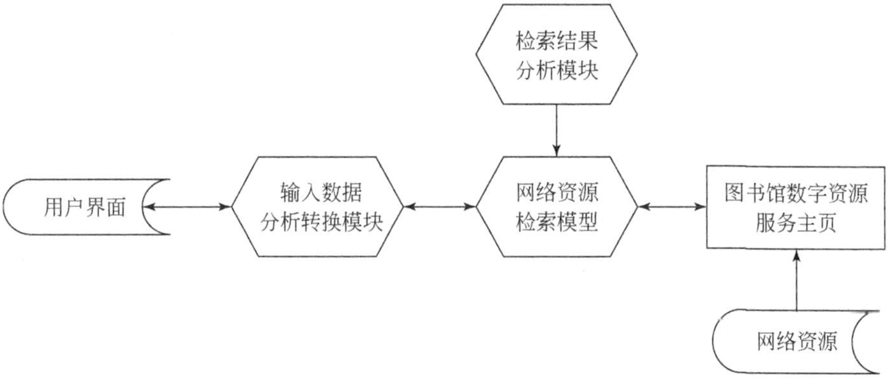

图 8-14　原生数字期刊资源信息检索流程

2）期刊浏览模块：该模块主要为用户提供特定期刊的全文信息浏览或者相关文章的阅读服务，该模块是读者服务功能中最核心的部分。

3）资源更新模块：原生数字期刊资源具有明显的即时特性，其更新频率较高，定期更新和淘汰使用频次极低的资源非常重要。该模块的主要功能包括脚本的编写、内容的制作、内容标引、质量检测、归档、元数据抽取等。

4）用户管理模块：该模块主要管理用户权限，对用户同时使用数进行控制，有效管理服务器的承载负荷；还包括对资源的有偿服务等进行权限的分级等。

5）系统维护模块：该模块主要提供对原生数字期刊资源的维护，对系统参数进行定制和设置、日志管理，以及对系统进行升级维护等功能。

（2）原生数字期刊馆藏的构成要素分析

原生数字期刊馆藏是原生数字期刊资源的集合。原生数字期刊资源是其核心要素。同时，与纸质馆藏类似，原生数字期刊馆藏需要一定的设备提供保存和管理空间，即数字资源保存系统。当然，还应包括进行组织和管理的技术人员与服务人员。其主要构成要素如下。

1）原生数字期刊馆藏的资源格式：数字化的存储形式在存储介质上统一文字、图片、声像等信息的格式，便于计算机进行高密度存储、高速度处理和远距离传输。

2）原生数字期刊馆藏的资源内容：原生数字期刊资源是包括元数据在内的内容资源。原生数字期刊资源具有明显的多元化特性，在对其进行有效分类的基础上，图书馆将各类信息来源的期刊信息在知识单元的基础上有机地组织并建立链接，为用户提供针对某一主题的目录、全文和作者等信息检索服务。

3）原生数字期刊馆藏的资源载体：原生数字期刊馆藏资源存储在计算机存储介质上，并依附于网络而存在，其对内的资源组织和对外的服务工作都以网络为载体，通过网络向用户传递所需的信息。用户就可以不受时间、地点和复本的限制，在任何时间和任何地点，通过一台联网的计算机，即可检索、阅读和下载自己所需要的信息资源。

（3）原生数字期刊馆藏的建设要求

1）整体建设要求。从整体的开发使用流程角度来看，原生数字期刊馆藏建设处于整个架构的基础位置，也是首要的一环。图书馆需要制定明确具体的原生数字期刊馆藏建设策略，并将其有机地融入本馆的数字馆藏体系中。

图书馆建设具有自身特色的数字馆藏，并开发新的使用和应用模式，是凸显其自身特点并提供良好服务的重要保障。在运行管理阶段，需要指派专门的技术人员进行管理，并深入一线了解用户的真正需求，开展实用的原生数字馆藏信息服务。

在使用服务阶段，应有效整合免费原生资源信息，提供更有弹性的服务，如建立与中文科技论文在线的链接。图书馆还应发挥自身的资源优势，组织整理本馆或本单位的原生数字资源，提供检索帮助，让其更容易被查找和使用。同时，图书馆还可以开展更多个性化服务，借助 Web2.0 技术将原生数字期刊馆藏有效地推送给用户，并提供 RSS 订阅服务，让读者订阅自己感兴趣的即时原生数字资源。

原生数字期刊馆藏整体开发使用流程如图 8-15 所示。

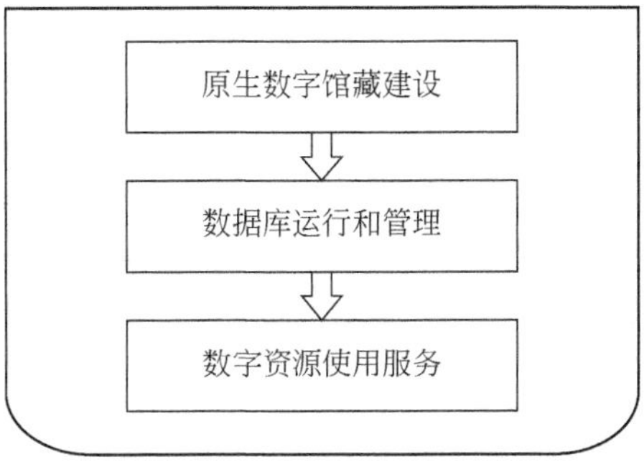

图 8-15　原生数字期刊馆藏整体开发使用流程图

2）资源建设要求。原生数字期刊资源建设是整个馆藏建设中的核心内容。其中涉及多方面要求：①出版时间和资源量方面。原生数字期刊资源和传统纸质资源一样，其出版时间和周期是描述资源特性的重要因素。虽然存在定期和不定期出版的差异，但馆藏建设中记录其出版时间是必需的要件。同样，在馆藏量方面的统计比纸质期刊困难，可根据期刊上传的文章数量来统计，而不一定用期刊页数来统计。②资源分类方面。纸质期刊资源往往包含了详细的文章和作者信息，如题目、摘要、关键词、中图分类号、作者简介等。根据这些信息很容易对资源进行分类，但原生数字期刊资源除了少数比较规范的期刊外都没有如此详尽的信息。所以，在资源内容的识别及资源格式等方面需要进行规范，以便更好地进行资源分类。③资源版权方面。知识产权在原生数字期刊馆藏建设中非常重要。原生数字资源分免费和付费两种，资源建设中应遵循数字资源“合理使用”的相关法律条例，以免导致不必要的法律纠纷。④用户界面方面。原生数字期刊资源需要良好的呈现方式，简洁清晰的用户界面是提供良好检索使用服务的关键，在资源建设中必须重视用户界面的设计。⑤资源剔旧和更新方面。原生数字期刊资源的即时性特点要求对其进行定期更新和淘汰，这就需要对资源的使用情况进行动态监控，剔除低使用频率资源，增加高使用频率资源。⑥技术方面。从技术上说，图书馆首先要在技术上建立起支撑机构知识库的技术设施，这包括因特网、存储结构、数据管理系统、数据收集加工技术、传播技术、通信技术、共享技术、联机分析与处理技术和多元分析信息技术等。原生数字期刊馆藏建设实际上是一个原生数字资源整合过程。运用中间技术，把独立数据对象、功能结构和互动关系融合、类聚、重组从而实现无缝链接。基于知识本体进行共享、重用、互操作等特点的高级检索方式是当前信息用户的高级要求。

8.2.1.2 原生数字期刊馆藏建设工作流程

（1）设计模型

除了以采购方式取得数字化馆藏外，自建数字化馆藏亦是图书馆应该特别考虑的途径之一，但在投入成本及永续经营上必须有所规划。本书对原生数字期刊资源馆藏建设的流程进行了梳理，在总体上分为馆藏建设计划阶段、馆藏建设实施阶段和馆藏使用及反馈阶段。每个阶段的工作任务和工作内容如图 8-16 所示。

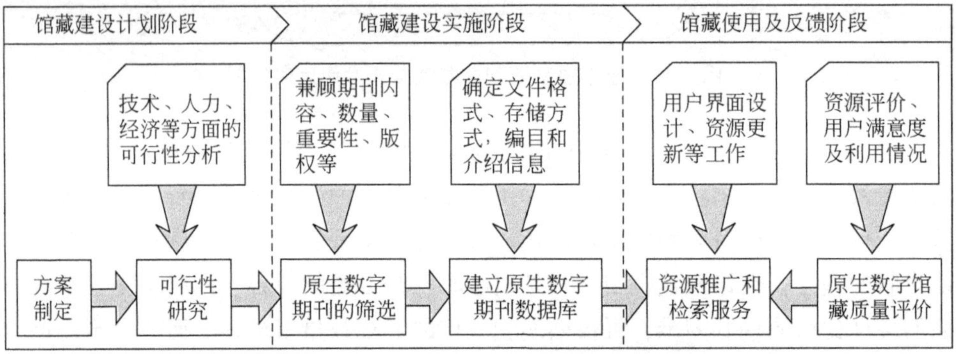

图 8-16 原生数字期刊馆藏建设流程图

（2）资源设计

网络环境下，衡量原生数字期刊馆藏建设质量的标准不是馆藏资源的多寡，而是资源的深度、广度，以及满足用户信息需求的程度。资源设计是整个原生数字期刊馆藏建设的核心，其内容可大致分为两点。

1）原生数字期刊资源的选择。原生数字期刊资源设计的第一步就是期刊的选择。需要考虑期刊的价值评估或者重要性程度，还要考虑保留期刊资源的原貌，以及网络传输速度和资源的通用性等。研究选定的期刊是否原生，是否适合馆藏，选定期刊的总量及类别等。

2）确定数字资源的结构。确定期刊格式、存储方式、数据库结构等，将资源结构化；为了便于网络传输还需要对图片等资源进行格式转换，还涉及资源的命名等问题；以及从整个数字馆藏资源的角度来布局原生数字期刊资源。原生数字期刊馆藏资源在数字馆藏资源中的分布如图 8-17 所示。

总之，只有根据图书馆自身实际情况，并站在整个图书馆馆藏的高度来审视和规划原生数字馆藏，不断提高数字馆藏质量，才能最大限度地利用有限的数字资源，更好地为用户提供服务。

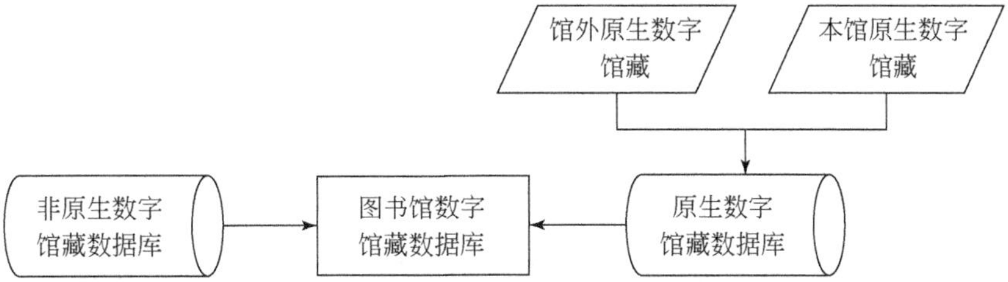

图 8-17　原生数字期刊馆藏资源在数字馆藏资源中的分布图

8.2.2　原生数字期刊馆藏建设模式选择分析

前节中，本书在分析国外原生数字资源馆藏建设相应案例基础上，根据图书馆的参与程度，总结归纳出原生数字期刊馆藏建设的四种模式，即协调采购模式、馆际联合构建模式、部分外包项目自建模式和独立项目自建模式，并从模式建构缘起、模式的管理和服务特征、项目的经验总结及模式的定义、模式在原生数字期刊馆藏建设中实践的机会分析、模式的优越性、模式的局限性方面对四种模式进行了系统化分析探讨。本小节拟依据图书馆的类型特点对图书馆的原生数字期刊馆藏建设模式选择进行专指性分析，并为图书馆原生数字期刊馆藏建设提供建设性意见，以便图书馆在进行原生数字期刊馆藏建设时选择真正适合自身的建设模式。本小节主要回答“选哪种”模式的问题。

8.2.2.1　宏观层面的原生数字期刊馆藏建设模式选择分析

(1) 影响图书馆原生数字期刊馆藏建设模式选择的权变因素分析

图书馆的形态多样，原生数字期刊馆藏建设也有多种模式可供选择。这些建设模式决定了其工作流程及产生作用的方式，所以必须和图书馆性质、规模、人员、财力、软件、硬件等相匹配。为了充分发挥图书馆在人员、财力、基础设施等方面的优势，保持自身结构的连续性和灵活性，保持流程和图书馆业务部门职能的整体一致性，通过综合分析，归纳出原生数字期刊馆藏建设模式选择的权变因素，其构成如图 8-18 所示。

图书馆的特点对原生数字期刊馆藏建设的模式选择起决定性作用，它决定了图书馆的实际需求及其发挥作用的方式。人员、财力、基础设施则为原生数字期刊馆藏建设的实施提供了条件。

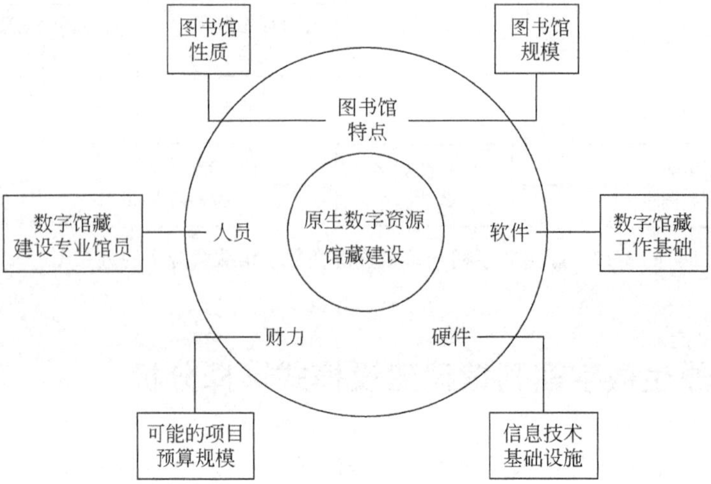

图 8-18　原生数字期刊馆藏建设模式权变因素模型

（2）影响图书馆原生数字期刊馆藏建设模式选择的权变因素比较分析

在各种权变因素的比较（表 8-1）中不难发现，模式的选择并不是唯一的，即某图书馆可能既可以加入某个联盟进行协调采购，也可以自己进行馆藏建设。但是一些图书馆的实际情况可能决定其模式的选择，如图书馆如果资金不够充裕，在同时可以进行协调采购和项目自建的条件下，选择协调采购是更好的选择。本书仅列举了几个主要因素，在实际的工作中，图书馆还需要综合考虑更多的因素来选择适合自身特点的模式。

表 8-1　模式选择的权变因素比较

权变因素	协调采购模式	馆际联合构建模式	部分外包项目自建模式	独立项目模式
图书馆性质	图书馆联盟	同类型图书馆	各类型图书馆	各类型图书馆
图书馆规模	大、中	大、中、小	大、中	大
数字馆藏建设专业馆员	少	较少	较多	多
数字馆藏工作基础	无要求	要求较少	要求较多	要求最多
可能的项目预算规模	小	较小	较大	大
信息技术基础设施	较差	有一定基础	较好的基础	很好的基础

8.2.2.2　微观层面的原生数字期刊馆藏建设模式选择分析

（1）四种模式的资源收集策略对比分析

从资源收集策略来看，以上四种模式所采取的网络数字资源收集策略主要有两种：一是主体收集，即所有符合标准的网站都加以收集，如英国的 Web Archive；二是选择性收集，即由图书馆员或其他专家针对个别网站评选，按照相应标准进行选择性收集，如澳洲国立图书馆的 PADI 计划和美国国会图书馆的 Minerva 项目。

选择性收集策略的优点在于不必将有限的人力、物力等资源浪费在保存很多垃圾信息上，同时还可以对收集到的网络信息进行质量控制，并根据实际情况提供检索。但是选择性收集策略的缺点也比较突出：首先，进行甄别筛选是非常费力的事情，需要相当多的人力、财力；其次，选择标准主观性很强，由人为主观进行选择一方面可能会漏掉一些重要的网络信息，另一方面也会产生对选择标准的非议。

主体收集策略可能会保存很多没有价值的网络信息，但是会节省人力。尽管从理论上来讲主体收集策略可以对选定域名内的所有更新的网络信息进行收集，但是目前收集工具的收集能力和其他技术因素的限制，导致收集周期比较长，在这期间，可能就会漏掉一些重要的网络信息。由于收集范围广，很难对所有收集到的网络信息进行质量控制，很难保证收集到的网络信息资源的真实性和完整性。两种资源收集策略的项目比较情况见表 8-2。

表 8-2　原生数字资源收集策略比较

策略	收集范围	成本	质量控制	更新周期
主体收集	宽	低	低	长
选择性收集	窄	高	高	短

（2）四种模式的数字资源组织及描述方式对比分析

四种模式在收集工具、收集方式、资源描述、检索存取等方面各有特点，现将其归纳，详见表 8-3。

表 8-3　四种模式的资源组织和描述方式比较

模式	参考项目	收集工具	资源描述	检索存取方式
协调采购模式	CRL	无	主要对数据库资源进行描述	多采用统一的网络检索入口或者通过镜像方式提供检索服务
馆际联合构建模式	Web Archive	通过爬虫机器人以整个网站快照方式抓取	收集各类个人和机构在互联网发布的原生数字资源；建立特色数字期刊馆藏，以 URL 对数字对象进行整合	存储于向公众开放的知识库中，为所有用户提供数字信息的历史馆藏

续表

模式	参考项目	收集工具	资源描述	检索存取方式
部分外包项目自建模式	Minerva	用镜像程序 HTTrack 下载网络快照	收集网络信息与主题网站资源，参照 AACR2 与 MARC 标准用 OCLC 软件进行编目，并通过元数据对象描述模式（MODS）在各专题下建立目录级别的描述，并进行有效集成，以便在图书馆整合系统中提供查询	用一个实验网站提供用户检索，有一定的版权限制，能对保存信息进行更新和迁移
独立项目自建模式	PADI	通过网络机器人（harvest 或者 webzip）来进行网络信息资源的抓取	对所收集的资源进行同样的编排和描述，参考 AACR2 电子资源的内容标准和 MARC 标准进行完整编目。网站编排与描述单元以单一网站的整合性资源或单一专题为主体	根据版权的不同对资源利用设置一个严格的用户检索等级

馆际联合构建模式的资源组织以定期收集特定原生数字网站内容的快照为主，信息量巨大，保存的内容具有完整性特点。但所收集的数据仅进行简单的描述和整理，并以 URL 链接为主，很难提供更深入内容的查询服务，在原生数字期刊资源的长期保存方面存在明显的局限性。

独立项目自建模式对每一个收集的项目都经过评估及并得到相应的技术支持，资源组织方式是将原生数字期刊资源按主题加以选择并收集期刊站点，以整个网站或专题为描述单元，参考有关电子资源编目标准并建立查询系统，同时使所收集的数字资源编目记录能纳入其国家书目网，提供一致性的书目查询服务。

部分外包项目自建模式则以主题选择方式收集与保存原生数字期刊资源，其特点是以 MODS 作为专题下的目录层级的描述标准，提供二元层次的整理与描述。

独立项目自建模式和部分外包项目自建模式虽然在资源整理描述的方式和手段上优于馆际联合构建模式，但在资源组织方式上都是根据主题内容选择性地保存原生数字资源，是主题导向的收集。收集者主观判断所产生的偏差及将资源抽离原有情境所产生的干扰，可能导致重要信息与研究价值的缺失。

从微观角度不难看出，四种模式因为参与度的递增，图书馆的主体作用发挥得越来越明显，而其馆藏建设的层次也越来越高，资源呈现得也更巨细、更系统。图书馆在进行模式选择时可以权衡自身的原生数字期刊资源需求层次进行恰当的选取，毕竟适合自身需求的模式才是最好的模式。

第9章 原生数字期刊馆藏质量评价指标体系

[**本章摘要**] 本章在阐释原生数字期刊馆藏质量控制含义和意义，评析现有相关评价指标体系的基础上，构建了原生数字期刊馆藏质量评价指标体系，并应用所构建的原生数字期刊馆藏质量评价指标体系对选定的高校图书馆原生数字期刊馆藏质量进行了评测，同时，对所构建的原生数字期刊馆藏质量评价指标体系进行了实证检验和分析，探讨了在原生数字期刊馆藏建设不同阶段实现原生数字期刊馆藏质量控制的策略和方法。

随着数字出版的不断发展，原生数字期刊的种类和数量迅速增多，并成为越来越重要的网络信息资源，国内图书情报机构，尤其是高校图书馆纷纷将原生数字期刊纳入馆藏建设体系，使之成为方便用户利用的馆藏信息资源。由于原生数字期刊的质量参差不齐，各图书馆原生数字期刊馆藏建设水平不一，如何确保原生数字期刊馆藏质量便成为图书馆原生数字期刊馆藏建设面临的重要问题。目前国内虽然在原生数字资源质量控制、评价及馆藏建设研究等方面取得了一定的进展，但是还没有专门针对原生数字期刊馆藏建设进行质量控制的研究，也没有专门为评价原生数字期刊馆藏质量建立的评价指标体系。鉴于此，本章拟以原生数字期刊为研究对象，构建原生数字期刊馆藏质量评价指标体系，以实现对原生数字期刊馆藏建设的质量控制。

9.1 原生数字期刊馆藏质量控制的含义

质量，指产品或工作的优劣程度；控制，指掌握住使其不越出范围。质量控制是为了实现产品或服务所规定的质量要求（定性或定量的规范、标准等）而进行的作业技术和活动，质量控制不局限于制造过程，而是贯穿于质量的所有环节，质量控制的基本目的是预防，通过控制因素达到控制结果的目的，以实现经济效益。我国《质量管理体系　基础和术语》（GB/T 19000—2008）对质量控制的定义为：为保持某一产品、过程或服务质量，满足规定的质量要求所采取的作业技术活动；

国际标准 ISO 8402—1994 定义质量控制为：为满足质量要求所采取的作业技术和活动。由上可以看出，质量控制是一个综合的过程和体系，其实质就是为了满足质量要求而采取的各种措施和活动，包括所有的为保证质量要求而采取的活动。

馆藏质量，指馆藏优劣程度，即图书馆文献收集的合理程度的一种度量，索传军和陈良金（2008）指出数字馆藏质量控制，是指图书馆在建设数字馆藏中，依据本馆的数字馆藏发展政策和馆藏建设原则，根据本馆的性质、任务、采购方针等从需求调查、采选过程、馆藏构成配置及馆藏利用和评价等诸多环节对馆藏进行质量跟踪，从而确保采集到优秀的适合本馆读者需求的数字资源。数字馆藏主要分为购入式数字馆藏、自建式数字馆藏和开发式数字馆藏三种，原生数字期刊属于开发式数字馆藏。本书认为，原生数字期刊馆藏质量控制是指图书馆在本馆馆藏建设原则的指导下，依据本馆的性质、任务等确定用户对原生数字期刊的需求，对原生数字期刊馆藏开发的整个过程进行质量跟踪，确保收集到优秀的符合用户需求的原生数字期刊，并对这些期刊资源进行整合和揭示，使其得到合理的开发和利用。

可见原生数字期刊的质量控制是一个长期的过程，而不是一项一次性完成的工作，因此，要建立质量评价指标体系，对图书馆的数字期刊馆藏开发利用的全过程进行质量控制。本章构建了原生数字期刊馆藏质量评价指标体系，对原生数字期刊馆藏获取、建设和利用各个阶段的各个工作环节提出了不同的评价指标，以确定图书馆原生数字期刊馆藏质量水平。图书馆可以利用此指标体系进行调查，根据调查结果找出原生数字期刊馆藏获取、建设和利用各个阶段存在的问题，分析当前图书馆已有的原生数字期刊馆藏的质量水平，并找出图书馆在原生数字期刊馆藏建设过程中需要加强的地方，同时还可以了解读者对原生数字期刊馆藏的利用情况，从而为图书馆原生数字期刊馆藏搜集依据提供参考意见，加强对原生数字期刊馆藏的管理和利用，提高原生数字期刊馆藏水平。

9.2 原生数字期刊馆藏质量评价指标体系构建

9.2.1 已有相关评价指标体系与评析

目前还没有专门的原生数字期刊馆藏质量评价指标体系，大部分对原生数字期刊进行评价的指标都着眼于期刊本身的质量水平，很少有学者从图书馆角度对原生数字期刊进行评价。因此本书根据原生数字期刊馆藏这个概念的特点，主要总结了已有的虚拟馆藏及原生数字期刊评价指标体系，作为构建原生数字期刊馆藏质量评价指标体系的借鉴。

9.2.1.1 虚拟馆藏评价指标体系

虚拟馆藏概括起来可分为狭义和广义两方面。狭义上指通过网络存取的信息资源，即在网络上可供图书馆利用的电子信息资源，包括图书馆自行购买和整理开发的网上免费资源；广义上还包括可通过馆际互借获取的其他图书馆的实体馆藏信息资源，即一个图书馆的虚拟馆藏可来自多个图书馆的实体馆藏和虚拟馆藏。一般所指的虚拟馆藏是指狭义的虚拟馆藏，从定义可以看出，原生数字期刊馆藏是虚拟馆藏的一个组成部分，因此虚拟馆藏评价指标体系对原生数字期刊馆藏评价指标体系的构建具有一定的参考价值。

孙芳和赵良英（2010）探讨了影响虚拟馆藏资源的质量因素、评价的原则，并在此基础上构建了虚拟馆藏资源评价的三级指标体系（表 9-1）。

表 9-1　复合图书馆虚拟馆藏资源评价指标体系表

虚拟馆藏资源评价	A1 虚拟馆藏资源内容	B1 虚拟馆藏资源保障能力	C1 虚拟馆藏资源的覆盖范围
			C2 所购买数据的种类数量
			C3 自行开发的数据库的数量
			C4 所开发的网络信息资源的数量
			C5 虚拟资源之间的重复度
		B2 虚拟馆藏资源质量（权威性）	C6 所购买数据库中数据的来源
			C7 自建数据库中数据的来源
			C8 所开发的网络信息资源的来源
		B3 虚拟馆藏资源的时效性	C9 虚拟资源的更新频率
			C10 文献传递的及时性
			C11 馆际互借的及时性
		B4 虚拟馆藏资源的规范性	C12 虚拟馆藏资源建设的规范性
			C13 对象描述的规范性
			C14 虚拟馆藏资源组织的规范性
		B5 虚拟馆藏资源共享情况	C15 文献传递的满足率
			C16 馆际互借的满足率
			C17 联合数目查寻系统的共享情况
			C18 自建虚拟馆藏资源的共享程度

续表

虚拟馆藏资源评价	A2 检索系统的性能	B6 检索功能	C19 检索途径与方式
			C20 检索技术
			C21 检索结果的显示与输出
		B7 检索效果	C22 查全率
			C23 查准率
			C24 响应时间
		B8 用户满意度	C25 用户界面的友好性
			C26 用户帮助的完整性
			C27 咨询交流平台的友好性
	A3 存储系统的性能	B9 存储系统的效率	C28 传输速度
			C29 兼容性
			C30 管理性
		B10 存储系统的安全性	C31 存储系统的安全功能
			C32 存储系统备份机制
	A4 虚拟馆藏资源利用的经济性	B11 虚拟馆藏资源的使用成本	C33 购置\租赁\加工成本
			C34 设备成本
			C35 管理成本
		B12 虚拟馆藏资源的利用成本	C36 一定时间内虚拟馆藏资源的人均登录次数
			C37 一定时间内虚拟馆藏资源的人均检索次数
			C38 一定时间内虚拟馆藏资源的人均下载次数

吴云标（2001a，2001b）分析了影响虚拟馆藏利用的主要因素，认为虚拟馆藏利用在很大程度上取决于 Internet 的技术特点，总体分为信息自身的因素和网站方面的因素两方面。他具体地分析了这两方面的因素，以此为基础，提出了虚拟馆藏资源选择的范围，得出了资源选择的质量评价准则，主要包括相关性准则、精确性准则、完整性准则、独特性准则、无保留地选择独特资源准则、时间性准则、合理性准则、多媒体准则、网页版面准则、责任者准则、文本准则、支持准则、易用性准则、可进入性准则用户友好性准则。

可以看出，孙芳和赵良英的指标体系较为全面，并且结构清晰，吴云标的指标体系主要是针对虚拟馆藏中图书馆能够免费获取的网络资源的评价。从这两个指标体系可以看出，虚拟馆藏资源评价主要着重点在资源的内容质量、检索系统的性能及来源网站的质量方面，为本书构建原生数字期刊馆藏评价指标体系提供了一个基本的框架，在构建原生数字期刊馆藏质量评价指标体系中，本书也设计了很多这几个方面的指标。

9.2.1.2　原生数字期刊评价指标体系

目前已有的原生数字期刊评价主要是从期刊编辑出版角度来构建的，这些指标体系可以用来评价原生数字期刊本身的质量，作为图书馆获取原生数字期刊的质量控制标准。

阮建海（2004b）指出由于原生数字期刊通过网络传播，它的质量控制除了传统期刊的内容质量控制、编辑质量控制、出版质量控制，另外还包括传播质量控制，具体的原生数字期刊评价标准包括版式设计、内容结构安排、编辑标准、内容质量评价标准、传播质量等。

秦金聚（2007）以郭丽芳（1997）的网络电子期刊的评价指标为基础，建立了一个原生数字期刊的质量评价指标体系，从基本质量评价、内容质量评价、传播质量评价 3 个方面建立了 13 个评价指标，包括稳定性、规范性、编校性、权威性、连续性、适用性、参考性、时效性、访问量、易用性、检索性、订阅发行、使用许可。

冯阳飚（2009）把原生数字期刊质量评价指标体系分为定性评价和定量评价两个方面，其中定性评价包括内容质量评价、编排设计评价、传播质量评价；定量评价包括网络影响因子和在线使用统计，期刊的影响因子与期刊网站的外部链接数、网络影响因子之间存在有意义的相关性。

谢新洲等（2009）以网络期刊（指原生数字期刊和 OA 期刊）的学术质量为核心，综合考虑网络期刊与传统期刊在编辑出版方式、传播媒介、用户习惯等方面的差异，建立了网络期刊的评价指标体系。其主要分为：①用户效果，主要体现在适用性（主体范围、时效性、价格）、易读性（内容的呈现方式和格式）、可用性方面；②学术水平，主要通过引用指标、学科地位和下载量来评价；③网站建设。

程大帅（2007）从图书馆的角度，建立了一套原生数字期刊的评价指标体系，作为图书馆选择原生数字期刊的依据。他认为可以从 9 个方面评价原生数字期刊：权威性、完整性、适用性、参考性、时效性、易读性、可用性、易用性、可获得性。

周育红和程宏利（2006）结合我国的实际情况，为我国图书馆建立了一套电子期刊（指原生数字期刊和 OA 期刊）评价指标体系，作为选择电子期刊的依据。该评价指标体系主要包括：①权威性，即提供信息机构（节点）系统的稳定性与可信赖程度、著者与出版者的权威性、文章审核方式；②完整性，即评估重点在于提供信息者所拥有卷期的完整性；③适用性，即主体范围、使用对象、价格；④参考性与研究价值，即引用程度、为索引摘要等工具书收录；⑤时效性，即刊期；⑥易读性，即呈现方式必须清晰易懂；⑦可用性，即信息是否易于传输、存取；⑧检索性，即检索接口和检索功能；⑨许可协议制度；⑩馆藏收藏该类主题的现况；⑪他处可得性。

这几个指标体系中，周育红和程宏利（2006）、谢新洲等（2009）的评价指标体系都是以原生数字期刊和 OA 期刊整体为对象的，而其他的几个评价指标体系都是针对原生数字期刊的，其中阮建海和秦金聚的评价指标体系都是从原生数字期刊编辑出版的角度进行构建的，冯阳飏把原生数字期刊评价指标体系分为定性评价和定量评价两方面，而陈大帅则从图书馆获取的角度构建了评价指标体系。

9.2.2 原生数字期刊馆藏评价指标体系的基本框架

在本书第 7 章提到，未来以个体期刊为对象的原生数字期刊馆藏建设模式将成为图书馆原生数字期刊馆藏建设的主要开发模式。在这种模式下，图书馆进行原生数字期刊馆藏建设的基本程序是：确定主题—收集原生数字期刊网址—筛选—组织整序—利用—维护管理。因而对原生数字期刊馆藏建设进行质量控制，也就是对这整个过程的各个环节进行质量控制。

原生数字期刊馆藏建设的基本程序是从图书馆工作人员的角度出发总结出的原生数字期刊馆藏建设程序，在这个过程中，原生数字期刊馆藏建设需经历 3 个阶段：获取阶段、建设阶段和利用阶段。其中确定主题、收集原生数字期刊资源网址到对网址的筛选都是原生数字期刊资源未入馆前的准备工作，在这个过程中图书馆相关工作人员收集因特网上大量的原生数字期刊，并判断其是否适合作为图书馆馆藏，整个过程可以看成图书馆原生数字期刊馆藏获取阶段的工作；之后原生数字期刊馆藏进入建设阶段，工作人员对其进行组织整序后将其纳入图书馆馆藏系统，提供给读者；最后原生数字期刊馆藏进入利用阶段，在此过程中图书馆工作人员又要不断地对原生数字期刊馆藏进行更新维护。以这个过程为基础，结合9.2.1.1节中总结的虚拟馆藏评价指标体系，可以得出构建原生数字期刊馆藏质量评价指标体系的基本框架（图9-1）。

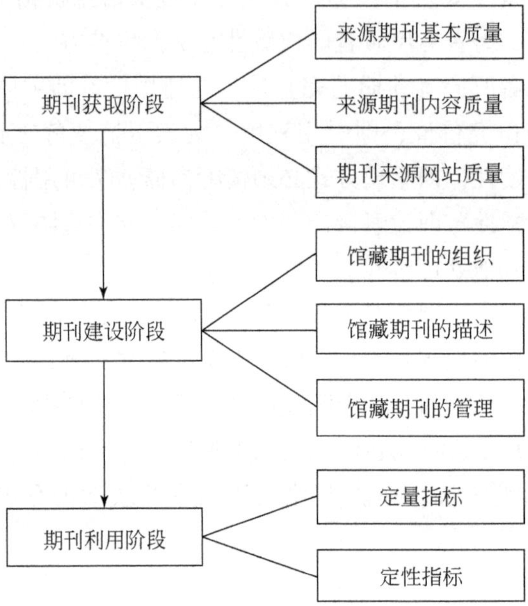

图9-1　原生数字期刊馆藏质量评价指标体系的基本框架

9.2.3　原生数字期刊馆藏评价指标体系初稿设计

在上述框架的基础上，结合我国高校图书馆现有的原生数字期刊馆藏模式，参考9.2.1.2节中总结的已有的原生数字期刊评价指标体系中的指标，形成了原生数字期刊馆藏质量评价指标体系初稿，见附录1。

9.2.4　利用专家问卷调查确定指标描述

德尔菲法（Delphi method）又名专家调查法，是由美国兰德公司的T. Gordon和D. Helmer提出的一种情报分析和决策方法。其基本操作步骤为：①选择咨询专家小组；②设计调查表，进行问卷调查；③回收调查表，汇总专家意见，以此为依据制作第2轮调查表（参见附录2），如此循环往复，直至取得较一致的预测结果。

本次德尔菲法的专家组成员为 15 人，由 3 类成员组成：①高校图书馆电子期刊工作人员；②对原生数字期刊有较深研究的专家；③对虚拟馆藏评价、图书馆期刊评价有较深研究的专家。此次调查的操作步骤为：首先将制作好的原生数字期刊馆藏评价指标体系初稿通过 E-mail 寄给上述 15 位专家，请他们对指标的架构、描述提出修改意见和建议；其次将收集到的信息进行汇总，对专家意见较为集中的地方进行修改，形成新的指标体系再次反馈给各位专家，如此反复，直至专家意见趋向一致。

9.2.5 原生数字期刊馆藏质量评价指标体系定稿

经过两轮的专家意见调查，最终形成的原生数字期刊馆藏质量评价指标体系共有 3 个一级指标，9 个二级指标，37 个三级指标。具体指标如下。

（1）获取的馆藏期刊质量（C1）

1）来源期刊基本质量（C11）。来源期刊基本质量指标用来衡量一个图书馆原生数字期刊馆藏的基本水平。①适用性（C111）。指该图书馆搜集的原生数字期刊是否符合本图书馆用户的需求，是否能够有效地补充已有的图书馆馆藏资源。②规范性（C112）。即期刊否有正式刊号，目前国际上已经建立了国际标准网络出版物号（eISSN 号）以区别于传统出版物，因此有无 eISSN 号成为原生数字期刊是否是正式出版物的重要指标，此外是否有规范的审稿流程或者工作流程，另外论文格式规范是否执行学术规范，这是期刊作为图书馆馆藏必须满足的最基本的条件。③易读性（C113）。期刊内容的呈现方式和格式是否简单明了，是否同时提供 PDF 和 HTML 两种格式，或者只提供其中一种格式，提供两种方式的易读性更强。④可获取性（C114）。期刊使用权限的明确性，即主办者是否提供用户永久保存或永久使用的承诺。⑤免费时间范围（C115）。期刊能够免费获取的年代范围，由于一些期刊是由传统期刊发展而来的，弄清楚期刊真正的免费获取年代范围是极其重要的。

2）来源期刊内容质量（C12）。主要用来衡量馆藏期刊的学术水平。①专业性（C121）。即责任者的重点研究领域是否与本刊学科领域相一致，以及在本学科领域是否具有较高声望。②同行评审（C122）。同行评审指期刊刊载论文是否通过同行评审制度。③可靠性（C123）。即著者和编辑出版者是否具有较高声望，期刊是否被权威数据库收录。④时效性（C124）。包括出版周期的长短，内容是否新颖，是否着眼于本学科前沿研究领域。⑤完整性（C125）。完整性指期刊本身卷期的完整性及内容的完整性。

3）期刊来源网站质量（C13）。衡量期刊所在网站的性能。①稳定性（C131）。指网站性能稳定，能够长期有效地提供访问服务，网站的域名和地址不随意变换，相对固定。②便利性（C132）。即是否具有期刊的简要介绍，方便读者了解此期刊的主要内容范围，以及外文电子期刊所在网站是否具有中文网页界面。③文章可检性（C133）。即是否提供包括标题检索、关键词检索及全文检索等多种检索途径，提供检索途径越多，文章可检性越强。④交互性（C134）。即是否提供读者和作者、作者和作者及读者和读者之间的交流渠道。⑤网页内容可读性（C135）。即网站是否具有过多广告，电子商务氛围是否过浓，影响读者阅读。

（2）馆藏期刊建设质量（C2）

1）馆藏期刊的组织（C21）。衡量图书馆对馆藏期刊组织整合的程度。①规模性（C211）。图书馆所拥有的馆藏期刊的数目。②学科结构性（C212）。即各学科期刊分配比例是否与图书馆读者各学科间的分布相匹配，如医学类院校图书馆应以医学类期刊为主。③分类合理性（C213）。即期刊是否进行多种分类浏览。

2）馆藏期刊的描述（C22）。图书馆对所收集的馆藏期刊基本信息的描述程度。①准确性（C221）。即图书馆对馆藏期刊描述信息是否准确，链接网址是否正确。②全面性（C222）。即馆藏期刊的名称、学科分类、ISSN、收录情况等基本信息是否都被描述。③链接有效性（C223）。即是否可以链接到期刊来源网站。

3）馆藏期刊系统功能（C23）。衡量图书馆建设的期刊系统的功能。①检索性（C231）。即期刊服务系统是否有友好简约的检索界面，是否提供多种检索途径，检索结果是否准确。②便捷性（C232）。即馆藏期刊资源栏目是否能够快速链接到图书馆其他网页上，用户是否能够很方便地在OA期刊和原生数字期刊资源页面与图书馆其他页面中进行访问。③界面友好性（C233）。即期刊服务系统主界面是否简洁大方，视觉效果极好，是否提供友好简约的检索界面。

4）馆藏期刊系统的管理（C24）。衡量图书馆对馆藏期刊的管理水平。①有效性（C241）。即图书馆是否制定了一个从期刊馆藏建设实施到后期的维护、宣传等的详细、可行的工作细则。② 管理人员专业性（C242）。即图书馆是否有专门人员从事馆藏期刊相关工作。③更新率（C243）。即是否定期检查链接，删除无效链接，修改已经修改网页的期刊网址，增加新的期刊。

（3）馆藏期刊利用情况评价（C3）

1）读者易用性（C31）。衡量读者使用图书馆馆藏期刊服务系统时的便利情况。①知晓度（C311）。即读者是否知道馆藏期刊服务系统的存在。②开放性（C312）。即馆藏期刊服务系统登录是否有 IP 限制。③读者互动性（C313）。即是否有让读者推荐期刊，读者是否能对馆藏期刊进行评价。④用户培训（C314）。即图书馆是否开展用户培训，培训活动是否受到大部分读者的支持且读者是否参与。⑤帮助系统（C315）。即是否提供帮助系统，方便用户使用馆藏期刊服务系统。

2）读者使用适度性（C32）。通过对读者使用情况的调查，确定馆藏期刊服务系统对读者的适用程度（此项下的指标均假设图书馆有此类功能，如果没有此类功能，则评分为0）。①读者使用频率（C321）。读者使用图书馆原生数字期刊馆藏系统的频率。②平均点击量（C322）。平均每个期刊链接被访问次数。③检索功能使用率（C323）。读者使用期刊系统检索功能的情况。④用户参与度（C324）。使用期刊推介功能或者对图书馆期刊馆藏提出意见的用户占总用户的比例。⑤用户总体满意度（C325）。通过图书馆链接服务系统获得期刊全文的数量/用户总数。

9.3 指标权重的确定

建立原生数字期刊馆藏评价指标体系后，确定各个具体指标的权重也极为重要。目前确定权重的主要方法有层次分析法、专家调查法、相关系数法和主成分分析法等，各种方法有各自的优缺点。本书选择层次分析法作为权重确定方法，层次分析法是 20 世纪 70 年代美国运筹学家托马斯·塞蒂（T. L. Saaty）提出的一种决策分析方法，是一种定性和定量相结合的方法。它把包含在复杂系统中的各种指标划分为相互联系的有序层次，形成层次分析结构，将多层次多指标的权重赋值转化为指标重要性的两两比较，然后再进行数学处理，具体步骤如下。

9.3.1 建立递阶层次结构

本书构建的评价指标体系完全体现了递阶层次结构，因而不必再建立递阶层次结构。层次分析法的层次主要包括目标层、准则层及方案层。在本例中，最高层为原生数字期刊馆藏质量，准则层则由各级评价指标构成，共三级，本例不涉及实现目标的各种措施和决策方案等，因此方案层不是本书讨论的范围。

9.3.2 构造比较判断矩阵

为提高数值的准确性，专家需依据常用的“1～9”标度法对评价指标中各指标的重要性打分，1～9 标度中各标度的具体含义见表 9-2。

表 9-2 “1～9”标度法标度的含义

标度	含义
1	两个元素相比具有同样重要性
3	两个元素相比前者比后者稍重要
5	两个元素相比前者比后者明显重要
7	两个元素相比前者比后者强烈重要
9	两个元素相比前者比后者极端重要
2，4，6，8	上述相邻判断的中间值
倒数	若元素 i 与 j 的重要性之比为 a_{ij}，那么元素 j 与元素 i 重要性之比为：$a_{ji}=1/a_{ij}$

在此列出一级指标的矩阵，二级指标和三级指标的判断矩阵及其计算出来的权重、一致性检验结果在表 9-3～表 9-17 中列出。

表 9-3 一级指标比较矩阵

指标	C1 获取的馆藏期刊质量	C2 馆藏期刊建设质量	C3 馆藏期刊利用情况评价
C1 获取的馆藏期刊质量	1	3	2
C2 馆藏期刊建设质量	1/3	1	1/3
C3 馆藏期刊利用情况评价	1/2	3	1

9.3.3 权重的计算

已知 $\boldsymbol{A}$ 是元素 x_1，x_2，…，x_n 对准则 C 的判断矩阵，ω_1，ω_2，…，ω_n 分别

是 x_1，x_2，…，x_n对准则 C 的相对权重，通常习惯于用向量形式表达为 $W=(\omega_1,\ \omega_2,\ \cdots,\ \omega_n)^T$。

权重可以通过特征法及和积法两种方法进行计算，本书采用和积法，即先将判断矩阵 **A** 的元素归一化，然后再计算出各行的算术平均值，即为权重向量，具体计算公式如下：

$$\omega_i = \frac{1}{n}\sum_{j=1}^{n}\frac{a_{ij}}{\sum^{n} a_{kj}},\ i=1,\ 2,\ \cdots,\ n$$

按以上公式计算出的一级指标权重见表 9-4。

表 9-4　一级指标权重

指标	指标权重 W_i
C1 获取的馆藏期刊质量	0.5246
C2 馆藏期刊建设质量	0.1416
C3 馆藏期刊利用情况评价	0.3338

9.3.4 判断矩阵的一致性检验

为了避免构造的判断矩阵出现重要性判断上的矛盾，需对其进行一致性检验。只有当一致性比例 CR 小于 0.1 时，才具有满意的一致性，权重的分配才是合理的。否则必须对判断矩阵中的元素进行调整，直到其具有满意的一致性为止。具体判断步骤如下：

（1）一致性指标 CI 的计算

$$CI=\frac{\lambda_{\max}-n}{n-1}$$

（2）平均随机一致性指标 RI 的查找

表 9-5 给出了 1 ~ 15 阶矩阵重复计算 1000 次的平均随机一致性指标。

表 9-5　平均随机一致性指标 RI

矩阵阶数	1	2	3	4	5	6	7	8
RI	0	0	0.52	0.89	1.12	1.26	1.36	1.41
矩阵阶数	9	10	11	12	13	14	15	
RI	1.46	1.49	1.52	1.54	1.56	1.58	1.59	

（3）一致性比例 CR 的计算

$$CR=\frac{CI}{RI}$$

按以上步骤得出本例一级指标的一致性比例结果为：CR = 0.0518，可以接受。

表 9-6 ~ 表 9-8 列出了各级一级指标下包括的二级指标的判断矩阵和权重值，表 9-9 ~ 表 9-17 列出了各级二级指标下包括的三级指标的判断矩阵和权重值，此外在各表的下面都列出了指标对总目标的权重值及一致性比例 CR 的值。

表 9-6　C1 指标下指标的判断矩阵和权重值

C1 下属指标	C11 来源期刊基本质量	C12 来源期刊内容质量	C13 期刊来源网站质量	权重
C11 来源期刊基本质量	1	1/3	3	0.2426
C12 来源期刊内容质量	3	1	7	0.6695
C13 期刊来源网站质量	1/3	1/7	1	0.0879

注：$W_{C1}=0.5246$，CR = 0.0068

表 9-7　C2 指标下指标的判断矩阵和权重值

C2 下属指标	C21 馆藏期刊的组织	C22 馆藏期刊的描述	C23 馆藏期刊系统功能	C24 馆藏期刊系统的管理	权重
C21 馆藏期刊的组织	1	1/2	1/2	2	0.1885
C21 馆藏期刊的描述	2	1	1	3	0.3512
C23 馆藏期刊系统功能	2	1	1	3	0.3512
C24 馆藏期刊系统的管理	1/2	1/3	1/3	1	0.1091

注：$W_{C2}=0.1416$，CR = 0.0004

表 9-8　C3 指标下指标的判断矩阵和权重值

C3 下属指标	C31 读者易用性	C32 读者使用适度性	权重
C31 读者易用性	1	1/2	0.3334
C32 读者使用适度性	2	1	0.6666

注：$W_{C3}=0.3338$，CR = 0

表 9-9　C11 指标下指标的判断矩阵和权重值

C11	C111	C112	C113	C114	C115	权重
C111	1	3	5	5	6	0. 4988
C112	1/3	1	3	3	4	0. 2433
C113	1/5	1/3	1	1	2	0. 0994
C114	1/5	1/3	1	1	2	0. 0994
C115	1/6	1/4	1/2	1/2	1	0. 0601

注：W_{C11} =0. 1273，CR=0. 0182

表 9-10　C12 指标下指标的判断矩阵和权重值

C12	C121	C122	C123	C124	C125	权重
C121	1	1	3	2	5	0. 3168
C122	1	1	3	3	4	0. 3062
C123	1/3	1/3	1	1/3	3	0. 1087
C124	1/2	1/2	3	1	5	0. 2142
C125	1/5	1/4	1/3	1/5	1	0. 0541

注：W_{C12} =0. 3512，CR=0. 031

表 9-11　C13 指标下指标的判断矩阵和权重值

C13	C131	C132	C133	C134	C135	权重
C131	1	2	3	4	7	0. 4417
C132	1/2	1	2	2	3	0. 2292
C133	1/3	1/2	1	2	3	0. 1619
C134	1/4	1/2	1/2	1	2	0. 1062
C135	1/7	1/3	1/3	1/2	1	0. 0610

注：W_{C13} =0. 0461，CR=0. 0133

表 9-12　C21 指标下指标的判断矩阵和权重值

C21	C211	C212	C213	权重
C211	1	1/2	1/2	0. 2286
C212	2	1	1	0. 4571
C213	2	1	1	0. 3143

注：W_{C21} =0. 0267，CR=0. 0910

表 9-13　C22 指标下指标的判断矩阵和权重值

C22	C221	C222	C223	权重
C221	1	4	2	0. 5794
C222	1/4	1	1	0. 1865
C223	1/2	1	1	0. 2341

注：W_{C22} =0. 0497，CR=0. 0518

表 9-14　C23 指标下指标的判断矩阵和权重值

C23	C231	C232	C233	权重
C231	1	3	4	0. 6233
C232	3	1	2	0. 2394
C233	1/4	1/2	1	0. 1373

注：W_{C23} = 0. 0497，CR = 0. 0176

表 9-15　C24 指标下指标的判断矩阵和权重值

C24	C241	C242	C243	权重
C241	1	2	1/3	0. 2518
C242	1/2	1	1/3	0. 1593
C243	3	3	1	0. 5889

注：W_{C24} = 0. 0155，CR = 0. 0518

表 9-16　C31 指标下指标的判断矩阵和权重值

C31	C311	C312	C313	C314	C315	权重
C311	1	1	3	2	5	0. 3171
C312	1	1	3	2	4	0. 3060
C313	1/3	1/3	1	1/3	3	0. 1080
C314	1/2	1/2	3	1	5	0. 2148
C315	1/5	1/4	1/3	1/5	1	0. 0541

注：W_{C31} = 0. 1113，CR = 0. 031

表 9-17　C32 指标下指标的判断矩阵和权重值

C32	C321	C322	C323	C324	C325	权重
C321	1	1	3	2	2	0. 2932
C322	1	1	3	2	2	0. 2932
C323	1/3	1/3	1	1/2	1/2	0. 0982
C324	1/2	1/2	2	1	1	0. 1577
C325	1/2	1/2	2	1	1	0. 1577

注：W_{C32} = 0. 2225，CR = 0. 005

9. 3. 5　三级指标的复合权重值

将一、二级指标的权重值相乘，计算出三级指标的复合权重值（表 9-18）。表 9-19 中标明了指标体系中每个指标的最终权重。

表 9-18　三级指标复合权重值

指标代码	复合权重	指标代码	复合权重	指标代码	复合权重
C111	0.0634	C134	0.0049	C243	0.0091
C112	0.0309	C135	0.0028	C311	0.0353
C113	0.0127	C211	0.0061	C312	0.0341
C114	0.0127	C212	0.0122	C313	0.0120
C115	0.0076	C213	0.0084	C314	0.0239
C121	0.1113	C221	0.0288	C315	0.0060
C122	0.1075	C222	0.0093	C321	0.0652
C123	0.0382	C223	0.0116	C322	0.0652
C124	0.0752	C231	0.0310	C323	0.0219
C125	0.0190	C232	0.0119	C324	0.0351
C131	0.0203	C233	0.0068	C325	0.0351
C132	0.0106	C241	0.0039		
C133	0.0075	C242	0.0025		

表 9-19　指标最终权重值

一级指标	权重	二级指标	权重	三级指标	权重
获取的馆藏期刊质量	0.5246	来源期刊基本质量	0.1273	适用性	0.0634
				规范性	0.0309
				易读性	0.0127
				可获取性	0.0127
				免费时间范围	0.0076
		来源期刊内容质量	0.3512	专业性	0.1113
				同行评审	0.1075
				可靠性	0.0382
				时效性	0.0752
				完整性	0.0190
		期刊来源网站质量	0.0461	稳定性	0.0203
				便利性	0.0106
				文章可检性	0.0075
				交互性	0.0049
				网页内容可读性	0.0028

续表

一级指标	权重	二级指标	权重	三级指标	权重
馆藏期刊建设质量	0.1416	馆藏期刊的组织	0.0267	规模性	0.0061
				学科结构性	0.0122
				分类合理性	0.0084
		馆藏期刊的描述	0.0497	准确性	0.0288
				全面性	0.0093
				链接有效性	0.0116
		馆藏期刊系统功能	0.0497	检索性	0.0310
				便捷性	0.0119
				界面友好性	0.0068
		馆藏期刊系统的管理	0.0155	有效性	0.0039
				管理人员专业性	0.0025
				更新率	0.0091
馆藏期刊利用情况评价	0.3338	读者易用性	0.1113	知晓度	0.0353
				开放性	0.0341
				读者互动性	0.0120
				用户培训	0.0239
				帮助系统	0.0060
		读者使用适度性	0.2225	读者使用频率	0.0652
				平均点击量	0.0652
				检索功能使用率	0.0219
				用户参与度	0.0351
				用户总体满意度	0.0351

原生数字期刊馆藏质量控制的应用研究主要通过选取一定的对象，应用本书构建的馆藏质量评价指标体系对其进行评价，根据评价结果找出问题所在并提出相应的对策，实现对此对象的质量控制。最后结合国内图书馆原生数字期刊馆藏开发现状，总结出实现原生数字期刊馆藏质量控制的基本策略和方法。

9.4 质量评价指标体系实证检验

9.4.1 评价对象的选择

从原生数字期刊馆藏质量评价指标体系的结构可以看出，此指标体系涉及原生数字期刊开发机制的各个步骤，是在图书馆原生数字期刊开发较为成熟的基础上建立的，因此本书所选择的评价对象也是对原生数字期刊馆藏建设较为重视的高校图书馆。由第 7 章中对“211”高校图书馆原生数字期刊馆藏开发情况的调研可知，原生数字期刊馆藏开发较为成熟的有西安交通大学图书馆和大连理工大学图书馆，因此本书选取大连理工大学图书馆的 OA 资源库和西安交通大学图书馆的 OA 期刊共享集成平台作为评价对象。由于篇幅有限，本书主要详细阐述大连理工大学图书馆 OA 资源库的评价过程，对西安交通大学图书馆 OA 期刊共享集成平台采取与大连理工大学图书馆 OA 资源库一样的评价方式，详细过程不再赘述，只将评价结果直接列出。

9.4.2 指标数据的采集方法

由于国内对原生数字期刊馆藏质量的评价研究较少，目前还没有专门的评价指标体系，已有的一些相关评价指标体系也多存在定性指标过多的问题，而定性指标数据的获取多通过专家调查、问卷等方式，严重影响了指标体系的客观性。本书根据所构建评价指标体系中各指标的特点，采取了不同的数据采集方法，并详细制定了每一项指标的计算方法，以增强指标体系的可靠性和可操作性。

在本书构建的评价指标体系中，既有定性指标，也有定量指标，而定量指标中既有针对原生数字期刊馆藏整体设置的评价指标，也有针对原生数字期刊馆藏个体设置的评价指标，这三类指标体系数据获取的具体方法是不一样的。定性指标数据主要是通过对大连理工大学和西安交通大学的在校学生进行问卷发放获取，针对原生数字期刊馆藏整体设置的定量指标的数据则主要通过对大连理工大学图书馆 OA 资源库和西安交通大学图书馆 OA 期刊共享集成平台直接打分来获取的，针对原生数字期刊馆藏个体设置的定量指标的数据采集则选择一定的样本，并对样本进行打分最后求平均值最终实现原生数字期刊馆藏整体的评价。

9.4.3 定量指标数据的获取

9.4.3.1 通过对原生数字期刊馆藏样本个体评价实现馆藏整体的评价

(1) 取样

大连理工大学图书馆 OA 资源库中，共有期刊 18 992 种，这其中包括原生数字期刊大概 3024 种，本书按照 1 : 50 的比例在各学科间随机抽取馆藏原生数字期刊，共抽得原生数字期刊 60 种（见附录 4），具体学科分布数据参见表 9-20；对西安交通大学图书馆 OA 期刊集成平台随机抽取 60 种馆藏原生数字期刊。依据下面的指标计算方法对其进行打分，最后计算出原生数字期刊馆藏的平均分，采集到的指标数据见表 9-21。

表 9-20 大连理工大学原生数字期刊样本学科分布

学科	农业和食品科学	艺术和建筑	生物学和生命科学	商业与经济学	环境科学	健康科学	历史和考古	语言和文学
原生数字期刊总数	84	163	124	407	104	405	108	147
随机抽取数	2	3	2	8	2	8	2	3
学科	法律和政治学	数学与统计	宗教和哲学	物理学和天文学	社会科学	技术及工程	化学	合计
原生数字期刊总数	350	48	292	104	565	79	44	3024
随机抽取数	7	1	6	2	11	2	1	60

表 9-21 原生数字期刊馆藏样本个体评价指标数据

指标	大连理工大学 OA 资源库总得分	大连理工大学 OA 资源库平均分	西安交通大学 OA 期刊集成平台总得分	西安交通大学 OA 期刊集成平台平均分
规范性	4800	80	5400	90
易读性	5400	90	4800	80
可获取性	5100	85	4800	80
免费时间范围	5700	95	5100	85
专业性	4200	70	4800	80

续表

指标	大连理工大学 OA 资源库总得分	大连理工大学 OA 资源库平均分	西安交通大学 OA 期刊集成平台总得分	西安交通大学 OA 期刊集成平台平均分
同行评审	4200	70	5400	90
可靠性	4500	75	5100	85
时效性	5460	91	4560	76
完整性	4920	82	5100	85
稳定性	4800	80	4500	75
便利性	4680	78	4800	80
文章可检性	3360	56	3960	66
交互性	3600	60	3600	60
网页内容可读性	5100	85	4800	80
准确性	5760	96	4200	70
全面性	5700	95	3600	60
链接有效性	4980	83	4200	70

（2）指标的得分标准

C112 规范性：期刊有 eISSN、有规范的审稿流程、论文执行学术规范（从期刊简介及文章格式看），各得分 40 分、30 分、30 分。

C113 易读性：提供 PDF 和 HTML 格式得分 100 分，仅提供 PDF 格式或者 HTML 格式得分 50 分。

C114 可获取性：申明可以供用户永久保存和使用得分 100 分，否则得分为 0 分。

C115 免费时间范围：永久免费得分 100 分，免费时间大于 10 年得分 90 分，5～10 年得分 80 分，小于 5 年得分 70 分。

C121 专业性：期刊仅涉及一种学科、编辑出版者在本学科内具有较高声望、著者大多来自本学科人士各得分 50 分、30 分、20 分。

C122 同行评审：实行同行评审得分 100 分，不实行同行评审得分 0 分。

C123 可靠性：期刊被权威数据库收录，期刊出版商具有较高声望各得分 50 分。

C124 时效性：主要是出版周期，半月刊和周刊得分 100 分，月刊得分 80 分，季刊得分 60 分，其他得分 50 分。

C125 完整性：卷期完整（100%）得分 100 分，较完整（80% ~100%）得分 80 分，基本完整（60% ~80%）得分 60 分，其他情况得分 40 分。

C131 稳定性：按照网站性能的稳定情况分别得分 100 分、80 分、60 分、40 分。

C132 便利性：拥有中文网页界面、拥有站内导航功能、期刊简介各得分 40 分、30 分、30 分。

C133 文章可检性：提供检索功能得分 100 分，否则得分 0 分。

C134 交互性：拥有读者讨论区、开设本期专门作者介绍栏目各得分 50 分。

C135 网页内容可读性：基本没有广告得分 100 分，有较少广告但不影响阅读得分 80 分，广告较多影响阅读得分 60 分。

C221 准确性：期刊刊名、ISSN、时间范围、主题描述及收录情况准确各得分 20 分。

C222 全面性：期刊刊名、ISSN、出版商各得分 20 分，来源、时间范围、收录情况、所属学科每个栏目各得分 10 分。

C223 链接有效性：期刊网址链接有效得分 100，无效得分 0 分。

9.4.3.2 原生数字期刊馆藏整体评价指标数据的采集

各指标的得分标准如下，采集到的数据分布见表 9-22。

表 9-22 原生数字期刊馆藏整体评价指标数据

指标	大连理工大学 OA 资源库得分	西安交通大学 OA 期刊集成平台得分
规模性	100	100
学科结构性	80	60
检索性	60	100
便捷性	80	60
有效性	50	50
管理人员专业性	70	70
更新率	60	80
开放性	100	100
读者互动性	0	0
用户培训	0	0

续表

指标	大连理工大学 OA 资源库得分	西安交通大学 OA 期刊集成平台得分
帮助系统	100	0
平均点击量	70	60

C211 规模性：形成一定规模得分 100 分。

C212 学科结构性：所有大学科下均有不少于总数 10% 的期刊得分 100 分，有少于 2 个大学科类期刊少于总数 10% 得分 80 分，有 3 ~ 4 个大学科类期刊少于总数 10% 得分 60 分，有 5 ~ 6 个大学科类期刊总数少于总数 10% 得分 40 分，其余情况得分 0 分。

C231 检索性：提供文章标题检索、期刊标题检索、期刊 ISSN 检索并结果准确各得分 40 分、30 分、30 分，不准确不得分。

C232 便捷性：原生数字期刊系统栏目在图书馆主页上较为醒目、可链接到图书馆主页、电子期刊导航各得分 20 分、40 分、40 分。

C241 有效性：具有原生数字期刊馆藏建设工作细则、后期维护细则分别得分 50 分。

C242 管理人员专业性：专门人员从事得分 100 分、电子期刊部门人员从事得分 70 分、其他人员从事得分 60 分。

C243 更新率：更新周期小于季度、季度更新、年度更新及不更新分别得分 100 分、80 分、60 分、0 分。

C312 开放性：校外访问无 IP 限制得分 100 分，有 IP 限制得分 50 分。

C313 读者互动性：具有期刊推介栏目、期刊评价栏目各得分 50 分。

C314 用户培训：开展用户培训得分 100 分，未开展用户培训得分 0 分。

C315 帮助系统：有帮助系统得分 100 分，无帮助系统得分 0 分。

C322 平均点击量：期刊平均点击率在大于 30% 得分 100 分，20% ~30% 得分 80 分，10% ~20% 得分 60 分，小于 10% 得分 40 分。

9.4.4 定性指标的数据采集

C111 适用性、C213 分类合理性、C233 界面友好性、C311 知晓度、C321 读者使用频率、C323 检索功能使用频率、C324 用户参与度、C325 用户总体满意度这几个指标的数据采集通过调查问卷来获取。详细的调查问卷见附录 5，采集到的具体数据见表 9-23。

表 9-23　原生数字期刊馆藏评价定性指标数据

指标	大连理工大学 OA 资源库总得分	大连理工大学 OA 资源库平均分	西安交通大学 OA 期刊集成平台总得分	西安交通大学 OA 期刊集成平台平均分
适用性	4800	80	5100	85
分类合理性	4800	80	4520	75
界面友好性	4600	77	5100	85
知晓度	6000	100	6000	100
读者使用频率	4200	70	4500	75
检索功能使用频率	4800	80	5100	85
用户参与度	0	0	0	0
用户总体满意度	4800	80	4500	75

本次调查对象主要选择大连理工大学在校学生（分布在经济学院、公共管理学院、生命科学与技术学院），问卷主要通过电子邮箱的方式进行发放及回收。共发放调查问卷 90 份，最终回收 60 份，回收率为 67%，符合调查问卷样本数量的基本要求（一般以其问题数的 5 ~ 10 倍为佳，本调查的问题数为 8，所需样本量应在 40 份以上）。在西安交通大学针对在校学生发放调查问卷 80 份，最终回收 60 份。

对调查问卷的数据转换说明如下：

1）问题只有 A、B 两个选项时，A、B 对应分数分别为 100 分、0 分。

2）问题答案有 A、B、C、D、E 五个选项时，A、B、C、D、E 对应分数分别为 100 分、80 分、60 分、40 分、20 分。

3）将所有调查问卷得分相加并除以调查问卷数量，最终得分即该项指标的基础得分。

9.4.5　评价结果

将原生数字期刊馆藏评价三级指标得分加权得到最终得分（表 9-24），并由此计算出一级指标和二级指标的得分（由所包括下级指标相加所得），将大连理工大学 OA 资源库和西安交通大学 OA 期刊集成平台的评价结果相比较，见表 9-25。

表 9-24　原生数字馆藏评价加权得分

三级指标	大连理工大学 OA 资源库得分	大连理工大学 OA 资源库加权得分	西安交通大学 OA 期刊集成平台得分	西安交通大学 OA 期刊集成平台加权得分
适用性	80	5.08	85	5.40
规范性	80	2.48	90	2.79
易读性	90	1.14	80	1.02
可获取性	85	1.08	80	1.02
免费时间范围	95	0.72	85	0.65
专业性	70	7.78	80	8.90
同行评审	70	7.53	90	9.68
可靠性	75	2.87	85	3.25
时效性	91	6.84	76	5.72
完整性	82	1.56	85	1.62
稳定性	80	1.63	75	1.53
便利性	78	0.83	80	0.85
文章可检性	56	0.42	66	0.50
交互性	60	0.29	60	0.29
网页内容可读性	85	0.24	80	0.22
规模性	100	0.61	100	0.61
学科结构性	80	0.98	60	0.73
分类合理性	80	0.67	75	0.63
准确性	96	2.76	70	2.02
全面性	95	0.88	60	0.56
链接有效性	83	0.96	70	0.81
检索性	60	1.86	100	3.10
便捷性	80	0.95	60	0.71
界面友好性	77	0.52	85	0.58
有效性	50	0.20	50	0.20
管理人员专业性	70	0.18	70	0.18
更新率	60	0.55	80	0.73
知晓度	100	3.53	100	3.53
开放性	100	3.41	100	3.41
读者互动性	0	0.00	0	0.00

续表

三级指标	大连理工大学 OA 资源库得分	大连理工大学 OA 资源库加权得分	西安交通大学 OA 期刊集成平台得分	西安交通大学 OA 期刊集成平台加权得分
用户培训	0	0.00	0	0.00
帮助系统	100	0.60	0	0.00
读者使用频率	70	4.57	75	4.90
平均点击量	70	4.57	60	3.92
检索功能使用率	80	1.75	85	1.86
用户参与度	0	0.00	0	0.00
用户总体满意度	80	2.81	75	2.63
合计		72.85		74.50

表 9-25　评价结果比较

一级指标	二级指标	大连理工大学 OA 资源库得分	西安交通大学 OA 期刊集成平台得分
获取的馆藏期刊质量	合计	40.49	43.41
	来源期刊基本质量	10.50	10.87
	来源期刊内容质量	26.58	29.15
	期刊来源网站质量	3.41	3.39
馆藏期刊建设质量	合计	11.13	10.85
	馆藏期刊的组织	2.26	1.97
	馆藏期刊的描述	4.61	3.39
	馆藏期刊系统功能	3.34	4.39
	馆藏期刊系统的管理	0.92	1.10
馆藏期刊利用情况评价	合计	21.24	20.25
	读者易用性	7.54	6.94
	读者使用适度性	13.70	13.31
总分		72.86	74.51

9.5　质量评价结果分析及建议

从质量评价结果可以看出，两者评价最终得分相差较小，说明两个高校图书馆原生数字期刊馆藏质量综合水平处于同一等级。

在获取阶段，西安交通大学 OA 期刊集成平台获取的馆藏质量高于大连理工大学 OA 资源库的质量，这其中差距最大的是来源期刊内容质量，主要是专业性和同行评审两个指标的差距造成的，可见西安交通大学 OA 期刊集成平台期刊的专业性更强，具有同行评审制度的也更多，大连理工大学图书馆 OA 资源库有必要加强对期刊专业性和同行评审制度方面的审核，进一步提高获取的馆藏期刊质量。此外，在这个阶段的质量评价中，大连理工大学 OA 资源库期刊的时效性较好，这一点是值得西安交通大学 OA 期刊集成平台学习的。

在建设阶段，大连理工大学 OA 资源库的馆藏期刊建设质量与西安交通大学 OA 期刊集成平台基本持平，其中馆藏期刊的组织和馆藏期刊的描述均稍高于后者，馆藏期刊系统功能却比后者差，三级指标中差距较大的是检索性和准确性。大连理工大学 OA 资源库仅可以对期刊进行检索，而西安交通大学 OA 期刊集成平台不仅可以对平台内的所有期刊进行各种途径的检索，还可以对期刊中的文章进行标题检索，其检索功能比大连理工大学的 OA 资源库更为完善，检索性更强，是一种相对来说更深层次的建设模式，大连理工大学 OA 资源库应该朝这方面努力。但是西安交通大学 OA 集成平台对馆藏期刊的描述信息不够准确和全面，会造成读者在浏览或者检索期刊时出现诸多不便，对期刊集成平台的利用形成障碍，图书馆有必要加强对期刊具体描述信息的校对和整理，提高期刊描述的准确度，使读者利用集成平台更为方便。

在利用阶段，两者的馆藏期刊利用情况评价基本没有差距，说明两者的利用水平较为统一。但是两者得分在总得分中占的权重（0. 2916 和 0. 2754）均低于馆藏期刊利用评价指标在指标体系中所占的权重（0. 3338），说明两者的期刊利用水平有待于进一步提升。尤其需要注意的是，读者互动性、用户培训及用户参与度这三个指标的得分均为 0，说明两个图书馆没有开展相应的用户培训活动，期刊系统也没有提供读者互动的通道，导致用户参与度低，影响了整个期刊服务系统的利用水平。图书馆应该针对自己的期刊服务系统开展相应的用户培训，并加强与读者的互动性，提高用户参与度。

9.6 原生数字期刊馆藏质量控制

通过以上的实证检验可以看出，本书构建的评价指标体系较为实用，能对原生数字期刊馆藏质量进行全面的评价，通过质量评价可以发现原生数字期刊馆藏建设中的薄弱环节，从而有针对性地采取措施进行改进。因此有必要以原生数字期刊馆藏质量评价指标为基础，结合我国原生数字期刊馆藏建设现状，在不同的阶段采取不同的质量控制策略和方法，实现对原生数字期刊馆藏的质量控制。

9.6.1 原生数字期刊馆藏获取阶段质量控制

从一级指标的评价结果数据分布可以看出，原生数字期刊馆藏获取、建设和利用三个阶段中对获取阶段的要求最高，这主要是因为获取阶段是原生数字期刊馆藏开发最基础的工作，只有搜集了各方面质量稳定、学术水平高的原生数字期刊，原生数字期刊馆藏建设和利用才有最基本的保证。而在获取的馆藏期刊质量中最重要的指标是来源期刊内容质量，可见图书馆在获取原生数字期刊时必须确保其学术水平，在评价学术水平中，主要的依据是期刊是否经过同行评审及期刊的专业性，专业性强及通过同行评审的原生数字期刊是图书馆搜集期刊的重中之重。当然，在馆藏期刊的获取过程中，期刊的基本质量也是不能忽视的。要想实现期刊获取阶段的质量控制，在搜集原生数字期刊时，就必须严格执行统一的获取标准，主要包括以下几个方面：①学术性原则。立足于学科，收集本学科内经过同行评审的原生数字期刊。②专业性原则。搜集具有专业的学术价值资源，期刊责任者在该学科领域内具有较深的研究资格，期刊文章被本学科权威文献机构收录。③切合性原则。搜集的原生数字期刊能够符合图书馆用户的需求。在确定了原生数字期刊的获取原则后，还要就原生数字期刊的搜集方式等做出详细的规划和部署，只有这样，才能确保图书馆获得高质量的原生数字期刊。

9.6.2 原生数字期刊馆藏建设阶段质量控制

从整个指标体系的权重来看，原生数字期刊馆藏建设质量各指标所占的权重相对较小，导致建设阶段的最终评价数据相对较小。但是这并不意味着原生数字期刊的建设阶段就不需要实行严格的质量控制。事实上，原生数字期刊馆藏建设阶段是原生数字期刊馆藏开发中很重要的一个阶段，是获取阶段和利用阶段的承接，只有通过对原生数字期刊馆藏的建设，才能形成适合于用户的期刊服务系统，为用户提供原生数字期刊服务。在建设阶段的全部指标中，较为重要的指标主要有准确性和检索性，可知原生数字期刊馆藏建设中要求最高的是期刊信息描述的准确性及期刊系统的检索功能。期刊信息描述的准确性在很大程度上取决于获取阶段对期刊信息的全面的、准确的了解，在此基础上形成期刊信息描述的文档，建设馆藏期刊服务系统时再运用网络语言把这些信息详细无误地反映在系统中。整个期刊服务系统的检索性直接关系到用户能否方便迅速地利用系统查找到自己所需的期刊设置某个期刊中的某篇文章，因此要在建设阶段组织整合好馆藏原生数字期刊资源，形成集三者的检索功能。

目前由于图书馆对原生数字期刊的馆藏建设还没有形成统一的规范，并且各个图书馆的经济及人力方面的实力也不一样，各图书馆的建设过程中，有必要结合本图书馆的实际情况确定适合本馆的建设形式，并制定相应的规范，以便最终建设成良好的期刊系统供用户使用。

9.6.3 原生数字期刊馆藏利用阶段质量控制

在各层指标的得分中，期刊利用阶段的指标均排名较靠前，可见原生数字期刊馆藏开发对利用阶段的要求较高。原生数字期刊利用阶段的质量水平是整个原生数字期刊馆藏开发过程中的最终目的，因此最能直接体现读者利用水平的读者使用频率、平均点击量和检索功能使用率成为衡量利用阶段质量的重要标志。在为读者提供原生数字期刊服务时，要注重使期刊系统简单易用，并且提高系统的开放程度及开展宣传工作，引导读者使用检索功能查找期刊和文章，提高读者使用期刊服务系统的频率，增强读者的总体满意度。

总之，为了更好地进行原生数字期刊馆藏建设，提高原生数字期刊馆藏建设质量，课题组在分析前人相关评价指标体系的基础上，利用德尔菲法确定了原生数字期刊馆藏评价指标体系的描述，并利用层次分析法确定了指标权重，使所提出的原生数字期刊馆藏评价指标体系更具操作性。课题组对评价指标体系进行了分析，指出了利用所构建的原生数字期刊馆藏评价指标体系对原生数字期刊馆藏建设各个阶段进行评价时应该注意的问题，并利用所构建的原生数字期刊馆藏评价指标体系对大连理工大学的 OA 资源库和西安交通大学 OA 期刊集成平台进行了评价，为图书馆在进行原生数字期刊馆藏建设过程中的获取、建设和利用阶段质量控制提供了参考标准。

尽管本书已经构建了原生数字期刊馆藏评价指标体系，但随着原生数字期刊馆藏建设的不断发展和深入，原生数字期刊馆藏评价指标体系还需要不断完善和进一步拓展。课题组将继续追踪相关研究，使本项目研究更好地满足现实需要。

参考文献

毕强，鲍玉来. 2012. 基于领域本体和RSS的OA资源集成门户设计与实现. 现代图书情报技术，(3)：78-82.

陈传夫，王云娣. 2007. 开放存取期刊的分布及获取策略研究. 中国图书馆学报，33（6）：82-87.

陈丹，张志林. 2006. 整合与细分：我国网络杂志内容利用模式初探. 出版发行研究，（8）：50-53.

陈美家，于海洋，张文明，等. 2011. 我国 OA 期刊研究的可视化分析. 图书情报工作，55（22）：133-137.

陈寿. 2011. 高校图书馆数字化馆藏建设模式. 图书馆学刊，(8)：49-51.

陈微. 2010. OA 环境下高校图书馆期刊资源利用与建设. 福建工程学院学报，8（5）：580-584.

陈雪华. 1995. 电子期刊的过去、现在与未来. 图书馆工作与研究，(2)：7-12.

陈幼华. 2000. 国内网络杂志概述. 图书馆建设，(3)：22-24.

程大帅. 2007. 纯网络电子期刊及其评估. 当代图书馆，90（2）：72-74.

程维红，任胜利. 2007. 中国科技期刊开放存取出版现状. 编辑学报，19（3）：196-198.

程维红，任胜利，王应宽，等. 2008. 中国科协科技期刊开放存取（OA）出版现状. 中国科技期刊研究，19（4）：554-560.

程维红，任胜利，王应宽，等. 2010. 中国科协所属期刊开放存取出版现状和发展趋势. 科技导报，28（12）：19-25.

程维红，任胜利，路文如，等. 2011. 中国科技核心期刊网站建设现状. 中国科技期刊研究，22（5）：649-655.

程维红，任胜利，路文加，等. 2012. 2007～2011年中国科协科技期刊开放存取出版进展. 中国科技期刊研究，23（5）：710-714.

初景利，张晓林，赵玉蓉，等. 2013. 我国科技期刊开放获取出版发展态势——基于中国科协科技期刊的调查. 图书情报工作，57（1）：43-48.

崔国平. 2007. 纯网络期刊发展趋势分析. 西安文理学院学报（自然科学版），10（2）：121-124.

邓小川，张妮. 2011. OA 期刊与高校图书馆期刊工作. 贵图学刊，(1)：44-46.

董文鸳，陈清文. 2009. 图情领域开放存取期刊学术影响力评价. 图书馆建设，(5)：104-107.

都蓝，黄如花. 2009. "211"高校图书馆对OA资源利用的调查与分析. 图书情报知识，(3)：58-62.

杜亮，陈耀龙，王梦书，等. 2009. 我国医学工作者对"开放存取（Open Access）"的认知态度——《中国循证医学杂志》作者群调查结果分析. 中国科技期刊研究，20（2）：252-255.

范昊，王贺 . 2019. 欧洲开放获取政策及其启示——以“开放获取 S 计划”为例 . 图书馆学研究，(9)：37-43，73.

范亚芳，曹作华 . 2012. 网络原生数字资源馆藏化建设模式研究 . 情报理论与实践，35 (11)：85-88.

冯晴 . 2011. 开放存取期刊与高校图书馆重点馆藏建设 . 图书馆杂志，30 (11)：64-66，29.

冯太琴 . 2010. 基于满足学科建设需求的高校图书馆馆藏建设模式——以北京化工大学为例 . 科技情报开发与经济，20 (29)：4-6.

冯阳飏 . 2009. 谈纯网络期刊的质量评价 . 科技情报开发与经济，19 (10)：69-70.

高俊芳，卞丽，任秀梅 . 2012. 我国图书情报专业文献的开放获取研究 . 情报杂志，31 (6)：75-78.

龚旭 . 2001. 21 世纪图书馆馆藏模式研究 . 现代情报，(6)：56-57.

顾立平，张晓林，初景利，等 . 2013. 开放获取期刊的评价与遴选：质量水平、开放程度和服务能力 . 图书情报工作，57 (1)：49-54.

关家勇 . 2011. 网络杂志的前景和策略研究 . 东南传播，(2)：78-80.

郭丽芳 . 1997. 网路电子期刊评估之研究 . 大学图书馆（台湾），1 (3)：56-81.

韩欢，胡德华 . 2009. 开放存取期刊的质量控制机制研究 . 情报杂志，28 (7)：44-48.

郝勇 . 2006. 影响我国实行“开放存取”模式的因素分析 . 现代情报，26 (12)：2-4.

何惠霞 . 2011. 试论高校图书馆 OA 期刊资源建设策略 . 江西图书馆学刊，(4)：33-35.

何年琴 . 2010. 基于 OA 资源的虚拟参考咨询服务 . 科技信息，(23)：731，608.

何先刚，马跃，鲜思东，等 . 2014. 基于主成分分析的网络电子期刊模糊综合评价 . 重庆邮电大学学报（自然科学版)，26 (6)：861-865.

胡敏，葛彦菲，崔静 . 2010. OA 期刊数据库建设的关键问题研究——以农业、生物、化学为例. 农业图书情报学刊，22 (3)．25 28.

黄扶敏，叶艳鸣，和秀蓉，等 . 2009. 基于图书馆 OPAC 系统的 OA 期刊资源整合问题研究 . 四川图书馆学报，(3)：50-53.

黄如花 . 2008. 论开放存取资源的收集策略 . 图书情报工作，52 (12)：6-8，46.

黄如花，吴晶晶 . 2008. 促进我国图书情报学期刊开放存取的建议 . 图书馆论坛，28 (4)：1-5.

贾君枝，李亚芳 . 2012. 国外图书情报学领域开放存取期刊的发展 . 情报科学，30 (3)：430-435.

江秋菊 . 2008. 试析影响“开放存取”模式发展的因素 . 中华医学图书情报杂志，17 (1)：9-12.

蒋静 . 2011a. 我国科技期刊开放存取现状调查 . 中国科技期刊研究，22 (3)：334-336.

蒋静 . 2011b. 开放存取期刊综合评价指标体系研究 . 上海：华东师范大学硕士学位论文：235.

寇晓伟 . 2007-05-22. 大力发展中国网络杂志出版业 . 中国新闻出版报，第 9 版 .

李爱贞，齐珊．2008. 高校图书馆应重视对互动多媒体网络杂志的利用．内蒙古科技与经济，(11)：122-123.
李金庆．2008. 我国 OA 期刊发展障碍及对策探讨．福建图书馆理论与实践，(2)：50-53.
李娜．2007. 中国网络杂志发展研究．武汉：华中科技大学硕士学位论文：66.
李武，董伟．2010. 国内开放存取的研究热点：基于共词分析的文献计量研究．中国图书馆学报，36 (6)：105-115.
李武，杨屹东．2006. 开放存取期刊出版的发展现状及其影响分析．图书情报工作，50 (2)：25-30.
李欣．2001. 试论 21 世纪图书馆馆藏模式和服务模式的转变．山东图书馆季刊，(2)：15-17.
李雪娇，周立文．2011. 中文 OA 期刊影响力评价研究．东方企业文化，(24)：129.
李亚芳．2012. 学术型开放存取期刊的质量评估．太原：山西大学硕士学位论文：56.
李宇．2012. OA 期刊学科服务检索系统的创建与实现．情报科学，30 (3)：387-390.
林风．2002. 海南医学院图书馆馆藏模式的探讨．中华医学图书馆杂志，(2)：14-17.
刘畅．2008. 开放存取期刊的影响力分析．图书情报工作，52 (12)：9-12.
刘锦宏，徐丽芳．2011. 图书情报学 OA 资源的分布研究．情报杂志，30 (2)：171-175.
刘军，张军．2019. 中国开放获取期刊现状分析及图书馆的应对措施．图书馆杂志，38 (2)：64-68.
刘利明．2009. 网络电子杂志的问题及其发展对策．郑州：郑州大学硕士学位论文：67.
刘清，郭玉强．2009. OA 期刊对图书馆馆藏建设的影响研究．高教发展与评估，(1)：52-55，122.
刘晓佳，曹春香．2012. OA 期刊对高校图书馆期刊工作的影响及其利用．高校图书馆工作，(5)：55-57.
刘祯臣，韩子军，宿英德．1992. 图书馆文献资源建设．上海：上海科学技术文献出版社：27.
路世玲．2012. 开放存取期刊的学术影响力研究．郑州：郑州大学硕士学位论文：89.
马爱芳，王宝英．2007. 我国科技期刊开放存取（OA）出版状况及发展思路．中国科技期刊研究，(1)：49-51.
马红．2008. 基于 OA 期刊与 OA 知识库实现途径的比较分析．图书馆学研究，(2)：99-101.
马漫江．2009. 开放存取期刊与高校图书馆电子期刊资源建设发展策略研究．湘潭：湘潭大学硕士学位论文：32.
毛有桂，苏秋侠．2008. 网络电子期刊存取利用与长期保存．现代情报，28 (11)：154-156.
欧阳雪梅，张苹，张小强，等．2007. OA 知识库和 OA 期刊的对比分析．编辑学报，19 (4)：294-296.
潘琳．2006. 开放存取期刊的来源、分布与质量分析研究．山东图书馆季刊，(2)：104-108.
彭丽．2008. 网络杂志竞争力探析．东南传播，(6)：82-83.
秦金聚．2007. 纯网络电子期刊质量评价研究．情报探索，(8)：13-16.
阮建海．2002. 我国免费网络杂志探析．情报学报，21 (2)：143-148.

阮建海 . 2003. 纯网络杂志研究 . 武汉：武汉大学博士学位论文 .

阮建海 . 2004a. 纯网络杂志发展之影响因素分析 . 图书情报工作，48（7）：62-65，75.

阮建海 . 2004b. 纯网络杂志质量控制探讨 . 图书情报知识，（1）：2-6.

邵晶，周奇，李威 . 2009a. OA 期刊共享集成方案及其关键技术研究 . 大学图书馆学报，27（1）：52-55.

邵晶，周琴，苏黎，等 . 2009b. 开放存取期刊的出版模式及其“获取”途径 . 大学图书馆学报，27（4）：39-44.

沈鸥，徐云 . 2009. DOAJ 医学 OA 期刊资源建设情况的实证研究 . 现代情报，29（10）：141-145.

沈鸥 . 2009. DOAJ 医学 OA 期刊的统计与分析 . 图书馆界，（4）：62-65.

沈鸥 . 2011. 高校图书馆利用 OA 期刊开展信息服务的实践探讨——以桂林医学院图书馆为例 . 图书馆建设，（2）：68-70.

师曾志，王建杭 . 2002. 纯电子期刊及大学图书馆读者对它的态度和利用 . 中国图书馆学报，28（3）：56-58.

苏小波，张新兴 . 2011. 2001–2009 年国外开放存取研究内容分析 . 国家图书馆学刊，（1）：78-85.

苏振华，杨振和 . 2010. OA 期刊资源发展的现状分析 . 经济研究导刊，（36）：219-220.

孙芳，赵良英 . 2010. 复合图书馆虚拟馆藏资源评价指标体系研究 . 图书馆工作与研究，（7）：13-15.

孙奇 . 2012. 开放存取期刊站点自动搜索方法研究 . 秦皇岛：燕山大学硕士学位论文：98-99.

索传军 . 2005. 论数字馆藏管理政策 . 中国图书馆学报，31（5）：62-65.

索传军，袁静 . 2007. 论数字馆藏发展政策的框架与内容 . 中国图书馆学报，33（2）：65-69.

索传军，陈良金 . 2008. 基于系统图法的数字馆藏质量管理研究 . 中国图书馆学报，34（2）：47-50.

谭从容 . 2006. 计算机类 OA 期刊搜集与分析 . 现代情报，26（10）：158-160，163.

谭从容 . 2007. 图书馆学 OA 期刊搜集与分析 . 图书与情报，（2）：81-84.

唐秀群 . 2012. 开放存取期刊特点及与订阅期刊的比较 . 图书馆，（5）：94-95，116.

田质兵 . 2010. 基于 OA 期刊的信息推送服务研究 . 情报探索，（8）：89-92.

完颜邓邓，盛小平 . 2013. 基于共词分析的国内开放存取研究主题探析 . 图书情报工作，57（5）：94-100.

王静君 . 2012. 利用 OA 期刊促进图书馆期刊资源建设探析 . 大学图书情报学刊，（1）：39-42.

王静君，陈长青 . 2013. 开放存取资源的分布和利用研究——以农业类资源为例 . 新世纪图书馆，（1）：32-34.

王小红，刘玮，张勋 . 2010. 我国开放获取期刊现状及前景刍议 . 中国自然医学杂志，（6）：527-529.

王新才，王海宁 . 2015. 高校图书馆期刊文献保障实证研究——以武汉大学为例 . 中国图书馆学报，41（5）：4-15.
王燕平 . 2014. 纯网络期刊评价研究进展 . 中国科技期刊研究，25（5）：685-690.
王一华 . 2018. 国内外纯网络电子期刊评估实证研究 . 情报探索，（10）：47-51.
王应宽，王锦贵 . 2007. 中国科技学术期刊的开放存取出版模式研究 . 中国科技期刊研究，18（5）：755-760.
王应宽，吴卓晶，程维红，等 . 2012. 国内外开放存取期刊研究进展综述与发展动态分析 . 中国科技期刊研究，（5）：715-724.
王云娣 . 2008. MEDLINE 数据库收录的开放存取期刊研究 . 中国科技期刊研究，19（2）：195-200.
魏红菊 . 2010. OA 期刊与图书馆信息资源建设研究 . 考试周刊，（34）：44-45.
翁淳光，梅红，黄成，等 . 2013. 国内外开放获取期刊网站可用性比较研究——以生物医学期刊为例 . 情报杂志，32（3）：117-120，158.
吴昌合，左亮亮，卢小莉 . 2010. 国外电子期刊管理模式对我国图书馆的启示 . 大学图书情报学刊，（1）：15-17，43.
吴吉玲，曾小红 . 2013. 我国高校图书馆开放存取资源组织与揭示的调查分析 . 情报探索，（12）：42-44，48.
吴云标 . 2001a. 影响虚拟馆藏利用的因素分析——虚拟馆藏选择评价刍议之一 . 图书情报工作，45（5）：45-48.
吴云标 . 2001b. 影响虚拟馆藏利用的因素分析——虚拟馆藏选择评价刍议之二 . 图书情报工作，45（12）：30-32.
伍海云 . 2012. 网络教研的基本模式——以海南省网络教研实践为例 . 新课程（综合版），（1）：8-10.
肖宏 . 2010. 中国科学院 OA 期刊门户平台 . http：//www. berlin8. org/userfiles/file/20101026CAS-OAJ-B8. pdf［2013-6-16］.
谢新洲，万猛，柯贤能 . 2009. 网络期刊的发展及其评价研究 . 出版科学，17（1）：22-28.
徐勇，薛秀珍 . 2008. 网络开放存取期刊数据库的分析与利用 . 浙江高校图书情报工作，（1）：23-28.
严海晏 . 2013. 趋向融合的图书馆开放存取发展之路 . 图书馆学刊，（3）：10-12.
阎雅娜，聂兰渤 . 2007. 利用网络版乌利希期刊指南分析 OA 期刊 . 现代情报，（10）：170-172.
杨东清 . 2010. 开放获取期刊资源库共建共享平台的研究与开发 . 南京：南京农业大学硕士学位论文：98.
杨开 . 2010. 网络杂志发展的问题与对策探讨 . 新乡学院学报（社会科学版），24（6）：150-151.

杨莉 . 2009. 高校图书馆对开放存取资源揭示的调查分析 . 图书馆学研究，(8)：57-59，56.
姚志远 . 2012. 体育类网络电子杂志的现状分析和发展趋势研究 . 北京：北京体育大学硕士学位论文 .
叶继元，陈铭 . 2013. 开放存取期刊学术质量“全评价”体系研究——以“中国科技论文在线优秀期刊”为例 . 图书与情报，(2)：81-87.
叶新明，陈益君 . 2011. 我国开放存取中文科技期刊与全文数据库期刊的时效性比较 . 大学图书馆学报，(1)：31-35.
于新国 . 2009. 开发利用互联网上 6 类 OA 文献资源 . 浙江高校图书情报工作，(1)：25-28.
于国强 . 2012. 近年来 OA 期刊主题内容研究综述 . 科技信息，(2)：446.
于新国 . 2019. 我国图书情报类开放获取期刊资源来源途径和来源渠道研究 . 科技文献信息管理，33（2）：16-19.
余望 . 2007. OA 期刊与传统学术期刊的比较及我国发展 OA 期刊应注意的问题 . 中国编辑，(6)：52-55.
詹骞 . 2006. 我国网络杂志现状探析 . 现代传播，(5)：111-112，128.
张付志，李勇 . 2014. 基于标签内特征词的 OA 期刊站点自动分类方法 . 小型微型计算机系统，35（1）：60-63.
张红芹，黄水清 . 2007a. OA 期刊质量评价指标体系初探 . 情报杂志，26（3）：124-126.
张红芹，黄水清 . 2007b. “开放获取”在国内的应用策略初探 . 图书馆理论与实践，(2)：57-59.
张红芹，金洁琴，徐宁 . 2010. 数据库期刊开放获取情况的调查与分析 . 大学图书馆学报，28（5）：27-30.
张惠玲，阮建海，罗华 . 2007. 非学术电子杂志分类体系构建 . 现代情报，27（2）：178-180.
张晋朝，梁伊琪 . 2018. 我国开放获取期刊现状及发展分析 —以 DOAJ 为例 . 出版科学，26（5）：87-96.
张荣超 . 2010. 浅谈高职院校图书馆 OA 期刊资源建设及应注意的问题 . 河北科技图苑，(5)：61 63.
张晓林 . 2012-11-23. 借全球 OA 发展契机 推动中国 OA 进程 . 中国图书商报，第 012 版 .
张晓梅 . 2004. 虚拟馆藏建设模式探讨//中华医学会医学信息学分会 . 中华医学会第十次全国医学信息学术会议论文汇编：305.
张玉祥 . 2012. 高校图书馆开放存取资源的整合模式研究 . 济南：山东大学硕士学位论文 .
章岑，黄金霞 . 2016. 国内外开放获取期刊研究内容对比分析 . 现代情报，36（9）：159-167.
赵蓉英，王建品，冯雪峰，等 . 2019. 基于 Altmetrics 的开放获取期刊论文影响力评价研究 . 情报理论与实践，42（1）：81-86.
赵顺起，孟繁珍，高燕华，等 . 1992. 馆藏分析及 2000 年馆藏模式的探讨 . 图书馆建设，(S2)：107-108.

周黎明 . 2002. 网络学术性期刊的发展研究 . 编辑学报，14（5）：335-338.

周育红，程宏利 . 2006. 网络电子期刊及其评估 . 当代图书馆，（2）：7-9.

朱连花，孙济庆 . 2012a. 开放存取期刊现状研究——以 DOAJ 为例 . 现代情报，32（6）：39-42.

朱连花，孙济庆 . 2012b. 开放存取期刊质量评价的实证研究 . 图书情报知识，（6）：76-80.

Bradley K. 2014. Built on sound principles：audio management and delivery at the National Library of Australia. International Federation of Library Associations and Institutions，40（3）：186-194.

Chan D L H. 2009. An integrative view of the institutional repositories in Hong Kong：strategies and challengies. Serials Review，35（3）：119-124.

Dechamp J F. 2011. Open Access in the European Research Area. http：//www. berlin8. org/userfiles/file/DECHAMP_ presentation_ visuals_ BERLIN8. pdf. [2013-6-16] .

Godwin C. 2011. Open Access Strategies and Policies of the UK Research Councils. http：//www. berlin8. org/userfiles/file/oa% 20berlin% 208% 20bejing% 20oct% 202010% 20- % 20CG% 20edit. pdf [2013-6-16] .

Hu D H，Luo A J，Liu H X. 2013. Open access in China and its effect on academic libraries. The Journal of Academic Librarianship，39（1）：110-112.

Jones M. 2004. The digital preservation coalition. Vine，34（2）：84-86.

Kiley R. 2011. Open Access at the Wellcome Trust：5-years on. http：//www. berlin8. org/userfiles/file/berlin8_ kiley_ oct_ 10. pdf [2013-6-16] .

Kwon H，Pardo T A，Burke G B. 2009. Interorganizational collaboration and community building for the preservation of state government digital information：lessons from NDIIPP state partnership initiative. Government Information Quarterly，26（1）：186-192.

Lancaster F W. 1995. The evolution of electronic publishing. Library Trends，43（4）：713-740.

Langschied L. 1991. The changing shape of the electronic journal. Serials Review 17（3）：7.

Mangiafico P. 2010. Open Access at Duke University：Strategic Directions and Tactical Approaches. http：//www. berlin8. org/userfiles/file/Berlin8OA-Beijing-presentation. pdf [2013-6-16] .

McKnight C，Price S. 1999. A survey of author attitudes and skills in relation to article publishing in paper and electronic journals. Journal of Documentation，（5）：556-576.

McMillan G. 1991. Electronic journals：considerations for the present and the future. Serials Review，17：77-86.

Mele S. 2010. SCOAP3 Publishing Program. http：//www. berlin8. org/userfiles/file/Berlin8-251010-short. pdf [2013-6-16] .

Woodward H，McKnight C. 1995. Electronic journals：issues of access and bibliographical control. Serials，21：71-74.

附　　录

附录 1 “原生数字期刊馆藏质量评价指标”专家调查表（初稿）

尊敬的专家：

您好！我们正在进行“原生数字期刊馆藏质量评价指标体系”的研究，烦请您作为专家对该评价体系给出宝贵的意见。非常希望能得到您的支持，您的回答具有极其重要的价值。本问卷完全匿名，结果仅用于学术研究。

再一次感谢您的支持与配合。祝身体健康，工作顺利！

原生数字期刊馆藏建设模式研究课题组

【说明】以下是原生数字期刊馆藏质量评价指标体系初稿，请您对各指标的描述提出参考意见，并在本问卷末尾部分对指标体系的结构方面提出宝贵的意见。注：表中一切期刊均指原生数字期刊。

原生数字期刊馆藏质量评价指标体系（初稿）

一级	二级	三级指标	指标说明	您的修改意见
1 馆藏期刊获取质量评价				
	1.1 来源期刊基本质量		衡量图书馆馆藏期刊基本水平	
		1.1.1 适用性	是否符合本图书馆用户的需求	
		1.1.2 结构性	学科结构是否合理，是否符合本校的学科特点	
		1.1.3 规范性	期刊是否有正式刊号、有规范的审稿流程和工作流程	
		1.1.4 易读性	期刊内容的呈现方式和格式	
		1.1.5 可获取性	使用权限的明确性	
		1.1.6 时间跨度	期刊能免费获取的年代范围	

续表

一级	二级	三级指标	指标说明	您的修改意见
	1.2 期刊自身内容质量		主要用来衡量馆藏期刊的学术水平	
		1.2.1 专业性	是否有鲜明的办刊宗旨、是否有相对固定的读者群	
		1.2.2 同行评审	是否实行同行评审或开放性同行评审	
		1.2.3 权威性	著者和编辑出版者的声望、专业认可机构的涵盖、责任者的重点研究领域，被权威文献机构收录	
		1.2.4 时效性	出版周期的长短、内容是否新颖，着眼于本学科前沿研究领域	
		1.2.5 完整性	期刊本身卷期的完整性及内容的完整性	
	1.3 期刊来源网站质量		衡量期刊所在网站的性能	
		1.3.1 稳定性	性能的稳定性，即能否长期有效地访问、期刊域名是否长期不变	
		1.3.2 便捷程度	期刊网站界面是否方便读者使用	
		1.3.3 文章可检性	是否可提供多种途径检索文章	
		1.3.4 交互性	是否提供读者和作者之间的交流渠道	
		1.3.5 广告和电子商务	广告是否过多，影响读者阅读	
		1.3.6 安全性	网站安全可靠，有必要的防护措施，文档及数据是否感染病毒，信息有无丢失或被篡改	
2 馆藏期刊建设质量评价				
	2.1 馆藏期刊的组织		衡量馆藏期刊组织整合的程度	
		2.1.1 期刊数量	图书馆所拥有的馆藏期刊的数目	
		2.1.2 分类合理	期刊的分类是否合理，是否符合本校的学科特色	
		2.1.3 检索功能	友好简约的检索界面、多种检索功能的提供、检索结果的准确性	
		2.1.4 快捷性	馆藏期刊资源栏目是否能够快速链接到图书馆其他网页上	
		2.1.5 界面美观程度	期刊资源组织界面是否简洁大方，视觉效果是否好	

续表

一级	二级	三级指标	指标说明	您的修改意见
	2.2 期刊资源的描述		图书馆对所收集的馆藏期刊基本信息的描述程度	
		2.2.1 准确性	描述信息是否准确，链接网址是否正确	
		2.2.2 全面性	期刊名称、学科分类、ISSN、收录情况等基本信息是否都被描述	
		2.2.3 链接性	可以链接到来源数据库，若该期刊同时被几个数据库收录，则可链接到这几个数据库	
		2.2.4 规范化	期刊资源描述格式是否规范	
	2.3 馆藏期刊的管理		衡量图书馆对期刊的管理水平	
		2.3.1 有效性	图书馆是否制定了一个详细、可行的工作细则，包括从期刊馆藏建设实施到后期的维护、宣传等	
		2.3.2 专业性	图书馆是否有专门人员从事馆藏期刊相关工作	
		2.3.3 更新/滞后	是否定期检查链接，删除无效链接，修改已经修改网页的期刊网址，增加新的期刊	
3 馆藏期刊利用评价				
	3.1 定性指标		衡量图书馆利用情况的定性指标	
		3.1.1 知晓度	图书馆是否对原生数字期刊馆藏开展宣传，图书馆用户是否知道期刊馆藏的存在	
		3.1.2 开放性	网页登录是否有 IP 限制	
		3.1.3 读者互动性	是否让读者推荐图书馆没有而读者所知道的原生数字期刊	
		3.1.4 用户培训和帮助系统	图书馆是否开展用户培训，提供帮助系统，方便用户使用原生数字期刊馆藏资源	
	3.2 定量指标		衡量图书馆利用情况的定量指标	
		3.2.1 点击量	用户通过图书馆期刊链接访问期刊的次数	
		3.2.2 下载总数	通过图书馆链接服务系统获得期刊全文的数量	
		3.2.3 检索次数	用户使用图书馆提供的期刊检索功能的次数	
		3.2.4 人均使用次数	用户访问量与用户总人数的比值	

续表

一级	二级	三级指标	指标说明	您的修改意见
		3.2.5 人均下载量	通过图书馆链接服务系统获得期刊全文的数量/用户总数	
		3.2.6 用户参与度	使用期刊推介功能或者对图书馆期刊馆藏提出意见的用户占总用户的比例	

另外，也请您在此处对指标架构体系提出宝贵意见：____________________

____

____

____

附录2 “原生数字期刊馆藏质量评价指标”专家调查问卷

尊敬的专家：

您好！首先感谢您对初稿贡献的宝贵意见，我们汇总专家初论意见之后对原生数字期刊馆藏质量评价指标进行了修改，在此烦请您对新的指标体系提出宝贵的意见。非常希望能得到您的支持，您的回答具有极其重要的价值。本问卷完全匿名，结果仅用于学术研究。

再一次感谢您的支持与配合。祝身体健康，工作顺利！

原生数字期刊馆藏建设模式研究课题组

【说明】以下是原生数字期刊馆藏质量评价指标体系，请您对各指标的描述提出参考意见，并在本问卷末尾部分对指标体系的结构方面提出宝贵的意见。注：表中一切期刊均指原生数字期刊。

原生数字期刊馆藏质量评价指标体系

一级	二级	三级指标	指标说明	您的修改意见
1 获取的馆藏期刊质量				
	1.1 来源期刊基本质量		衡量图书馆馆藏期刊基本水平	
		1.1.1 适用性	是否符合本图书馆用户的需求	
		1.1.2 规范性	馆藏期刊是否有正式刊号；有规范的审稿流程；论文是否执行学术规范	
		1.1.3 易读性	馆藏期刊内容的呈现方式，提供PDF和HTML两种阅读格式，或者仅提供其中一种	
		1.1.4 可获取性	使用权限的明确性	
		1.1.5 免费时间范围	馆藏期刊能免费获取的年代范围	
	1.2 来源期刊内容质量		主要用来衡量馆藏期刊的学术水平	
		1.2.1 专业性	期刊仅涉及一种学科；期刊编辑出版者在本学科内具有较高声望；著者大多来自本学科	
		1.2.2 同行评审	分为实行开放性同行评审、同行评审，以及不实行同行评审三种情况	
		1.2.3 可靠性	期刊出版商具有较高声望，期刊被权威数据库收录	
		1.2.4 时效性	出版周期的长短、内容是否新颖，是否着眼于本学科前沿研究领域	
		1.2.5 完整性	期刊本身卷期的完整性及内容的完整性	

续表

一级	二级	三级指标	指标说明	您的修改意见
	1.3 期刊来源网站质量		衡量期刊所在网站的性能	
		1.3.1 稳定性	性能的稳定性，即能否长期有效地访问、期刊域名是否长期不变	
		1.3.2 便利性	期刊网站界面是否方便读者使用	
		1.3.3 文章可检性	是否可提供多种途径检索文章	
		1.3.4 交互性	是否提供读者与作者、读者与读者、作者与作者之间的交流渠道	
		1.3.5 网页内容可读性	广告是否过多，影响读者阅读	
2 馆藏期刊建设质量				
	2.1 馆藏期刊的组织		衡量馆藏期刊组织整合的程度	
		2.1.1 规模性	图书馆所拥有的馆藏期刊的数目是否达到一定规模	
		2.1.2 学科结构性	学科结构是否合理，是否符合本校的学科特点	
		2.1.3 分类合理性	期刊的分类是否合理	
	2.2 馆藏期刊的描述		图书馆对所收集的馆藏期刊基本信息的描述程度	
		2.2.1 准确性	图书馆对馆藏期刊描述信息是否准确，链接网址是否正确	
		2.2.2 全面性	馆藏期刊的名称、学科分类、ISSN、收录情况等基本信息是否都被描述	
		2.2.3 链接有效性	是否可以有效链接到期刊来源网站期刊资源组织界面简洁大方，视觉效果好	
	2.3 馆藏期刊系统功能		衡量图书馆建设的期刊系统的功能	
		2.3.1 检索性	是否提供多种检索功能，检索结果是否准确	
		2.3.2 便捷性	馆藏期刊资源栏目是否能够快速链接到图书馆其他网页上，用户是否能够方便地在原生数字期刊资源页面和图书馆其他页面中进行访问	
		2.3.3 界面友好性	期刊服务系统主界面是否简洁大方，视觉效果是否好	

续表

一级	二级	三级指标	指标说明	您的修改意见
	2.4 馆藏期刊系统的管理		衡量图书馆对馆藏期刊的管理水平	
		2.4.1 有效性	图书馆是否制定了一个详细、可行的工作细则，包括从期刊馆藏建设实施到后期的维护、宣传等	
		2.4.2 管理人员专业性	图书馆是否有专门人员从事馆藏期刊相关工作	
		2.4.3 更新率	是否定期检查链接，删除无效链接，修改已经修改网页的期刊网址，增加新的期刊	
3 馆藏期刊利用情况评价				
	3.1 定性指标		衡量图书馆馆藏期刊利用情况的定性指标	
		3.1.1 知晓度	图书馆是否对原生数字期刊馆藏开展宣传，图书馆用户是否知道期刊馆藏的存在	
		3.1.2 开放性	网页登录是否有 IP 限制	
		3.1.3 读者互动性	是否让读者推荐图书馆没有而读者所知道的原生数字期刊	
		3.1.4 用户培训	图书馆是否开展用户培训，提供帮助系统，方便用户使用原生数字期刊馆藏资源	
		3.1.5 帮助系统	是否提供帮助系统，方便用户使用馆藏期刊服务系统	
	3.2 定量指标		衡量图书馆利用情况的定量指标	
		3.2.1 读者使用频率	读者使用图书馆原生数字期刊馆藏系统的频率	
		3.2.2 平均点击量	平均每个馆藏期刊链接被访问次数	
		3.2.3 检索功能使用率	读者使用期刊系统检索功能的情况	
		3.2.4 用户参与度	使用期刊推介功能或者对图书馆期刊馆藏提出意见的用户占总用户的比例	
		3.2.5 用户总体满意度	通过图书馆链接服务系统获得期刊全文的数量/用户总数	

另外，也请您在此处对指标的架构体系提出宝贵意见：________________

____

附录3　专家反馈意见

➢ 专家对原生数字期刊馆藏评价指标体系初稿单项指标的首次意见如下。

☆ 1.1.2 结构性：这个指标比较难理解，并且容易和2.1.2 分类合理性这个指标混淆，建议加强描述。

☆ 1.1.4 易读性：个人认为指标略显模糊，什么样的呈现方式和格式更为易读？现在很多期刊的阅读方式分为PDF和HTML两种格式，满足不同人的需求，在评价时，这两种哪种得分更高呢？

☆ 1.1.6 时间跨度：这个指标实质针对的是期刊免费获取的问题，建议把这个指标改为免费时间范围。

☆ 1.2.1 专业性：指标描述不具有针对性，未能体现期刊的专业性程度。

☆ 1.2.2 同行评审：指标略显模糊，应加以具体说明。分别说明实行开放性同行评审、同行评审和未实行同行评审在评判时的差别。

☆ 1.2.2 同行评审和1.2.3 权威性两个指标的设置不太合理，期刊的权威性最重要的一点即为期刊经过同行评审，目前大部分的指标体系对此问题有两种处理方式，一是把权威性与同行评审等同起来，二是把同行评审作为权威性的下一级指标，请斟酌。

☆ 1.2.3 权威性：指标包括的内容太多，并且描述不太准确。

☆ 1.3.4 交互性：除了读者和作者之间的交互以外，还应考虑到读者和读者、作者和作者之间的交互。

☆ 1.3.5 广告和电子商务：如果不做解释的话较难理解指标的含义及容易出现理解偏差，建议更改名称，如网页内容可读性。

☆ 1.3.6 安全性：这是毋庸置疑的起码要求，似乎不用评价。

☆ 2.1.3 检索功能：检索功能是一个很大的指标，检索界面是否友好简约并不隶属于检索功能，这是属于界面友好性的问题。

☆ 2.1.4 快捷性：快捷性？指什么？是否改成“便捷性”更好一点？

☆ 2.1.5 界面美观程度：建议改成界面友好性。

☆ 2.2.3 链接性：不是商业刊，似乎“库”的概念不适用，建议另考虑合适的表述。

☆ 2.2.4 规范化：目前还没有规范，因此这个指标的设置似乎没有必要。

☆ 2.3.2 专业性：与1.2.1 专业性指标名字重合，建议在此处使用更合适的名称，或者在两个指标前加上前缀以便更好区分。

☆ 2.3.3 更新/滞后：与滞后的概念没有关系，建议改为更新率。

☆ 3.1.3 读者互动性：还可以包括读者对期刊的评价、打分等互动。

☆ 3.1.4 用户培训和帮助系统：指标最好不要包括两个事项，可以将 3.1.4 分为两个不同的指标。

➢ 专家对原生数字期刊馆藏评价指标体系初稿框架结构的意见及其他建议：

☆ 专家 A：

①2.1 馆藏期刊的组织指什么？2.1.3 检索功能，2.1.4 快捷性，2.1.5 界面美观程度放在这一指标下显得有点牵强。

②2 馆藏期刊建设质量评价：目前国内的原生数字期刊馆藏建设模式不一，形成了具体的原生数字期刊系统，在建设质量评价指标中，没有专门的针对期刊系统功能所设置的指标，为什么？建议增设这一二级指标。

☆专家 B：

③语言文字不够精练，表述不够准确，还需要多加推敲；

④1.1.2 结构性这一指标与期刊基本质量关联性不是很大，可以作为期刊资源组织方面的一个指标。

☆专家 C：

⑤3.2 下的指标获取性较差，降低了评价指标体系的可操作性，尽量使用其他可获取性较强的指标替代。

➢ 第二轮调查的专家意见如下。

☆3 馆藏期刊利用情况评价：指标体系整体结构较清晰，但是一级指标 3 馆藏期刊利用情况评价下的二级指标划分为定性指标和定量指标不太合理，同 1、2 两大项下的二级指标不匹配，建议再斟酌，选取较为合理的更具有代表意义的二级指标名称。

☆3.1.4 用户培训：用户没有义务进行学习，这和图书馆的服务水平有关。此指标可以设置，但是图书馆的培训活动是否受到读者的广泛支持且读者是否参与也应成为评价的主要方面。

☆3.2.4 用户参与度：这一指标依赖于 3.1.3 读者互动性指标，如果图书馆没有期刊推介功能应如何考虑？

附录4　大连理工大学馆藏原生数字期刊样本集

序号	期刊名
1	*Forest Bulletin*
2	*Journal of Central European Agriculture*
3	*Nutrition metabolism*
4	*Electronic Journal of Structural Engineering*（*EJSE*）
5	*Journal of Engineering*，*Computing and Architecture*
6	*City Journal*
7	*BMC Plant Biology*
8	*IEICE Electronics Express*（*ELEX*）
9	*BioMedical Engineering OnLine*
10	*Bulletin d' Analyse Phnomnologique*
11	*The Carleton University Student Journal of Philosophy*
12	*Journal of Statistical Software*
13	*Virginia Journal of Law and Technology*
14	*In the National Interest*
15	*IDEA*：*A Journal of Social Issues*
16	*Canadian Journal of Law and Technology*
17	*Americana*：*E-Journal of American Studies*
18	*Intermarium*：*The First Online Journal of East Central European Postwar History and Politics*
19	*Healthy Animals*
20	*Nuritinga*：*An Electronic Journal of Nursing*
21	*History of Medicine On-Line*
22	*Health Management*
23	*Earth Interactions*（*ltere Jahrgnge*）
24	*Journal of Music and Meaning JMM*
25	*Electronic Journal of Knowledge Management*（*EJKM*）
26	*Interactions*
27	*Journal of Athletic Training*
28	*The American Communication Journal*

续表

序号	期刊名
29	*Pomoerium: Studia et Commentarii ad Orbem Classicum Spectantia*
30	*Electronic Journal of Research in Educational Psychology*
31	*Animal Liberation Philosophy and Policy Journal*
32	*Australian Journal of Teacher Education*
33	*ASSOCIATES : The Electronic Library Support Staff Journal*
34	*Online-Heidelberg Journal of Religions on the Internet*
35	*Journal for the Study of Religions and Ideologies*
36	*The American Journal of Biblical Theology*
37	*Clnen: A Journal of Indigenous Governance*
38	*CEU Political Science Journal*
39	*Circunstancia*
40	*Anglogermanica Online*
41	*Cardiff Corvey. Reading the Romantic Text*
42	*Celtic Cultural Studies : An Interdisciplinary Online Journal*
43	*GMS Thoracic Surgical Science*
44	*Vet Online: The International Journal of Veterinary Medicine*
45	*PLOS Clinical Trials*
46	*CAPRA: Cave Archaeology and Palaeontology Research Archive*
47	*Music Theory Online (MTO)*
48	*Brazilian Electronic Journal of Economics (BEJE)*
49	*Central European Weekly*
50	*Verffentlichungen auslndischer Parteien und Gewerkschaften in der Bibliothek der Friedrich-Ebert-Stiftung*
51	*Electronic Journal of Business Research Methods (EJBRM)*
52	*Canada's Balance of International Payments*
53	*Proteomics Select: Virtual Journal Proteomics*
54	*Journal of Eurasian Research (JER)*
55	*Price and Cost Competitiveness*
56	*Business and Economic History On-Line : The Proceedings of the Business History Conference*
57	*Electronic Journal of Environmental, Agricultural and Food Chemistry (EJEAFChe)*
58	*Geochemical Transactions*
59	*PLOS Biology*
60	*Journal of the American Academy of Religion*

附录5 大连理工大学图书馆原生数字期刊馆藏利用情况调查问卷

注：将所有 Open Access 资源库改为开放获取期刊集成平台即为西安交通大学图书馆的调查问卷。

你的性别：________　　　　你所在的院系：________

答题说明：本问卷所有问题均为单项选择题，请你在横线上填出认为最合适的答案。

1. 你是否知道我校图书馆的 Open Access 资源库？________

A、是　　　　B、否（选择 B 项答题到此结束）

2. 你使用 Open Access 资源库的频率是________

A、几乎每天　　　　B、每周 1～2 次

C、每月 1～2 次　　　　D、每学期 1～2 次

E、其他

3. Open Access 资源库的期刊符合你的需求吗？________

A、非常符合　　　　B、比较符合

C、基本合理　　　　D、不符合

E、非常不符合

4. 你认为 Open Access 资源库的期刊分类合理吗？________

A、非常合理　　　　B、比较合理

C、基本合理　　　　D、不合理

E、非常不合理

5. 你认为 Open Access 资源库的网页界面友好（视觉效果好，使用简单）吗？________

A、非常友好　　　　B、比较友好

C、友好　　　　D、不友好

E、非常不友好

6. 你是否使用 Open Access 资源库的检索功能？________

A、经常使用　　　　B、偶尔使用

C、较少使用　　　　D、基本不使用

E、从未使用

7. 你是否使用过 Open Access 资源库的期刊推介功能向图书馆推介图书?
____

A、是　　　　　　　　　　B、否（或者无此栏目）

8. 你对 Open Access 资源库满意吗?________

A、完全满意　　　　　　　B、比较满意

C、基本满意　　　　　　　D、不满意

E、非常不满意

问卷结束，再次感谢您的热情参与!